湖南省社科基地委托项目"王夫之与现当代学术建构"（11JD07）结题成果

湖南省社科成果评审委员会课题（XSP19YBZ088）、湖南省教育厅一般项目（18C0661）阶段性成果

湖南省重点建设学科、湖南省船山学研究基地资助出版

晚清民国船山学的接受与传播

(1840—1949)

吴戬 ◎ 著

中国社会科学出版社

图书在版编目（CIP）数据

晚清民国船山学的接受与传播：1840-1949/吴戬著.
—北京：中国社会科学出版社，2019.9
ISBN 978-7-5203-4863-8

Ⅰ.①晚… Ⅱ.①吴… Ⅲ.①王夫之（1619-1692）—哲学思想—研究—1840-1949　Ⅳ.①B249.25

中国版本图书馆 CIP 数据核字（2019）第 178142 号

出 版 人	赵剑英
责任编辑	郭晓鸿
特约编辑	王　潇
责任校对	李　莉
责任印制	戴　宽

出　　版	中国社会科学出版社
社　　址	北京鼓楼西大街甲 158 号
邮　　编	100720
网　　址	http://www.csspw.cn
发 行 部	010-84083685
门 市 部	010-84029450
经　　销	新华书店及其他书店
印　　刷	北京明恒达印务有限公司
装　　订	廊坊市广阳区广增装订厂
版　　次	2019 年 9 月第 1 版
印　　次	2019 年 9 月第 1 次印刷
开　　本	710×1000　1/16
印　　张	18.25
插　　页	2
字　　数	253 千字
定　　价	96.00 元

凡购买中国社会科学出版社图书，如有质量问题请与本社营销中心联系调换
电话：010-84083683
版权所有　侵权必究

目　录

第一章　晚清民国船山哲学传播接受的基本面相 ……………… 1

第一节　晚清民国时代主题与船山哲学的传播接受 ……………… 1

第二节　晚清民国社会思潮与船山哲学的传播接受 ……………… 5

第三节　晚清民国船山哲学传播接受的方式类型与时空形态 ……… 13

第二章　汉宋视域与清前中期船山哲学的传播接受 ……………… 25

第一节　王敔与康雍时期船山哲学的宋学正统性建构 ……………… 25

第二节　汉学视域与乾嘉时期船山哲学的接受境遇 ……………… 30

第三章　正典与新变：晚清时期船山哲学的接受与传播 ……… 35

第一节　区域意识与全国视域：道咸同时期的船山哲学接受 ……… 35

第二节　庙堂与社会之间：光宣时期船山哲学接受传播的

　　　　近代过渡 ……………………………………………………… 46

第三节　谭嗣同与船山哲学接受的近代转型 ……………………… 56

第四章　西学映照：民国前期的船山哲学接受 ………………… 63
第一节　杨昌济、梁启超：科学与理性 ……………………… 66
第二节　胡适、毛泽东：生命与意志 ………………………… 74
第三节　嵇文甫、徐炳昶、钱穆：进化与实用 ……………… 80

第五章　民国中期的船山哲学阐释（一）：人文主义视域 …… 85
第一节　民国中期船山哲学的体系化建构 …………………… 85
第二节　蒋维乔、钟泰、冯友兰：关闽之间 ………………… 87
第三节　钱穆：器与文 ………………………………………… 91
第四节　张西堂：思与诚 ……………………………………… 96

第六章　民国中期的船山哲学阐释（二）：历史唯物主义视域 ……… 109
第一节　杨东莼、范寿康：黜明崇宋 ………………………… 109
第二节　王永祥：器与思 ……………………………………… 111
第三节　嵇文甫：生与常 ……………………………………… 133
第四节　吕振羽、谭丕模：物与德 …………………………… 143

第七章　民国中期的船山哲学阐释（三）：辩证唯物主义视域 ……… 146
第一节　李石岑：有与动 ……………………………………… 146
第二节　张岱年：形与事 ……………………………………… 158

第八章　天道与历史：民国后期的船山哲学阐释（一）……… 171
第一节　民国后期船山哲学接受的文化学转向 ……………… 171
第二节　贺麟：心与理的融通 ………………………………… 173
第三节　萧厚德：理想与现实的合一 ………………………… 178

第九章　心性与文化：民国后期的船山哲学阐释（二） ········ 181
第一节　钱穆：理气与历史 ··· 181
第二节　唐君毅：性道与文化 ·· 187

第十章　思想与社会：民国后期的船山哲学阐释（三） ········ 208
第一节　嵇文甫：渊源与方法 ·· 208
第二节　侯外庐：生化与启蒙 ·· 210

第十一章　民国中后期学者对船山哲学的创造性转化 ············ 233
第一节　王夫之与熊十力的新唯识学 ···································· 233
第二节　王夫之与张岱年的新唯物论 ···································· 243
第三节　王夫之与毛泽东的实践哲学 ···································· 254

第十二章　晚清民国船山哲学传播接受的基本特征与价值得失 ······ 269
第一节　晚清民国船山哲学传播接受的基本特征 ·················· 269
第二节　晚清民国船山哲学传播接受的价值得失 ·················· 273

参考文献 ··· 278

第一章　晚清民国船山哲学传播接受的基本面相

第一节　晚清民国时代主题与船山哲学的传播接受

中国近现代的轴心主题是富强:"自1840年代以降,中国思想界涌起全面变化……则所谓足以纲纪一代思潮而构成一代主流之核心者,实为富强思想。"① 无论是魏源的"师夷长技以制夷",还是清政府的洋务运动,以及戊戌变法、辛亥革命、五四运动莫不如此,这一主题至今还在延续。值得注意的是新文化运动在中国最为明确的树立了科学和民主的价值和地位。而其本质诉求亦是为了国家的富强:"近代中国一切学说思想之发轫与移植,均可辗转归其启念图强求富之原始动机。"② 康有为、谭嗣同、杨昌济、梁启超、熊十力、牟宗三等晚清民国士人带有中西杂糅的倾向,注意将孔子、王夫之的仁智思想与现代科学和民主进行对接,试图将仁超越为民主,将智转化为科学。虽然维新革命士人与新文化领袖深受西方思想的熏染,但传统的烙印依然清晰可见,他们多借助历史资源来吸收、融

---

① 王尔敏:《中国近代思想史论续集》,社会科学文献出版社2005年版,第180页。
② 同上。

汇、消化西方现代思想。就中国传统而言，王夫之最早从本体论、认识论上确立了科学技术的价值和地位。如其本体论的天下惟器论，最早赋予器以基础根本的本体地位。而近现代士人最初正是从道器论来迎接、消化西方科学和技术的，王韬、冯桂芬、郑观应、薛福成概莫能外。诚如梁启超、张世英所揭示，王夫之首先实现了中国哲学的认识论转型，提出了能所论、新的格物致知论，并将"即物穷理"作为格物的界定，以质测之学作为格物的代表，实际上使格物摆脱了程朱理学和陆王心学的伦理主义限制，有了相对独立的地位。而且在近现代士人中喜用格物、格致来称西方科技和中国古代传统科学，更可见这种转化的重要性。民主方面，王夫之不但实现了从君主到民众的转移，提出"生民之生死高于一姓之存亡"，"天下非一姓之私"，"国祚之不长为一姓言也，非公义也"，"君以民为基"，强调"置天子于有无之外"，以为天子最重要的责任在于择相，朝廷的政治经济职能当由宰相及其臣僚来主持进行。主张简政放权，分级管理，反对苛政暴政，反对中央对地方的直接干预与肆意督查。虽然王夫之也有重君的言论，但主要基于君主对于国家政局的维系作用，而非赋予其推行专制的权力。同时他主张君权、相权、谏权的相互监督，渐开民主先声。他强调"我为德之主"、珍生务义、继善成性、相天造命，反对酷刑峻法、以忠戕仁，以为平民百姓之生死比政权的保存更为重要。如其认为，司马氏篡魏虽不正当，但并未殃及民生，因此也值得肯定。① 保持了对人性的尊重和期待，高扬人的主体精神。同时王夫之的交互性思维（器道相须、体用胥有、乾坤并建、阴阳互含、性情互藏、理气交充、动静互涵、情才交给、理势相成、同异交参、贞常处变、新旧相资、情景互藏等）和阐释者定位（宁为无定之言，不敢执一以贼道），也孕育了物我相待、社会人际和思想表达的民主性基因。因此谭嗣同、梁启超等近代士人称赏王夫之的民权学说也是其来有自。

---

① 王夫之：《读通鉴论》卷十一，中华书局1975年版，第297页。

一 民族觉醒与国家情怀

民族意识的觉醒和民族国家的建立是近现代的世界性潮流。在西方列强的入侵下，中国不仅面临着战败的耻辱和经济的剥削，而且还面临着被瓜分的危险和生死的考验。近现代中国士人最重要的主题是民族意识的觉醒和现代国家的建立。无论是章太炎、刘师培、梁启超、杨昌济、熊十力，还是孙中山、蔡锷莫不孜孜如此。章太炎称王夫之为"民族主义之师"，而近代士人进行种族革命多受王夫之思想的影响。孙中山将民族主义视为三民主义的重要组成部分。近现代中国士人的国家观念虽受德国、日本等外来思想的影响，梁启超曾予以系统阐扬，孙中山、毛泽东等也对此十分重视。但在中国传统内部已经有所突破，如王夫之突破了一家一姓的王朝观念，从古今大视野审视历代得失，注重国计民生的考量，强调民族、民生的利益高于家族、朝廷之荣辱，同时还注意到了文明的多样性与盛衰，突破了中国中心论的限制，可与现代国家观念相融通。

二 器物观照与科学趋向

器物与科学也是近代中国士人关注的重要方面。程朱理学和陆王心学并没有赋予器物多少价值，即使所谓"格物"，要么流于概念先行的主观臆断（程朱理学、邵雍数学），要么其实走向了内在的格心（陆王心学），最终都走向了伦理主义。又受重体轻用、强本抑末思想的影响，一直对器物持轻视、鄙夷的态度，以为"玩物丧志"。但近现代中国士人则表现出对器物与科学的高度关注。如魏源的"师夷长技以制夷"，胡适等人的科学主义，当代中国以科学技术为第一生产力等等，都体现出这是一个重视器物与崇尚科学的时代。王夫之在中国思想史上最早赋予器物以本体论的论证，认识到器物对于身心、人生、社会不可或缺的重要价值。王夫之的"天下惟器""无其器则无其道"，从本体论上给予器物和科学以基础地位。同时王夫之的格物强调"即物以穷理"，而不可"立理以限事"，认为质测之学才是格物的典型代表，从而在认识论上肯定了科学的价值与地位。李泽厚以王夫之为三百年前具有科学思辨的前导，①确有见地。19世纪90年代以后的晚清民国学者如梁启超、熊十力、张西堂等，均注意揭示王夫之思想的科学性，现代唯物派不仅注意揭示王夫之的科学性，更是极力彰显王夫之思想的唯物性。

三 主体意识与变革诉求

宋明理学崇尚三代，具有强烈的复古主义色彩。而近现代中国士人在时间观和力命观上有重大的改变，强调今（现在），注重力（后天作为），王夫之开启这一先河。王夫之非常强调以今日、现在为时间视点，发挥主观能动性，积极行动，相天造命、尽性立命。近现代中国士人在本体论和人生观上都强调动，在政治思想方面强调变革，从而突破了宋明理学的静态世界观和静观人生论。而王夫之天地本动、趋时更新思想，也开启现代先声。王夫之对三代黄金世界的打破，揭示了文明的发展演进与起落兴衰，反对"泥古过高而菲薄生人之性"，从而实现了由天理史观到演化史观的转变，为进化史观的传播提供了思想内援。魏源、康有为、梁启超、胡适、毛泽东等近现代士人均接受了进化的时间观。而徐炳昶等学者对王夫之的思想哲学进行了进化主义的阐释。

四 民权思想与民生意识

王夫之以民生为政治的基本视点，作为判断政治合法性的必要基础。只要上层的政权更迭没有危害到广大民生，即使出现篡逆也是允许的。他抨击凌迟、宫刑、肉刑等酷刑的不人道，对臧洪、张巡忠义名义下的杀妾食人行为予以批评，甚至认为对于奸佞小人也不可诛非其罪或无罪之实而先诛，都体现可贵的人性意识与人道情怀。王夫之明确指出"天下非一姓

---

① 李泽厚：《中国古代思想史论》，生活·读书·新知三联书店2008年版，第265页。

之私",抨击"孤秦陋宋"的自私狭隘,主张简政分权,置天子于有无之外,凸显相权的作用,保持相位的稳定,主张谏权对君权予以制约,防止上级权力的越级指挥,主张严以治吏,宽以养民,反对苛察暴政……都体现出民生与民主意识。与黄宗羲一样,王夫之也是近现代士人融汇民权思想的重要纽带。梁启超云:"近世学者,多知梨洲、船山,能发民权公理。"①"其主张国民平等之势力,以裁制专制三致意焉。吾昔抄录《读通鉴论》《宋论》《黄书》中发民权之理者,凡三四十条,文多不备征。"②谭嗣同亦云:"国初三大儒,惟船山先生纯是兴民权之微旨;次则黄梨洲《明夷待访录》,亦具此义;顾亭林之学,殆无足观。"③王夫之的民生民主思想也为刘师培、杨昌济、熊十力、孙中山、康有为、谭嗣同、毛泽东所继承发展。民主(民权)是维新变法运动的重要内容,更是新文化运动的两大主题之一(德先生与赛先生,即民主与科学)。王夫之的民族、民权、民生观念也成为孙中山旧三民主义的重要内容。19世纪90年代的晚清民国士人在对船山思想的解读、阐释中也多注意其民主基因、人道精神与人性意识。

第二节 晚清民国社会思潮与船山哲学的传播接受

晚清民国较具影响的西方思潮主要有进化主义(社会达尔文主义)、生命哲学、唯意志论哲学、实用主义、实在论哲学、马克思主义等。其中进化主义和马克思主义影响最大。船山思想与上述思潮虽不无差别,但也有颇多相通之处,从而成为现当代中国思想家吸纳西方哲学思想的重要媒介:"船山之学尤为治新学读西方哲家书者所喜称,以其探求宇宙本末,分析心理精

---

① 梁启超:《论中国学术思想变迁之大势》,上海古籍出版社2006年版,第90页。
② 同上书,第87页。
③ 谭嗣同:《谭嗣同全集》,中华书局1981年版,第464页。

微,路径略相似也。"① 同时晚清民国士人对船山思想的分析阐释中也多受这些社会思潮的影响,从而赋予王夫之以不同的色彩,当然也揭示了王夫之思想的多重面相,为船山学接受尤其是船山哲学研究提供了丰富多元的参照视域。

一 晚清民国时期的主要社会思潮

除了传统的宋学（晚清民国宋学复兴,尤其是陆王心学流行）、佛学思潮（唯识学备受重视）外,晚清民国时期流行的主要社会思潮有民族主义、社会达尔文主义、生命哲学、超人哲学、实用主义、新实在论、马克思主义,此外康德哲学与黑格尔主义也有一定的影响力。

1. 民族主义思潮

民族主义是指社会成员对其生活场域中具有共同语言、地域、生活方式、历史文化的共同体的心理认同与责任意识。救亡图存、独立进步是民族主义的重要动力。鸦片战争以来,西方军事、经济、文化对中国的强势入侵,激发了近现代中国士人的民族主义情感,形成了政治民族主义、经济民族主义、文化民族主义三种类型的民族主义思潮。政治民族主义对内体现出排满主义的种族革命,对外体现出反对帝国主义的殖民压迫,太平天国运动、义和团运动、辛亥革命、五四爱国运动等是近现代中国政治民族主义的典型体现。文化民族主义则强调民族历史文化的本位性、独立性、优越性、纯洁性,反对异族文化和域外文化对民族文化的侵蚀、破坏、污染和颠覆,以刘师培、章太炎、黄节等人的国粹主义、国故运动为代表。经济民族主义则强调民族经济的发展,在产业经济与贸易领域捍卫民族经济的根本利益,反对帝国主义对中国的经济剥削和产业冲击,以郑观应的商战为典型代表。其中政治民族主义、文化民族主义受王夫之等传

---

① 钱穆:《中国学术思想史论丛》（八）,《钱宾四先生全集》（22）,（台湾）联经出版事业股份有限公司1998年版,第601页。

统思想影响较大。王夫之的民族主义主要涉及政治民族主义和文化民族主义两个维度。政治方面,王夫之强调"中国可以自亿","可继可禅可革,但不可戴异类以为中国主"。"如果夷狄冒黩我,则歼之灭之不为不仁不义"。文化方面,王夫之强调中国文化的文明性、优越性,反对夷狄窃取剿袭中国文化,而希望将中国文化予以推广、发扬光大。在政治方面,王夫之对辛亥革命影响极大,几乎成为种族革命的思想武器,无论是兴中会、华兴会、光复会、同盟会、南社还是其他革命人士都受到了王夫之民族主义思想的启发和刺激。文化方面,刘师培、章太炎、梁启超、钱穆、陈寅恪、熊十力、唐君毅、牟宗三等学者的历史文化著作中都有着王夫之文化民族主义的深刻印记,或直接吸收,或借鉴转化章太炎将王夫之许之为"民族主义之师",熊十力、杨昌济、萧公权等学者亦对王夫之的民族主义给予高度的评价,如萧公权认为"船山所揭橥者不仅为二千年中最彻底之民族思想,亦为空前未有最积极之民族思想也"。①

2. 社会达尔文主义思潮

社会达尔文主义是将达尔文进化论应用于人类社会的思想学说,开创者为英国哲学家斯宾塞。社会达尔文主义持线性时间观,强调历史的进化,注重生存竞争,鼓吹自然淘汰、适者生存。严复翻译的《天演论》最早将社会达尔文主义引进中国,经过康有为、梁启超、胡适等学者的宣传,社会达尔文主义对中国社会产生了极为深远的影响:"进化论本是中国近代先进思想之共同特色。"② 徐炳昶、张岱年、王永祥、侯外庐等学者均认识到船山思想的进化元素,王夫之对三代黄金世界的打破,重今惜时,不畏其争,反对盲目复古,提倡积极有为的人生,等等均与社会达尔文主义有着契合之处。但社会达尔文主义较少关注德性伦理,也并不尊重个体的尊严与平等,这一点与王夫之有着很大的不同。

---

① 萧公权:《中国政治思想史》,商务印书馆2011年版,第627页。
② 李泽厚:《中国近代思想史论》,生活·读书·新知三联书店2008年版,第373页。

3. 唯意志论思潮

唯意志论哲学强调非理性的主观意志，将其视为存在的本质。这一思潮由德国哲学家叔本华开创，尼采予以进一步发扬。叔本华倾向于生存意志和悲观主义，尼采则鼓吹权力意志与超人哲学。除了叔本华、尼采，以狄尔泰、柏格森等人为代表的生命哲学也是唯意志论思潮的重要组成部分，生命哲学强调生命的进化与生生不息，认为生命冲动是自然进化与社会发展的根本原因。真实的实在是神秘的生命之流，生命是非理性的心理体验，只有通过非理性的直觉才能把握，而无法用科学理性加以认识。中国近现代形成的唯意志论思潮，一方面受陆王心学以及船山思想的影响，另一方面来自于欧陆唯意志论思潮的引介与渗入："中国近代哲学另一基本特征，便是喜欢夸张主观心知、精神意识的作用。由于缺乏强大的物质现实基础或力量（从近代大工业的生产力到发达的自然科学），使哲学家们容易过分吹胀和片面强调主观精神、意识、意志的作用，而轻视客观规律（这一般又必须依靠深入的理论思辨才能认识），沉溺于夸张主观的空想，想把愿望尽快变成现实。"① 这在龚自珍、魏源、康有为、谭嗣同、孙中山、章太炎、梁启超、杨昌济、鲁迅、梁漱溟、熊十力、毛泽东、贺麟等近现代思想家中均有不同程度的体现。由于王夫之主张"我为德之主"，强调人不同于禽兽，并非只用其初命，而是能自取自用日新其命，可以相天造命、"独握天枢以争剥复"。不少近现代士人将船山思想作为接榫欧陆唯意志论哲学的桥梁与纽带。饶有意味的是，胡适将王夫之称之为中国的尼采。② 王夫之强调意志，高扬人的主体精神和能动性，崇尚豪杰人格，有着超越庸众凡俗的渴望，确与唯意志论哲学尤其是尼采哲学有相似之处。不过唯意志论哲学的本质是非理性主义，船山哲学的基调是理性主义。而熊十力、钱穆、张君劢等人则将王夫之与柏格森相比拟。王夫之强

---

① 李泽厚：《中国近代思想史论》，生活·读书·新知三联书店2008年版，第377页。
② 《船山全书》（第16册），岳麓书社2011年版，第892页。

调性者生理，性日生日成，确与生命哲学有相似之处，不过生命哲学着重的是生物、物质层面，而王夫之的重心则在伦理、历史层面。

4. 实证主义思潮

广义的实证主义思潮包括实证主义（孔德、穆勒、斯宾塞）、马赫主义、新实在论、逻辑实证主义、实用主义等。实证主义注重事实，强调科学实证，注重逻辑分析方法，具有反形而上学的倾向。严复最早将实证主义引入中国。实用主义强调实际经验，注重行为行动的效果、利益，认为知识和思想是应对环境、控制现实的工具，真理的意义来自于实证和效用，因此强调历史分析和实验主义的方法，否认历史发展有规律性，代表人物有皮尔士、詹姆士、杜威等。杜威的弟子胡适将实用主义引入中国，杜威曾在1919—1921年来华讲学，也扩大了实用主义的影响。船山思想也具有实践性和证验性的强烈诉求，注重面对现实、改造现实。但王夫之与实用主义不同在于，实用主义是一种经验主义，反对抽象思辨，带有强烈的功能主义和功利主义色彩，重视工具理性，忽视价值理性。而王夫之不仅注重经验世界，对思辨理性也甚感兴趣，在关注现实效应的同时，也极为重视道德伦理的价值，既对自然宇宙与社会历史之变有着密切关注，也重视把握其内在规律和发展趋势。新实在论注重研究认识过程，强调科学方法，认为具体事物和事物的共相均具有实在性。主要代表人物有摩尔、罗素、怀特海、亚历山大、佩里、霍尔特等。经过张申府、高一涵等人的介绍，在中国知识界有了一定的影响，1920—1921年间，罗素应梁启超等人之请来华讲学，对新实在论的中国传播起了推波助澜的作用。金岳霖、冯友兰、张申府、张岱年、沈有鼎、邓以蛰、张东荪、瞿世英、陈大齐等中国哲学家深受新实在论的影响，贺麟、方东美、牟宗三等与新实在论也有渊源。王夫之与新实在论亦有契合之处，如注重认识论，肯定客观事物的实在性，反对唯心主义，注重从关系来了解事物等。但不同也是非常明显的，新实在论认为世界的根本存在是中性物，而且认为共相独立于具体事物和主观意识，关系是客观的、超验的，不依赖认识，宇宙是已成的，不是创造的。王夫之则将气视为世界的根本存在，是具体实有的，而非中性的，世界是生成创化的，同时认为道在器中，理在事中，有形下才有形而上，不存在脱离具体事物的共相，共相即在殊相之中，而非虚悬在外。钱穆、贺麟等学者均意识到王夫之与实用主义的相契之处，并进行了比较分析。

5. 文化保守主义思潮

随着西方文化的强势入侵，对中国社会秩序和价值观念产生了巨大的冲击，同时中国的近代化过程中，西化派持激烈的反传统倾向，让有着历史文化情感的士人认识到文化危机深重，从而形成了文化保守主义思潮。章太炎、王国维、陈寅恪、钱穆以及梁漱溟、熊十力、张君劢、贺麟、唐君毅、牟宗三、徐复观等现代新儒家是其中的杰出代表。文化保守主义者往往注意挖掘传统文化的价值，在历史、哲学等方面做出了突出贡献。王夫之对章太炎、陈寅恪、钱穆、牟宗三的历史观与史学方法产生了深远影响，而现代新儒家普遍对王夫之颇为关注，给予高度评价，其中熊十力、唐君毅思想建构中的船山学烙印尤为明显。而熊十力、贺麟、唐君毅对船山哲学的研究更是引人瞩目。

6. 马克思主义思潮

马克思主义哲学是关于自然、社会和思维发展一般规律的学说，它坚持唯物论和辩证法的统一，坚持唯物主义自然观和历史观的统一，批判地继承德国古典哲学、英国古典政治经济学和英法空想社会主义，并深刻分析资本主义社会的发展趋势和科学总结工人阶级斗争实践的基础上发展起来的。马克思主义以实践的观点为基础，系统地探讨了思维与存在的关系问题，实现了唯物主义、认识论、辩证法的有机统一。王夫之肯定存在的实有性，重视器物的基础价值，注重实践行动，关注历史规律和发展趋势，探寻认识的阶段性、辩证性与局限性，强调对立统一，均与马克思主义哲学不谋而合。曹聚仁、金观涛等学者均认为王夫之的思想为中国士人接受马克思主义提供了有效的思想前提。而林安梧认为："船山之学特重历史社会总体与人性的辩证关联，此当可以总摄调适自马克思以来之学，进而交融乎新马克思之学，开启一新的社会批判，欲其有一新的重建也，此是中国儒学重气的传统的唯物论传统，徐复观先生之学亦可同置于此共论也。我预言，中国当代哲学之再造必加以如斯三者之大综合而有新的开启也。"① 这也是李石岑、嵇文甫、张岱年、王永祥、侯外庐以及萧萐父、冯契、李泽厚等现、当代唯物主义思想家对王夫之思想予以关注和吸纳的重要原因。可以说，船山哲学为马克思主义在中国的流行奠定了一定的思想基础。② 金观涛更是明确指出船山思想成为中国近现代士人迅速接受马克思主义的重要思想前提："千万不要忽视船山思想在中国现代转型中的重要性。船山开创的气一元论，为20世纪中国人迅速接受唯物论和历史唯物主义打下了思想基础。"③ 有意思的是作为中国传统思想的组成部分的船山思想却偏偏是重行动而富于历史意识的，无宗教信仰却有治平理想，既清醒理智又有社会热情，船山思想充当了中国现代士人对接马克思主义以及实现马克思主义中国化的重要纽带，这在毛泽东、张岱年、侯外庐、冯契、李泽厚等思想家有着鲜明的体现，甚至熊十力、林安梧后来都对马克思主义有所认同，而这些思想家与船山思想的渊源均十分深厚。相对于程朱理学、陆王心学，王夫之思想无疑提供了更多与马克思主义相似的元素，他与先秦中国思想（孔子、墨子、老子、荀子、法家）为中国吸收马克思主义提供了思想内援。

二 社会思潮与船山哲学的传播接受

学术思潮的迭变对船山学尤其是船山哲学的影响至为深远。康雍时期，由于宋学为主导，刘献廷、王敔、潘宗洛等学者则努力建构王夫之的宋学正统形象，对其经学则作次要的处理。而在乾嘉时期，汉学为主导，

---

① 林安梧：《存有·意识与实践——熊十力的体用哲学的诠释与重建》，（台湾）东大图书股份有限公司1993年版，第373页。
② 李泽厚：《中国现代思想史论》，生活·读书·新知三联书店2008年版，第158页。
③ 金观涛：《中国思想史十讲》，法律出版社2015年版，第321页。

因此在《四库总目》以及《国史儒林传稿》中王夫之则被视为一个经学家，其义理方面的成就则作淡漠化处理。道咸同时期，宋学复兴，而汉宋兼采之势成。当时的士人对王夫之的义理与经学均为关注，但总体确立"以汉学为门户，宋学为堂奥"的基调。邓显鹤、唐鉴、曾国藩、吴廷栋、郭嵩焘等学者均建构起王夫之与宋学正统性（濂洛关闽）的有机联系。清末民初时期，由于佛学和西学的流行，当时的学者注意将佛学、西学与船山思想融汇起来，谭嗣同、梁启超为其典型代表，而熊十力为其完成。这一时期进化主义、民族主义、科学主义、唯意志论（尼采超人哲学、柏格森生命哲学）、实用主义流行，康德也得到提倡（王国维、蔡元培、梁启超），反映在船山哲学的接受与传播上，如徐炳昶揭示王夫之的道德进化论，胡适建构王夫之与尼采的联系，梁启超将王夫之与康德相比拟，孙中山、刘师培、章太炎、杨昌济、熊十力等士人弘扬王夫之的民族主义，钱穆则将王夫之与杜威、詹姆士等实用主义进行比较研究。熊十力也注意到王夫之与柏格森的思想异同。

20世纪三四十年代，马克思主义影响日益深入，而现代新儒家思潮也逐渐形成。这两股思潮成为船山哲学接受传播的中坚思想。虽然有激进与保守的区别，但二者均对前一阶段持超越和反省的态度，并且皆经过了新文化的洗礼，对科学、民主持认同态度。马克思主义的重要源头黑格尔也得到重视。反映在船山哲学的研究上，李石岑、王永祥、嵇文甫、张岱年、范寿康、杨东莼、吕振羽、谭丕模、侯外庐等学者对船山哲学持唯物论的研究立场。而熊十力、张西堂、钱穆、贺麟、唐君毅则持人文主义立场，对科学、民主持总体的悦纳态度，但更注意挖掘传统的价值。嵇文甫、贺麟、萧厚德、侯外庐等学者将王夫之与黑格尔相比较。这两股思潮不仅在民国中后期船山哲学接受格局中有深刻的反映，而且还是当代大陆和港台船山哲学研究的主导性思想，当然之间也不无融通性的因素，这在张西堂、张岱年、钱穆以及当代的林安梧身上有鲜明地体现。

对船山哲学研究最具影响力的是维新派、现代唯物派与现代新儒家。

如果说康雍、乾嘉、道咸同士人主要致力于船山学的整理、发现与推广，其中王敔、邓显鹤、郭嵩焘的思想贡献较大。而清末民初的维新派才开始对王夫之进行较为深入的思想审视。谭嗣同实现了船山哲学接受的近代转型，而杨昌济、梁启超则开启了王夫之哲学的现代性建构。民国时期，现代唯物派与现代新儒家是船山哲学研究的主导力量。现代唯物派对王夫之的宇宙本体论、知识论、人生论均颇感兴趣。往往对王夫之的宇宙本体论作出唯物主义的阐释，对其知识论进行了深入地剖析，也注重揭示其人生论的现代性。现代唯物派多注重阐发王夫之与宋明理学之差异，而现代新儒家多注重阐发王夫之与宋明理学之关联。现代新儒家则对王夫之的宇宙本体论、人生论最感兴趣，要么说明王夫之的宇宙本体论的未彻之处（熊十力），要么倾向于从物质精神二重性的角度来解释气（贺麟、唐君毅、张西堂），相对而言对王夫之的知识论关注相对较少，分析也不够深入。

第三节　晚清民国船山哲学传播接受的方式类型与时空形态

晚清民国船山学的接受面相广泛，涉及船山的生平著述、文献考证、哲学、史学、经学、子学、文学创作、文学思想、政治思想、经济思想、教育思想等方向。即以船山哲学而论，其基本特质、基本精神、中心观念、学术渊源、宇宙本体论、认识论、辩证法、人生论（伦理学）以及佛学、老学、庄学等均受到晚清民国士人或多或少的关注。船山哲学文献整理方面，金陵节署本《船山遗书》的出版尤其具有标志性的意义。船山哲学的具体研究方面，郭嵩焘、谭嗣同、梁启超、嵇文甫、钱穆、张岱年、侯外庐、熊十力、贺麟、唐君毅等人的相关成果基本上奠定了现当代船山学研究的主要框架。

一 晚清民国船山哲学传播接受的方式类型

晚清民国船山哲学的接受传播方式逐渐由传统向现代转化。19世纪90年代以前的船山哲学接受总体采用了传统的形式，如序跋、书牍、评点、音注、联语、读书记、札记、日记、祭文、碑志、史传、学案、祭祀、提要、选本、诗句等，年谱的编撰也是船山哲学研究的重要文献基础。晚清的刘毓崧、王之春、罗正钧以及民国的张西堂、王永祥均撰有王夫之的年谱。

19世纪90年代以来，除了传统的形式之外，逐渐采用了一些现代的形式。期刊论文与研究专著成为船山哲学接受的主流形态。期刊论文的探讨、学术史著作的关注、专题研究著作的阐发成为民国时期船山哲学最主要的传播接受方式。期刊论文方面，既有综合性的报纸、杂志，如《东方杂志》《国粹学报》《国民日日报》《新青年》《大公报》《盖世报》，也有专业性的期刊学报如《船山学报》《清华学报》《哲学评论》《思想与时代》《学原》等，其中梁启超、徐炳昶、嵇文甫、张西堂、张岱年、贺麟、萧厚德、钱穆、唐君毅等均有重要的船山哲学论文发表。学术史著作也是晚清民国船山哲学研究的重要方式，较早如梁启超的《论中国学术思想变迁之大势》《清代学术概论》，钱穆的《中国近三百年学术史》《清儒学案》，杨东莼的《中国学术史讲话》，谭丕模的《清代思想史纲》，蒋维乔的《中国近三百年哲学史》，钟泰的《中国哲学史》，张岱年的《中国哲学大纲》，李石岑的《中国哲学十讲》等。专题研究著作更是船山哲学接受与传播的有效方式，如王永祥的《船山学谱》、嵇文甫的《船山哲学》、张西堂的《王船山学谱》、侯外庐的《船山学案》，都是船山哲学研究的经典之作。此外，一些学者还通过其他的专著来表达、阐释和吸收、转化船山哲学，甚至融汇船山哲学建立了自己的思想体系，如谭嗣同的《仁学》、熊十力的《新唯识论》《读经示要》《十力语要》《十力语要初续》，毛泽东的《实践论》等。演讲、教学也是船山哲学接受与传播的重要途径，康有为在教学中传播王夫之的伦理思想，梁启超深受影响，李石岑、钱穆发表了一系列有关船山哲学的演讲，后来整理成论著出版。

二 清代民国各时间阶段船山哲学传播接受概况

清初至光宣前期（1644—1894），是船山学（含船山哲学）的发现、整理、推广、实践时期，这一时期的船山哲学接受，偏于相似性建构与正统性建构，王夫之主要以一个传统理学家或经学家的形象存在，被贴上"正学"的标签，义理阐释总体比较感性化、碎片化、浮泛化。光宣后期（1894—1911）与民国前期（1912—1927），是船山哲学接受的近代转型阶段，呈现出正统性与现代性杂糅的特征。而民国中后期（1927—1949）则是船山哲学的系统化研究与建构阶段。相对于清代士人，民国士人的船山哲学建构偏向于差异化建构与现代性建构，更具专业性、学理性和体系性。基本上将王夫之视为一个有独创性、现代性的大思想家、哲学家。相对而言，光宣时期与民国中后期是船山学接受的高峰时期。

1. 康雍时期（1644—1735）

刘献廷、王敔、潘宗洛、蒋骥、董思凝、王天泰、储大文等学者对船山学有所关注。其中王敔的贡献最为卓著，最早对船山学著作进行音释评注和校勘刊印，最早将《思问录》《张子正蒙注》视为王夫之义理学的代表作，最早认识到《庄子解》的价值，并最早对外推介船山著作，为船山学走出湖湘创造了条件。王敔的思想判断基本上影响了清代以及民国初年士人对王夫之的认识。

2. 乾嘉时期（1736—1820）

全祖望、钱林、余廷灿以及《四库总目》《国史儒林传稿》《国史儒林传》等对船山学也有关注。除了对《张子正蒙注》和《思问录》有所涉及外，基本上看重的是王夫之的经学成就。

3. 道咸同时期（1821—1874）

陶澍、姚莹、邓显鹤、欧阳兆熊、魏源、唐鉴、曾国藩、左宗棠、彭玉麟、左宗植、何绍基、郭嵩焘、刘毓崧、张文虎、俞樾、赵烈文、罗汝怀、李慈铭、缪荃孙、王闿运、王先谦等学者对船山学均有关注，其中邓显鹤首次大规模整理《船山遗书》，揭示王夫之"以汉学为门户，以宋学为堂奥"的学术格局与思想兴趣，并首次在明清学术史视域中确立王夫之与顾炎武、黄宗羲等明清一流学者相比肩的地位。欧阳兆熊与郭嵩焘对王夫之的思想地位予以高度评价，将其与朱熹并举。郭嵩焘对王夫之的义理学、经学、史学等予以全面肯定，尤其是高度肯定王夫之《读四书大全说》《周易内传》的价值，眼光独到，颇具前瞻性。将其伦理思想、政治思想、史学思想加以吸收转化，并建立船山祠，举行船山的祭祀与宣讲活动。郭嵩焘的相关论断与实践对刘人熙、谭嗣同以及现代新儒家影响深远。

4. 光宣时期（1875—1911）

光宣时期之所以成为船山学的接受高峰，原因有三：一则同治年间金陵节署本《船山遗书》的刊刻与推广，为船山学的传播奠定了良好的文献基础："国荃克江南，文正总督两江，国荃出二万金开局金陵，尽搜船山遗书，除有避忌者悉刻之，于是王学大行。"①二则光宣士人发起的王夫之从祀孔庙倡议，最终经过湖湘士人的努力，在光绪三十四年（1908）得以成功，从而最终在官方制度上确立了王夫之作为明清之际三大儒的地位。三则甲午海战的失败，激发了士人的民族意识，也推动了维新变法和革命运动的发展。而王夫之思想中的"扶长中夏""民族自卫"理论，更是受到欢迎。王夫之被尊为"民族主义之师"。其《读通鉴论》《宋论》《黄书》《噩梦》尤其受到知识界的关注。虽然这一时期船山学的接受偏于政治性、社会化（民族主义视域），但也为船山学赢得了广泛的社会认同，为船山学的深入展开奠定了基础。相对而言，维新士人对船山哲学的探讨较为深入，而谭嗣同更是实现了船山哲学研究的近代转型。

---

① 《船山全书》（第16册），岳麓书社2011年版，第663页。

5. 民国前期（1912—1927）

民国前期，杨昌济、梁启超、梁漱溟、胡适、李石岑、熊十力、钱穆、嵇文甫、徐炳昶等学者对船山哲学予以关注，并且注意将船山思想与西方思想进行对参性审视。杨昌济将王夫之与欧洲经验主义、理性主义相比较，梁启超将王夫之与康德相比较，胡适将王夫之与尼采相比较，熊十力将王夫之与柏格森相比较，徐炳昶运用进化主义对王夫之的伦理学进行审视，钱穆将王夫之与杜威等实用主义者相比较。这一时期的船山哲学研究对船山本体论、知识论、伦理学、政治哲学均有所关注，相对而言，对船山知识论的现代探讨更是崭新的一面。这一时期非常强调王夫之哲学的现代性、科学性，并注意与西方学术思想进行比较分析，虽然不无牵强附会或者浅显幼稚，但为民国中后期及当代中国的船山哲学研究做了富有价值的探索。梁启超在这一时期的船山哲学研究影响最大，而钱穆的研究相对系统而深入。

6. 民国中后期（1927—1949）

民国中后期（1927—1949）是船山学接受的另一高峰。这一时期新文化运动创造和引进的思想成果被进一步消化，而且抗战形势下民族危机的加剧，再加上马克思主义的广泛传播，使得船山学迎来了研究的新高峰。而且民国二十二年（1933）上海太平洋书店铅印直排《船山遗书》，收船山著述70种358卷，为搜集最全之印本。民国二十四年（1935）再版，章太炎作《重刊船山遗书序》，更为船山学的传播提供了有效的文献支撑。民国中后期的船山哲学研究更是成就斐然，具有典范意义。呈现出人文主义与唯物主义的交相辉映。熊十力、贺麟、唐君毅、钱穆、张西堂代表了人文主义船山哲学的接受水平，而李石岑、嵇文甫、王永祥、张岱年、侯外庐、毛泽东则反映了唯物主义船山哲学接受的成就。其中民国中期（1927—1937）是船山哲学研究的体系化建构时期，熊十力、张岱年、毛泽东、贺麟等学者均吸收船山思想形成了自己的哲学体系，而王永祥、李石岑、张岱年、张西堂等学者对船山哲学进行了系统阐释。而民国后期（1937—1949）船山哲学接受出现了文化学转向，注重对王夫之的学术渊源、历史哲学、文化哲学进行探讨，其中侯外庐、贺麟、唐君毅、嵇文甫等学者的贡献最为卓著。这一时期的船山哲学研究系统深入，相关学者既有较好的西学修养，又对中国思想史有深切的认识，因此视域开阔，分析精到。他们对王夫之的思想渊源、治学方法进行了梳理，并注意从范畴角度对船山哲学进行细腻的探讨，揭示其思想各部分之联系及得失。

可以说，道咸同时期的船山学偏于湖湘性，光宣时期的船山学已经全国化，而五四以来的船山学更是具有世界眼光、国际视域，从而实现了从古典汉宋视域向现代哲学视域的转变。

三 清代民国时期船山哲学各部分关注概况

从船山哲学的具体关注领域而言，清代民国各时期均涉及王夫之的思想渊源、思想倾向和宇宙本体论。除了乾嘉时期外，其他各时期均对王夫之的思想地位予以评估。就船山哲学的内部组成而言，康雍士人对王夫之的本体论、佛学、子学有所涉及，但缺乏学理的论证。乾嘉士人提及王夫之的宇宙本体论，基本因袭康雍士人的判断。道咸同士人对王夫之的宇宙本体论、认识论、伦理思想、子学有所认识甚至吸收。光宣士人对王夫之的宇宙本体论、认识论、伦理思想、子学的认识逐渐深化，并有创造性转化。民国前期学者对王夫之的认识论、伦理思想、宇宙本体论、佛学、子学均有关注，并开始进行现代性建构。民国中期学者对王夫之的宇宙本体论、认识论、伦理思想进行体系性建构，阐释分析系统深入，并融汇船山哲学形成自身的哲学体系。民国后期学者对王夫之的宇宙本体论、认识论、伦理思想、历史哲学、文化哲学、佛学、子学予以关注，进行理路和内涵的分析。对王夫之的思想学术渊源进行社会历史阐释。其中王夫之的伦理思想（人生论）自晚清以来，一直备受关注。道咸同时期的魏源、曾国藩、郭嵩焘均对王夫之的伦理思想有所认识、吸收，而光宣时期的康有为、谭嗣同、梁启超均对王夫之的伦理思想予以吸纳，民国前期杨昌济、胡适、徐炳昶、钱穆、毛泽东对王夫之的伦理思想予以肯定。民国中期的钱穆、张岱年、王永祥、张西堂、嵇文甫，民国后期的侯外庐、贺麟、萧厚德、唐君毅均对王夫之的船山伦理思想进行了深入系统的探讨。

王夫之的宇宙本体论虽然在清前中期与道咸同时期有所触及，但语焉不详。光宣时期的康有为、谭嗣同、章太炎才有所深化，并予以借鉴。民国前期的钱穆、梁启超、熊十力有所关注。而民国中期的王永祥、李石岑、钱穆、张岱年、张西堂，民国后期的侯外庐、熊十力、贺麟、萧厚德、唐君毅有深入的探讨。

王夫之的认识论在晚清的郭嵩焘、谭嗣同有初步的认识，民国前期的杨昌济、梁启超、徐炳昶、钱穆有所探讨。民国中期的李石岑、王永祥、钱穆、张西堂、张岱年、毛泽东，民国后期的侯外庐进行了深入系统的阐释或创造性转化。相对而言，唯物派学者如王永祥、张岱年、侯外庐的探讨更为深入。张西堂、钱穆等人文学者亦有贡献，而现代新儒家除贺麟外，对此较少关注。

此外，王永祥、嵇文甫、贺麟、萧厚德、唐君毅对王夫之的历史文化哲学有所探讨。清前期的王敔、潘宗洛、罗瑄、王天泰、董思凝，道咸同时期的郭嵩焘、张文虎，光宣时期的苏舆，民国前期的梁启超，民国中期的张西堂，民国后期的侯外庐、嵇文甫、钱穆对王夫之的庄学有所关注。康雍时期的王敔，民国前期的梁启超，民国中期的张西堂，民国后期的熊十力、嵇文甫、侯外庐对王夫之的佛学有所认识。

四 清代民国船山学者的区域分布

湖湘学者是船山学整理、研究和推广的最重要的力量。邓显鹤对船山文献进行了首次较大规模的整理、刊印，确立了船山学研究的基本方向，揭示了王夫之以"汉学为门户，以宋学为堂奥"的治学取径，评估了王夫之在全国学界的地位，指出其在明末清初与顾炎武、黄宗羲等一流学者相比,亦毫无愧色。魏源则吸收了王夫之的"圣贤而豪杰"的理想人格论,并对《诗广传》进行了重点关注,将其录入自己的《诗古微》一书中,其思想与王夫之颇多相通之处。曾氏兄弟则对于《船山遗书》的整理颇有组织、赞助与整理之力,不仅让船山著作有了相对稳定的阅读文本,而且也扩大了船山学的影响。郭嵩焘则进一步在组织制度上让船山学得以保障,一方面首倡从祀文庙,一方面在从祀未果后构建王夫之的祭祀仪式,同时将王夫之提到与朱熹并尊的地位。郭氏并对王夫之的经学、史学、哲学予以多方面的肯定,尤其是对《读四书大全说》予以重视,对现当代新儒家颇有启发。张宪和、彭玉麟分别创办和改建船山书院。刘人熙成立船山学社,并创办《船山学报》,使船山学的传播有了自己的活动舞台与发展阵地。谭嗣同对船山哲学予以高度评价,并吸收了王夫之的道器论、气化日新论等,试图融汇中西,建立具有近代特征的哲学体系。谭嗣同是船山思想近代化的节点人物。杨昌济则对王夫之的格物致知论与伦理思想进行现代分析。李石岑揭示王夫之的哲学的思维脉络与复合面相,并以体用一源作为王夫之哲学的基本特征。毛泽东对王夫之的人生论予以关注,在认识论上虽融汇马克思主义,但依然有着鲜明的船山学印记。湖湘文化的特征在于强烈的实践性与实用主义倾向,同时富于忧患意识与家国情怀。即使如曾国藩、郭嵩焘对王夫之的学理并无多大的思想发挥,但更多的继承了王夫之思诚的理念与践履的作风。湖湘士人更多地将船山思想作为一种精神号召,以便进一步的行动。如曾国藩在平定太平天国运动时期刊行《船山遗书》,以表彰王夫之的仁与礼,即有重建秩序的考虑。而杨度、宋教仁、蔡锷、黄兴、章士钊等士人也更多地关注王夫之的民族主义,甚至将其转化为革命的行动。即使像谭嗣同、皮锡瑞、杨昌济这样具有学识的思想家,依然保持着政治改革的热情。谭嗣同在维新变法中发挥了重要作用,并为之英勇献身。皮锡瑞在南学会中也表达了变法图强的渴望。杨昌济对王夫之的民族主义也深表叹赏,并试图将其转化为国家主义。此外杨东莼、吕振羽、谭丕模对王夫之的哲学亦有涉及,但发明无多。晚清民国时期，湖湘学者在船山文献整理、船山学推广方面居功至伟，在学理的建设方面虽发其端绪，但学术探讨还不够深入、细腻，未能留下范式性的经典著作，多少有些遗憾。对船山思想探讨相对系统深入的仅有李石岑的《中国哲学十讲》，其他专题性的高质量著作、论文甚少，不过值得肯定的是，邓显鹤、郭嵩焘、谭嗣同在船山学的推介与认识方面一度发挥了引领作用。

荆襄与湖湘俱为楚地，长期共省联闽，渊源深厚。晚清民国时期，熊十力、张西堂的船山学研究不可忽视。熊十力是民国学者中最早提出"船山学"这一概念的学者之一。同时他对王夫之哲学特征与基本观念进行深刻的把握，不仅奠定了现代新儒家船山学研究的基本方向，而且对张岱年也产生了深远影响。张西堂则对船山学进行了前所未有的全面研究，举凡生平、考证、经学、史学、政治学、文学、子学、哲学等方面均有研究。在哲学方面，对王夫之的心性论与认识论的探讨也比较深入。受梁启超与熊十力（言论而非著述）的影响，张西堂的相关研究更为系统周详，达到了相当的认识水准，可惜未能产生相应的影响力。

岭南与湖湘毗邻，均在近代崛起。在相当程度而言，中国近代史是湖湘士人与岭南士人对峙与合作的产物。康有为的老师朱次琦对王夫之的礼学十分感兴趣，康有为则对王夫之的哲学、史学、政治思想有所涉及。对王夫之的《读通鉴论》《张子正蒙注》评价颇高，并注意在教学活动中传播船山思想，对梁启超等人产生了重要影响。梁启超是船山学研究现代化的关键人物，他首次在学术史上确立了王夫之的学术大师地位，并明确将其定位为哲学家。首次对王夫之哲学进行系统性地学术阐释，且在王夫之认识论的专门研究方面具有开拓性。同时他将王夫之的伦理思想选本化，加以吸收借鉴，对王夫之的政治思想、史学思想予以发挥。黄节更为注重的是王夫之的民族主义思想，而孙中山对王夫之的民族主义、民生主义有所吸收，其认识论在某些方面与王夫之亦有相通之处。

巴蜀与湖湘依山带水，在文化上也相互熏染。就船山学研究而言，巴蜀学者贺麟与唐君毅均具有范式意义，二人均推崇船山，且深受黑格尔的影响。贺麟对王夫之哲学有辩证融通的理解，认为王夫之消解了理学与心学的矛盾，并对王夫之的历史哲学进行了精彩的分析。唐君毅于民国后期在《学原》杂志发表了一系列船山哲学论文，对王夫之的天道论、人道论、天人关系论、人生论、人文成化论进行了深入的探讨，既能入乎其内，抽丝剥茧，寻其理路，又能出乎其外，多方比较，纵横捭阖。唐君毅代表了人文主义船山学研究的最高水平，对曾昭旭，甚至对包括林安梧在内的当代新儒家的船山学研究产生了决定性的影响。

秦晋文化、中原文化与湖湘文化关联密切，如贾谊任长沙王太傅，柳宗元贬谪湖湘、王夫之宗仰张载等等。在船山学研究方面，秦晋学者以质量取胜，如王永祥的《船山学谱》、侯外庐的《船山学案》都是船山学研究的经典之作。王永祥对王夫之的根本观念予以揭示，对王夫之的宇宙论、本体论、认识论、心性论、修为论、历史观进行了梳理，认识论、心性论、修为论的阐发尤为细腻。王永祥在中华人民共和国成立以后对船山著作多有整理，至今仍为权威版本。侯外庐曾在法国巴黎大学留学，学习马克思主义哲学和政治经济学并翻译《资本论》，其《船山学案》运用社会史的眼光审视船山哲学，开启了启蒙主义的研究转向。侯外庐对王夫之的本体论、认识论、人生论均有深入地研究。对王夫之思想渊源的梳理，厚重深刻，尤其是注意到王夫之与王充的关联，更是其创见。侯外庐的相关研究是马克思主义船山学的经典范式，对当代萧萐父、张岂之、许苏民等人影响深远。中原文化与湖南关系也非同一般。历史学家徐旭生（徐炳昶）对王夫之的道德进化论进行了分析，而嵇文甫的《船山哲学》对王夫之的性理哲学与历史哲学进行了探讨。嵇文甫还发表了不少论文对王夫之的学术渊源、治学方法、政治思想、史学思想、易学思想进行了探讨。他也是最早对王夫之的历史哲学进行探讨的学者，对理势、理几等历史哲学的基本问题加以考察，将王夫之的历史观定位为新天理史观，与黑格尔进行比较，这是王夫之与黑格尔比较的最早尝试。总体而言嵇文甫对船山学研究有着广泛的影响力，其较早对王夫之与阳明学的辩证关系进行了探讨，并揭示王夫之思想解放性与保守性并存的复合品格。

燕赵文化与湖湘文化在思维趋向上有颇多相似之处，均注重实用和行动，如荀子、颜元莫不如是。张岱年虽无船山学的专题著作，但有相关的论著，除了一些论文，其最重要的成果体现在30年代撰成的《中国哲学大纲》中。张岱年对王夫之的宇宙论、本体论、认识论、辩证法、人生论进行了深入的阐发，并对王夫之思想的现代性有深刻的认识，并致力于弘扬船山哲学。张岱年的《中国哲学大纲》以范畴的角度对王夫之哲学进行全面审视，并在中国哲学系统论对王夫之进行多方的比较分析，条分缕析，启人心智，该作不仅开启了中国哲学史撰写的新范式，也是船山学研究的经典之作，其高度与深度，至今少有堪与比肩者。

吴越之地为人文渊薮。吴越与湖湘关联密切，王夫之祖籍高邮，湘军经略之地多在江浙。吴越学者对船山学的整理、研究与推广颇有贡献。如潘宗洛对王夫之的义理与文学著作有所认识。蒋骥最早开启了王夫之的文学研究。沈道宽参与湘潭守遗经书屋本《船山遗书》的审阅工作。刘毓崧、张文虎在金陵本《船山遗书》的整理上学术贡献最为卓著，尤其是刘毓崧还撰成王夫之的首部年谱，吴熙载、赵烈文、周世澄、方骏谟、刘翰清、汤裕、杨岘、杨沂孙参与船山著作校勘，戴望、赵烈文、谭献、孙宝瑄对船山学亦有表彰。朱孝臧对船山词评价颇高。俞樾对王夫之的史学予以肯定，对其经学加以辨析考察。刘师培、章太炎对王夫之的经学、史学、哲学、文学有所认识，尤其注意弘扬其民族主义。宗白华则注意在美学上吸收王夫之的相关思想。郭绍虞对王夫之的诗学进行了较为系统的阐释，代表了民国船山诗学研究的最高水准，朱东润对船山诗学亦有简要的梳理。晚清民国时期，除了章太炎、刘师培、钟泰、范寿康对王夫之的哲学有所认识外，江浙学者对王夫之哲学进行系统论述的只有钱穆。继梁启超之后，钱穆与熊十力、李石岑、嵇文甫是船山哲学研究较早的学者，在20世纪20年代即开始了船山学研究，一直延续到七八十年代，时间长，积累厚，眼光独到。钱穆对王夫之的哲学、史学、子学均有涉及，对其本体论、人生论均有较为深入的探讨。最初侧重在以西释中，后走向从中国思想史视域内寻求船山思想的结构与脉络。

  康雍至光宣时期的船山学的接受与传播在某种程度而言是湖湘学者与江浙学者合作的产物。早在康雍时期，船山学的传播得益于王敔等湖湘士人与刘献廷、潘宗洛、储大文、蒋骥、张仕可等江浙士人的推介与研究；乾嘉时期的船山学传播又与马倚元、余廷灿等湖湘学者与全祖望、周中孚、章学诚、顾广圻、阮元、钱林等江浙学者密切相关。道咸同时期，王氏守遗经书屋本《船山遗书》的刊刻，虽以邓显鹤、邹汉勋、欧阳兆熊等湖湘士人为主体，亦有沈道宽等江浙学者的参与，而金陵节署本《船山遗书》的刊刻，则刘毓崧、张文虎、赵烈文等江南士人发挥了更大的作用；光宣时期，谭献、宋恕、孙宝瑄、章太炎、刘师培等江浙学者对船山学的传播颇有贡献。从康雍时期一直到民国初期，王敔、余廷灿、邓显鹤、欧阳兆熊、曾国藩、郭嵩焘、谭嗣同、杨昌济等湖湘学者一直发挥着船山学研究与推广的引领作用。但在民国中后期，船山学尤其是船山哲学接受的重心转移，就接受区域而言，北京、上海、开封、沈阳、杭州是民国中期（1927—1937）船山哲学的研究重镇，清华大学、北京大学、燕京大学、河南大学、东北大学等高校学者发挥了引领作用。而重庆、昆明、开封是民国后期（1937—1949）船山哲学的传播中心，西南联大、重庆中央大学等高校学者贡献突出。就学者的籍贯而言，北有山西（王永祥、侯外庐）、河北（张岱年）、河南（嵇文甫），南有湖北（熊十力、张西堂）、湖南（李石岑）、四川（贺麟、唐君毅）、江苏（钱穆）对于船山哲学的研究举足轻重。相对而言，民国中后期的北方与湖南学者多从唯物主义视域对船山哲学进行审视，除湖南以外的南方学者则多对船山哲学进行人文主义的解读。

第二章　汉宋视域与清前中期船山哲学的传播接受

第一节　王敔与康雍时期船山哲学的宋学正统性建构

晚明以降，阳明心学泛滥，而流弊日益彰显，加之明亡的惨痛教训，顾炎武等士人归咎于阳明学之虚玄诞妄，学界出现了拒虚为实、由王返朱的倾向，经史之学备受关注。康雍时期确立了程朱理学在清代的官方意识形态地位，朱子尤受尊崇，康熙不仅视朱熹为儒学之集大成者，而且于康熙五十一年（1712），升朱熹于十哲之次。康熙时期的学风总体呈现出汉宋兼采，而以宋为重的倾向。这一时期的士人对王夫之的经史子集均有关注，传播主体以王夫之亲友、门生、乡里后学为主，也有来自江南的官员、学者。他们对王夫之的《庄子解》《楚辞通释》《张子正蒙注》《思问录》最感兴趣，对王夫之的佛学著作亦有涉及。他们对王夫之思想学术的认识偏于正统性与征实性，体现了康雍时期的学术风气与意识形态，其中王敔是这一时期船山学研究和推广的主要推手。

一 康雍时期船山学的传播媒介与接受方式

康雍时期船山学的传播接受方式有传抄、传状、序跋、选本、评注、校勘、刊刻。传状方面有王敔的《大行府君行述》与潘宗洛的《船山先生传》。序跋方面，有张仕可的《楚辞通释序》，丁光祺的《刊楚辞南华附识》，王扬绪、王扬绩的《楚辞通释跋》，储大文的《书王姜斋先生九招后》，董思凝的《庄子解序》，王天泰的《庄子解序》，罗瑄的《刊王船山庄子解跋》，李周望的《王船山先生正蒙注序》，缪沅的《王船山先生集序》。同时校勘评注、刊刻也是王夫之著作的重要传播方式，如湘西草堂本的刊行，王敔对船山著作进行音注、增注、纂注。廖元度《楚风补》收王夫之诗13题17首，首次实现王夫之诗歌的选本化。

康雍时期，船山学的传播主体以亲友门生、乡里后学、地方官员、江南学者为主。船山故里衡阳与湖广学政驻地武昌成为船山学的传播中心。王夫之与方以智交好，而方以智为明末四公子，交游广泛，尤其在江淮、吴越间颇有影响。刘献廷祖籍江南吴县，而生于顺天府大兴，又长期生活于吴中一带，与万斯同、王源、徐乾学等学者颇有交往，刘献廷对王夫之特别推崇，又往来京城、江南，可能对于王夫之思想学术的传播有相当之影响（如陆陇其有对船山著作的阅读记录，而刘献廷在《广阳杂记》中有对陆陇其的记载）。而王敔是康雍时期船山学传播的主要推手，其传播区域总体在湖南范围内，但由于也涉及一些来湘的外省官员与学者，因此也为船山学走出湖南提供了可能，事实上船山学在这一时期逐步向江浙渗透，这得益于与王敔颇有交谊的潘宗洛、储大文等江南学者的推介，而江浙作为文化中心，也为船山学获得官方认同和社会认同提供了有利的条件。如潘宗洛和储大文对于船山著作得入史馆、立传儒林贡献甚大："船山遗书得入史馆，立传儒林，皆潘、储左右之力也。"① 欧阳兆熊提到：

---

① 《船山全书》（第16册），岳麓书社2011年版，第396页。

"至其子虎止学博，在潘学使幕中，始克将经注稗疏数种上之四库馆，列国朝儒林第二。"① 宜兴潘宗洛（1657—1716）为康熙三十七年进士，康熙四十一年至四十五年（1701—1705）任湖广学政，曾延俊才入幕，襄校试卷，而王敔入选，于是而知有船山，求读其书，为之作传，交付史馆。王敔入潘宗洛幕府，推介船山著作，潘宗洛得见者有《思问录》《张子正蒙注》《庄子解》《楚辞通释》，王敔在潘宗洛幕府与储大文交好。储大文为康熙辛丑会试第一，官编修。直隶蔚州李周望，康熙进士，康熙五十年（1711）间任湖广学政，王敔为李周望所取之士，且请李周望为《张子正蒙注》作序。泰州缪沅为康熙进士，康熙五十七年（1718）间任湖广学政。王敔以明经就试，得识缪沅，缪沅因得见船山著作，作《王船山先生集序》。

二　王夫之著作的校勘整理与刊刻出版

王敔在康熙年间刊印的王夫之著作有《老子衍》《庄子解》《楚辞通释》《张子正蒙注》《俟解》《落花诗》《和梅花百咏》《洞庭秋》《雁字诗》《仿体诗》《愚鼓歌》《南窗漫记》《五十自定稿》《七十自定稿》《六十自定稿》《夕堂永日绪论》《经义》《春秋世论》《四书稗疏》《四书考异》《思问录》《周易大象解》《周易稗疏》《夕堂戏墨》《船山鼓棹》《五言近体》《七言近体》，是为湘西草堂本。

王夫之的一些著作在其生前即有亲友时人的评点。据船山弟子罗瑄透露，王夫之的《庄子解》在生前即有评本，邹汉勋推测《春秋家说》上的评语，可能出自王介之。而《老子衍》有王敔的纂注，《庄子解》有王敔的增注。康熙四十六年前后，王敔以《张子正蒙注》《老子衍》《庄子解》《楚辞通释》《俟解》合刻为《王船山先生书集》，并作校勘、纂注、增注，其中对《庄子解》的评注用力最勤，质量最优。

---

① 《船山全书》（第16册），岳麓书社2011年版，第576页。

三 康雍士人对王夫之哲学的正统性建构

王夫之的自身定位体现出强烈的理学归属感,如"希张横渠之正学"。虽然其对经学颇为重视,但更注重"六经责我开生面"的创造性与阐释性,而非汉学复原性、客观性的研究。不过"希横渠之正学"与"开六经之生面",意味着王夫之的思想学术始终保持着正统性与创变性的张力纠葛,给后人无穷的阐释空间。程朱理学是康雍时期的官方意识形态,也是康雍时期士人的基本思想趋向。因此,康雍士人将王夫之置于理学的正统性建构之中,与陆王心学划清界限。值得注意的是,这一时期的士人基本将周、张、程、朱视为一体,并未认识到张载与程朱理学的差异。

清代士人最早对王船山思想学术进行评论的是刘献廷。王夫之是刘献廷所严事推崇的两大学者之一(另一为无锡顾培)。刘献廷依所闻见,称扬船山:"其所学无所不窥,于六经皆有发明……洞庭之南,天地之气,圣贤学脉,仅此一线耳。"肯定了王夫之学问的博雅与创新,强调了船山与儒学的有机关联,而圣贤学脉,可见其正统性的一面。

王夫之次子王敔揭示王夫之与周程张朱之精神契合,与陆王心学划清界限。在他看来,王夫之追求实学,反对虚无之论,继承周敦颐、张载、程颐、朱熹之学,对陆王心学及其后学钱德洪、王畿、罗汝芳、李贽等人的学说予以抨击。① 王敔以正学和实学来定位其父,体现了康雍时期由王返朱、由虚返实的学术风气与意识形态。

王敔颇有交谊的湖广学政李周望、缪沅、潘宗洛也从宋学正统的角度来阐释王夫之的思想哲学,将其与程朱后学等量齐观。李周望指出王夫之汉宋兼采,而心契张载《正蒙》,其书为张载之功臣,其人为游酢、杨时、真德秀、魏了翁流亚。② 缪沅则认为王夫之抨击阳明心学,以彰显濂洛关

---

① 王敔:《大行府君行述》,《船山全书》(第16册),岳麓书社2011年版,第83页。
② 《船山全书》(第16册),岳麓书社2011年版,第399页。

闽之道。若及于濂洛关闽之门，则其成就不在游酢、杨时、黄幹、蔡元定之下。① 潘宗洛则认为王夫之的《张子正蒙注》与《思问录内外篇》互相发明，阐天人性命之旨，别理学真伪之微，体现了严正的理学立场。② 王敔的姻亲丁光祺也认为王夫之的著作以羽翼六经、发明周程张朱之奥为主，而游心辞赋，旁及子史，又其绪余，③ 也同样基于宋明理学的正统立场。

顺康士人对王夫之的《张子正蒙注》与《思问录》比较关注，注意阐发其思想旨趣，笼统地触及其宇宙本体论。缪沅认为，王夫之对张载《正蒙》章疏句释，于天地之本，阴阳之盛，幽明之端，物之所始，性之所受，学之所终，皆进行阐发，让佛教与心学之狂惑之说不攻自破。④ 李周望则指出，王夫之宗仰心契张载《正蒙》，于清虚一大之旨，阴阳法象之状，往来原反之故，靡不显微抉幽，晰其奥窔，对张载之学予以阐释彰显，并提及其《读四书大全说》《周易内传》《周易外传》《周易大象解》以及《诗经》《春秋》《礼记》《庄子》《楚辞》《老子》《吕氏春秋》《淮南子》方面的著作。⑤

康雍时期，王夫之的庄学受到了其亲友、门生、乡里后学的关注。其弟子罗瑄认为，王夫之有取于庄子在于涉世以安其义命，其解庄不同于王弼、郭象诸家。⑥ 王敔对王夫之研究《庄子》"去其外篇杂篇呵斥圣门之伪妄"的辨伪成就与思想旨趣予以揭示。⑦ 乡里后学王天泰、董思凝分别为王夫之《庄子解》作序，王天泰认为王夫之解庄深得庄子相对与逍遥之义，使人心旷神怡。⑧ 王夫之解庄以慕庄，非为后之读庄，故能上下千古，

---

① 《船山全书》（第16册），岳麓书社2011年版，第400页。
② 同上书，第88页。
③ 《船山全书》（第14册）岳麓书社2011年版，第457页。
④ 同上书，第400页。
⑤ 同上书，第399页。
⑥ 同上书，第397页。
⑦ 王敔：《大行府君行述》，《船山全书》（第16册），岳麓书社2011年版，第84页。
⑧ 《庄子解》，中华书局2009年版，第71页。

心相契合，解之而无差谬。① 董思凝认为，王夫之为文有得于《庄子》，对《庄子》内外诸篇能辨认其真伪，诠释可使读者识达人之变化，可谓庄子之千古解人。②另外值得注意的是，王敔对王夫之的老学与佛学均有关注。王敔认为王夫之以发明正学为己事，对佛道之书，入其藏而探之，并提及王夫之的《老子衍》《相宗络索》《三藏法师八识规矩论赞》，③可见其依然基于正学立场。

第二节　汉学视域与乾嘉时期船山哲学的接受境遇

乾嘉时期船山学的传播接受方式主要有书目提要、传记与校勘、刊刻。传播接受主体是湖南和江浙学者，可能还有安徽学者戴震，因其负责《四库全书》的经部提要，并与推介船山学的余廷灿交好。值得注意的是王夫之进入了官方目录与史传的关注视域，如《四库总目提要》《四库简明目录》及《国史儒林传稿》和《国史儒林传》均对船山的思想学术有所评述。而马倚元在嘉庆年间刊刻的汇江书室本《船山遗书》也是船山学传播方面的大事，对邓显鹤、邹汉勋等道咸同士人颇有影响。这一时期，王夫之得以入选四库，列传儒林，与顾炎武并列，进入了官方平台的观照视野，迈出了经典化的重要一步。王夫之的经学著作《周易稗疏附考异》《尚书稗疏》《诗经稗疏附考异叶韵辨》《春秋稗疏》得到肯定，而其义理著作《张子正蒙注》《思问录》间有触及。而《尚书引义》首次受到学界的检视。

---

① 《庄子解》，中华书局2009年版，第71页。
② 同上书，第73—74页。
③ 《船山全书》（第16册），岳麓书社2011年版，第73页。

一　官修目录与国史对王夫之的采录

乾隆三十八年（1773）四库开馆，搜罗群书，当时湖南省呈送的船山著作有《尚书引义》《春秋家说》《周易稗疏》《书经稗疏》《诗经稗疏》《春秋稗疏》。乾嘉时期的《四库全书》收录王夫之的《周易稗疏附考异》《尚书稗疏》《诗经稗疏附考异叶韵辨》《春秋稗疏》，并将《尚书引义》《春秋家说》作为存目。四库馆臣多肯定王夫之学有根柢，为征实之学的方面，多立足于经学、小学的辨析考证。

乾隆时的文字狱亦波及王夫之的著作，刘人熙《船山学报叙意》云："乾隆时，吕留良文字之狱，波及船山，以兵围搜，幸取去《稗疏》数种，中无忌讳之辞，入之四库，余匿而免。"① 王夫之的诗文著作《船山自订稿》《五十自订稿》《六十自订稿》《七十自订稿》《夕堂戏墨》《船山鼓棹》《五言近体》《七言近体》《夕堂绪论》被列为禁书。

长沙学者余廷灿撰有《王船山先生传》，颇有影响，不仅被阮元《国史儒林传稿》《国史儒林传》所采录，王夫之得以立传儒林，且次于顾炎武之后，而且得到了道咸士人邓显鹤等人的注意。钱塘钱林《文献徵存录》对王夫之的生平和思想学术也有简要的介绍。

乾嘉学者总体对王夫之关注不多，且基本上更重王夫之的经学成就。《四库提要》《四库简明目录》对王夫之的经学予以评述，会稽章学诚、乌程周中孚对王夫之的《诗经稗疏》有所评论。鄞县全祖望在刘献廷的传记中亦提及王夫之，仪征阮元《皇清经解》却未收录王夫之的著作，甘泉江藩的《国朝汉学师承记》与《国朝宋学渊源记》亦未提及王夫之。可见，乾嘉时期，船山的部分著作虽然初步进入了主流的视野，但并未引起广泛的关注与足够的重视。

---

① 《船山全书》（第16册），岳麓书社2011年版，第873页。

二 船山著作的文献整理与出版刊刻

江浙学者在船山经学著作的传抄、校勘方面有所贡献。如著名学者元和顾广圻校勘海宁吴氏拜经楼传抄本的《尚书稗疏》《春秋稗疏》《诗经稗疏》。

湖湘学者在船山著作的出版刊刻方面可圈可点。衡阳马倚元刊行船山著作十余种，涉及《张子正蒙注》《四书稗疏》《春秋世论》，可能有《思问录》，是为汇江书室本《船山遗书》，对邓显鹤、邹汉勋等道咸同士人颇有影响。

三 乾嘉学者对王夫之义理思想的探讨

《钦定四库全书总目》对王夫之的义理思想偶有涉及，如《尚书引义提要》对王夫之的思想旨趣加以探讨，并首次触及王夫之的认识论（知行观），只是未作任何分析论证。四库馆臣认为，王夫之借助《尚书》等经义，推阐其说，以反对阳明良知之教、老氏虚玄之旨，指出释氏明心见性之误、秦汉诸儒五行之谬，并在知行问题上诋朱陆学术之短，而颇得理要，但也指出其在事件阐明时的臆测与权谋。[①]《尚书引义》仅被列入存目，并未被《四库全书》收录全书，但毕竟这是《尚书引义》首次受到学界的关注。

长沙学者余廷灿（1729—1798）为乾隆二十六年进士，任翰林院检讨，兼三通馆纂修，与戴震交好，其文集《存吾文稿》嘉庆元年刊行，集中有江永、戴震的传记。余廷灿撰有《王船山先生传》，其中提到王夫之的《读四书大全说》《周易内传》《周易外传》《周易大象解》《诗广传》《尚书引义》《春秋世论》《春秋家说》《续春秋左氏传博议》《礼记章句》《读通鉴论》《宋论》《庄子解》《庄子通》《楚辞通释》《搔首问》《俟解》

[①] 《尚书引义》，《船山全书》（第2册），岳麓书社2011年版，第438页。

《噩梦》《老子衍》等著作。①余廷灿因袭了康雍士人对王夫之思想渊源与宇宙本体论的相关认识，他认为，王夫之学问既博且精，其基本思想渊源于张载，对《正蒙》清虚一大之旨，阴阳法象之状，往来原反之故，显微抉幽，析其奥窔。②

余廷灿还将《张子正蒙注》王夫之的自序予以录入，并对王夫之加以赞论。余廷灿强调了王夫之对理学的创造性，将其置于超迈程朱后学的位置。他认为，张载《正蒙》穷天地之奥，达性命之源，反经精义，存神达化，而王夫之究察天人之故，通乎幽明之原，其《张子正蒙注》对《正蒙》畅演精绎，与其自著《思问录》皆本隐之显，原始要终。其能扶树道教，剖析数千年学术源流分合，与真德秀、魏了翁、许衡、吴澄等宋元名儒仅仅拾洛闽之糟粕以称理学，其立志存心，浅深本末相距甚远。潘宗洛以王夫之为前明之遗臣，清朝之贞士，其立文苑儒林之极，阐微言绝学之传，则有待于后之推阐先生者。③

浙江仁和钱林（1762—1828）《文献徵存录》提到："所著周易、书、诗、书引义、《春秋稗疏》、《春秋家说》数十卷。尤好张载《正蒙》说，演为《思问录》内外二篇。"④这说明钱林也意识到王夫之对张载哲学的认同，且将《思问录》视为王夫之哲学的代表，认为是对张载哲学的继承与发展。

阮元《国史儒林传稿》将余廷灿《船山先生传》与《四库提要》予以综合，认为王夫之抨击图纬术数，不空谈玄妙，言必征实，义必切理，确有依据，不为臆断，且持论明通，可解诸家纷乱。多出新意，亦有失之太凿者，然辞有根据，不同游谈，虽醇疵互见，而可取者多。⑤

---

① 《船山全书》（第16册），岳麓书社2011年版，第92页。
② 同上。
③ 同上书，第95—96页。
④ 同上书，第543页。
⑤ 同上书，第96—97页。

《国史儒林传》则略有不同，对王夫之虽以经学观照为主，但也涉及部分哲学，认为王夫之"深契张载《正蒙》之说，演为《思问录》内外二篇，所著经说，言必征实，义必切理，持论明通，确有据依，亦可想见其学之深邃"，① 与《四库提要》和钱林的论调基本一致。不仅揭示了王夫之的学术宗尚，将《思问录》视为王夫之哲学的代表，以及对张载哲学的发展，而且给予其哲学"切理""明通""深邃"的较高评价。

---

① 《船山全书》（第16册），岳麓书社2011年版，第582页。

第三章 正典与新变：晚清时期船山哲学的接受与传播

第一节 区域意识与全国视域：道咸同时期的船山哲学接受

道咸同时期是船山学由湖湘走向江南化甚至全国化的重要阶段。道咸同时期的船山学传播接受的方式主要有传状、序跋、日记、读书录、札记、笔记、书信、诗词联语、校勘、刊刻，传播主体为湖南、江苏、浙江、安徽等地的学者与官员，衡阳、湘潭、长沙、北京、南京是这一时期船山学的传播重镇。湖湘士人是船山学整理与传播的主要推手，而江浙士人在学术层面颇有贡献。传播路径主要以邓显鹤、欧阳兆熊、曾国藩、郭嵩焘为主线，依靠其交游和姻亲以及政治或学术声望向外推广船山学。尤其是《船山遗书》开局金陵，延揽刘毓崧、张文虎、赵烈文等江南一流学者参与，更是让船山学走入了江南世家大族、士大夫群体，在知识圈赢得了广泛的声誉，顾王并称（顾炎武、王夫之）流行，船山学大行于世。

一 船山文献的整理与刊刻

道咸同时期是船山文献整理刊刻的关键阶段，湖湘学者与江浙学者携手合作,共同推动了船山学的发展。道光二十二年(1842),邓显鹤、欧阳兆熊、邹汉勋等人,汇刻《船山遗书》经类著作 18 种,是为湘潭王氏守遗经书屋本《船山遗书》。浙江学者沈道宽亦参与审阅。道光二十八年(1848),俞焜刊行《船山遗书》子集五种:《老子衍》《庄子解》《楚辞通释》《张子正蒙注》《船山俟解》,是为衡阳学署本《船山遗书》。同治四年(1865)至同治六年(1867),曾国藩、曾国荃兄弟出资,由刘毓崧等任校雠,在金陵重新汇刊《船山遗书》,合经史子集 4 部 58 种,并附《校勘记》,搜罗较富,质量较高,使王夫之的大量著作得以广泛流传,刘毓崧、张文虎等江南一流学者更自觉地深入参与船山学的整理、研究,不仅提升了船山学的质量水准,而且也大大加速了船山学接受传播的全国化进程。

二 道咸同士人对王夫之思想学术地位的评估与定位

相对于清前中期士人的宋明理学视域,邓显鹤(1777—1851)最早从明清学术史视域对王夫之进行学术定位,将其视为与顾炎武、黄宗羲并列的大儒。邓显鹤在道光九年重刊《楚宝》时,增辑了王夫之的传记,其中提到,王夫之为明之遗老,清之大儒,志行超洁,学问正大,体用明备,著述精宏,当与顾炎武、黄宗羲、李颙诸老相颉颃,可惜世鲜知者,王夫之的著作采入《四库全书》,《四库提要》对当时硕儒多有批评辩论,而于王夫之则推崇无异词。邓显鹤慨叹王夫之若存若没、湮塞不行,并引长沙余廷灿对王夫之的传赞。① 邓显鹤《沅湘耆旧集》撰有《船山先生王夫之》,与增辑《楚宝》的王夫之传相似,所颉颃者,仅题顾炎武、黄宗羲,无李颙。并提到王夫之著录四库和四库存目的书籍,且引陶澍之联语,并认同其对王夫之天下士、人伦师的这一评价。② 受马倚元的影响,邓显鹤

---

① 《船山全书》(第 16 册),岳麓书社 2011 年版,第 105 页。
② 同上书,第 107 页。

对船山著作进行搜集、整理,作《船山遗书目录》,对王夫之的学术与人格进行定位,将其与顾炎武、黄宗羲、李颙等学界名流相提并论。并认为王夫之学术"以汉儒为门户,以宋儒为堂奥",具有不可移易的经典价值。① 邓显鹤看到了王夫之汉宋兼采的方面,但突出其宋学家的身份,强调汉学是手段,宋学是目的。体现出道咸同时期汉宋合流而宋学复兴的学术语境。邓显鹤认为,王夫之的学术成就与志节操守可以与当时的海内大儒相媲美,甚至或乃过之。邓显鹤奠定了王夫之与顾炎武、黄宗羲并称的基础,并揭示王夫之对于清代学术的贡献。他认为,王夫之开清代朴学之先河,后世之儒有所得自诩为新义,或为王夫之所已言。只是王夫之虽为《四库总目》所肯定,但阮元的《皇清经解》收录甚广,却对王夫之著作不予收录,可见王夫之的声名不彰和不被理解。② 阮元的《皇清经解》道光五年始刻,道光九年刻成。可见,道光时期,经学话语依然强势,王夫之在这一时代语境中,依然显得异常落寞。

邓显鹤对船山的推扬,自有其地域情结和主观偏好,但也有其学理依据,这在于船山的《周易稗疏》《尚书稗疏》《诗经稗疏》《春秋稗疏》《尚书引义》《春秋家说》六部著作被《四库全书》著录,且予以较高评价。《四库提要》的权威性,也足以说明船山思想学术的经典价值。只是船山影响力与其实力严重不匹配,因此尤有表彰的必要。

由于邓显鹤交游广泛,他将王夫之与顾、黄并论的提法,也得到了江南士人的注意,如桐城姚莹在《南村草堂文钞序》认为,邓显鹤访罗遗佚、表章文献,其最大者在于整理《船山遗书》,表彰王夫之与顾炎武、黄宗羲诸老并列。③ 道光十九年(1839)钱塘许乃普为湘西草堂题联,有"羁栖南岳,此后名山著述,同心惟许顾亭林"之语,从著述、心志方面将顾、王并举的意味更为明显。而湘阴左宗植于道光二十三年(1843)所

---

① 邓显鹤:《船山遗书目录》,《南村草堂文钞》卷二,岳麓书社2008年版,第37—38页。
② 同上书,第38—39页。
③ 邓显鹤:《南村草堂文钞》,岳麓书社2008年版,第1页。

作《京师九日同人慈仁寺祭顾先生祠呈同集诸君子》正式提出了顾王并称，认为王夫之在著述上足以与顾炎武抗衡："先生与船山，著述间伯仲。"①饶有意味的是，这首有关雅集顾祠的酬赠诗，却以揄扬船山的人格坚贞与学问精博为主要内容，以凸显王夫之与顾炎武的堪与伯仲的历史地位，实际上饱含了对船山学未显的怅恨。道光二十二年（1842），湘潭王氏守遗经书本《船山遗书》刻成，故左宗植诗中自注云："《四库全书》仅收船山稗疏四种入经部，余书子孙守遗诫藏弆，今日乃稍稍写刊，故海内尚尠有知之者。"②王夫之实力与影响力的严重不平衡，这也正是左宗植等湖湘士人极力将其与顾炎武并举的重要原因。平江李元度在《国朝先正事略》中完全接受了邓显鹤关于王夫之与顾炎武、黄宗羲并列，以及其经学开清人之先河诸方面。③李元度效法王夫之《莲峰志》的体例而扩而大之，撰成《南岳志》，此外，李元度对王夫之的史论也有关注，对其观点有所批驳。

湖湘士人欧阳兆熊、郭嵩焘在邓显鹤等人的基础上，进一步加大了对王夫之的揄扬力度。欧阳兆熊（1808—1874）在守遗经书屋本《船山遗书》与金陵节署本《船山遗书》的整理方面均发挥了重要作用，并撰有《重刊船山遗书凡例》。欧阳兆熊给予王夫之以高度的学术定位，认为王夫之为宋以后儒者之冠，顾炎武、黄宗羲均不能与之相比。④郭嵩焘（1818—1891）对王夫之甚为服膺，尤其是对其易学、礼学评价颇高。并认识到《周易内传》《读四书大全说》《张子正蒙注》《思问录》的价值，对王夫之的理学地位予以评估，将其定位为朱熹之后第一人，"元明两代一先生"，可见，郭嵩焘对于王夫之极表推崇，努力构建王夫之与宋明道学的有机联系，将其视为宋明道学的一流人物甚至集大成者，认为王夫之

---

① 《船山全书》（第16册），岳麓书社2011年版，第575页。
② 同上。
③ 李元度：《国朝先正事略》卷二十七，岳麓书社2008年版，第890页。
④ 《船山全书》（第16册），岳麓书社2011年版，第576页。

学理之博大精深，惟有朱熹方可与之相提并论。

值得注意的是，道咸同士人虽以汉宋兼采的视角来审视王夫之，但宋学的主导性已经突出，王夫之作为义理大家的面目更为清晰。如邓显鹤道光初期增辑《楚宝》时为王夫之作传，提及王夫之的《读四书大全说》《周易内传》《周易外传》《周易大象解》《诗广传》《尚书引义》《春秋世论》《春秋家说》《续春秋左氏传博议》《礼记章句》《读通鉴论》《宋论》《庄子解》《庄子通》《楚辞通释》《搔首问》《俟解》《噩梦》《老子衍》《吕览释》《淮南子评》以及诸经稗疏、诗歌评选等著作，以义理为王夫之学术成就的重心所在，认为船山之学深博无涯涘，尤神契《正蒙》一书，于清虚一大之旨，阴阳象法之状，往来原反之故，显微抉幽，析其奥窔。① 肯定其阐扬张载学说的突出成就。黔阳段谔廷不仅在全国视域中赋予王夫之以集大成者的地位，而且在区域思想史中彰显其卓越价值，他认为王夫之志在集汉宋之大成，卒能身困而心亨，节艰而学粹，在周敦颐之后的湘楚诸儒中首屈一指。②

三 道咸同士人对王夫之的理学正统性建构

道咸同士人着力塑造王夫之的"正学"形象，努力建构王夫之与程朱理学的关联，与陆王心学划清界限。邓显鹤在《船山遗书目录》中认为王夫之推尊张载，推本阴阳法象之状，往来原反之故，对谢良佐、陆九渊、王阳明加以贬斥，议论精卓，践履笃实，粹然一轨于正。③ 善化唐鉴于道光二十二年（1842）作《王而农先生全集叙》，根据嘉庆时期《国史儒林传》将王夫之与顾炎武共居传首的有关情况，他对顾炎武与王夫之进行比较分析，其认为顾炎武明经济之实用，而王夫之发义理之真传，虽不相识，其志其道则颇为相似。唐鉴对《周易内传》《周易外传》《张子正蒙

---

① 《船山全书》（第16册），岳麓书社2011年版，第103页。
② 同上书，第551页。
③ 邓显鹤：《船山遗书目录》，《南村草堂文钞》卷二，岳麓书社2008年版，第37—38页。

注》有所涉猎，着意塑造王夫之醇雅的道学家形象。认为王夫之性之冲和、理之纯粹，流露楮墨间，令人不能置。①唐鉴的《国朝学案小识》，草创于道光二十三年（1843），成于道光二十五年（1845），此书将顾炎武、王夫之等均置之"翼道学案"，虽未视为如陆世仪、陆陇其那样的正宗，但依然将王夫之视为理学阵营中的一员。唐鉴认为，王夫之理究天人，事通今古，探道德性命之原，明得丧兴亡之故，行不违仁，可以奋乎百世，其为学由关而洛而闽，力砥殊途，归宿正轨，观其《大学补传》《中庸衍》可知其学宗程朱。②于此可见，唐鉴构建王夫之宋学正统性的努力。安徽霍山吴廷栋（1793—1873）以程朱理学作为衡量王夫之思想创变得失的基本尺度，认为王夫之深得张载、程颐、朱熹的精髓，其独往独来之气，真能推倒一时，开拓万古。王夫之追踪横渠，而深契程朱心源，非得程朱之心源，固不能得其立论之根柢；非溯程朱之心源，即不能折中其用意之离合。③长沙熊少牧（1795—1878）以王夫之为正学，其《读王船山先生遗书》有"一代孤忠兼正学，更期遗稿遍搜罗"之句。④李元度（1821—1887）同治年间刊行《国朝先正事略》（同治三年开始撰写，同治五年成书刊行）认为王夫之所作《大学衍》《中庸衍》皆力辟致良知之说，以羽翼朱子；并究观天人之故，推本阴阳法象之原，就《正蒙》精绎而畅衍之，与自著《思问录》二篇皆本隐之显，原始要终，炳然如揭日月。其对谢良佐、陆九渊、王阳明之抨击，虽其言或稍过，但议论精严粹然，皆轨于正。⑤湘阴郭嵩焘认为王夫之节操贞纯，一由其读书养气之功，涵养体验，深造自得，动合经权，而对陆王心学析之至精，防之至严，卓然一出于正，惟以扶世翼教为心。⑥王夫之承续周敦颐以来的道学，约礼明性，

---

① 《船山全书》（第16册），岳麓书社2011年版，第408—409页。
② 同上书，第544—547页。
③ 同上书，第580页。
④ 同上书，第573页。
⑤ 李元度：《国朝先正事略》卷二十七，岳麓书社2008年版，第889页。
⑥ 《船山全书》（第16册），岳麓书社2011年版，第582页。

达变持危，阐扬正学，堪称旷世之师。①

值得注意的是，江苏元和王炳燮（1823—1879）虽以正学尺度衡量王夫之，但出现了新的元素，注意到了王夫之与朱熹的思想学术的差异。其写给赵烈文的回信中认为王夫之渊源张载，对朱熹不满之处，其云：

> 船山学术本于横渠，所出甚正，往往有不满朱子处。即如清虚一大，朱子正之，而弗为苟同，以其偏也；而船山守之，遂至有天理地气之说，忘其偏矣。《思问录》《俟解》诸编，最纯之作。论史尤多精理名言，可以振聋聩而发人神智，有功世道不少。虽不免时露疵累，其为源泉之水无疑也。②

尽管他以朱熹的标准来审视，王夫之因而有其偏失，不免疵累。但他毕竟肯定了王夫之作为"源泉之水"的学术价值。同时，王炳燮将《思问录》《俟解》视为最纯之作，由于王炳燮以纯正作为思想学术的标准尺度，因此实际上他将《思问录》《俟解》视为王夫之义理思想的杰作。《思问录》的重要性前人已有论述，但《俟解》的标举，王炳燮功不可没。之前的魏源对王夫之的《俟解》"圣贤而豪杰"的理想人格论予以引用和认同，同时，王炳燮认识到王夫之史论与义理学的关联。

四 道咸同士人对王夫之哲学的认识与接受

道咸同士人对王夫之的伦理思想有所关注。安化陶澍以王夫之为人伦师，其《题衡阳船山祠》："天下士非一乡之士，人伦师亦百世之师。"邵阳魏源直接引用并吸收了王夫之《俟解》圣贤而豪杰的思想，认为圣贤能融摄豪杰精神，并以西汉之贾谊、董仲舒为证，强调圣贤与豪杰的统一性，"豪杰而不圣贤者有之，未有圣贤而不豪杰者也。贾生得王佐之用，董

---

① 《船山全书》（第16册），岳麓书社2011年版，第586页。
② 同上书，第621页。

生得王佐之体，合之则汉世颜、伊之俦，不善学之则为扬雄、王通之比"。① 实际强调了内圣外王的统一，肯定了现实事功的合理性，从而避免了宋明理学空谈心性的流弊，最得船山精髓，其重物、重器、重用、重今的思想亦与船山思想颇为相契。新化邹汉勋在守遗经书屋本《船山遗书》整理中，负责校勘工作，并撰有《衡阳二王著述目录》。他以王夫之为名儒，认为奥义时存，可以淑身定性。②

湘乡曾国藩参与校阅王夫之的《礼记章句》《张子正蒙注》《读通鉴论》《宋论》以及《四书》《易》《诗》《春秋》诸经稗疏、考异，订正讹脱百七十余事。③ 其在同治五年（1866）撰写的《王船山遗书序》中高度肯定王夫之《张子正蒙注》《礼记章句》的价值，认为得明体达用、内仁外礼之效。④ 应当指出的是，虽然曾国藩是理学家，但实际上他是理学经世派，或者践履型的理学家，对义理的阐释发明并不擅长，因而他的视角依然受到清代经学的限制。再加上曾国藩最为服膺程朱，这在之前咸丰九年（1859）所作的《圣哲画像记》有鲜明的体现，而王夫之对程朱有所不满，曾国藩与船山之间并不能真正相契于心。曾国藩最为欣赏王夫之的《礼记章句》，其次《读通鉴论》，虽对《庄子解》《张子正蒙注》《周易内传》有所阅读，但认为失之艰涩。⑤ 由此可知，曾国藩虽对王夫之的哲学著作有所涉猎，但并未有根本之了解。

曾国藩将王夫之视为清代经学之先导，认为王夫之抨击陆王心学，辨《易图》之凿，详考名物、训诂、音韵，正《诗集传》之疏，修补《三礼》时享之仪，与后贤若合符契，堪称博文约礼、命世独立之君子。⑥ 曾

---

① 魏源：《魏源集》，中华书局2009年版，第4页。
② 《船山全书》（第16册），岳麓书社2011年版，第550页。
③ 曾国藩：《王船山遗书序》，《曾国藩诗文集》，文集卷三，上海古籍出版社2005年版，第332页。
④ 同上。
⑤ 《船山全书》（第16册），岳麓书社2011年版，第569页。
⑥ 曾国藩：《王船山遗书序》，《曾国藩诗文集》，文集卷三，上海古籍出版社2005年版，第333页。

国藩认为王夫之以汉儒为门户，以宋儒为堂奥，并专宗洛、闽，而在训诂考证方面与汉学大家若合符契，只是名望不及顾黄，①可见，曾国藩吸收了邓显鹤的相关论断，认识到王夫之汉宋兼采，以宋学为重的方面，同时受其师唐鉴的影响，将王夫之思想定为宗主程朱理学，并未认识到王夫之与程朱理学的差异。王夫之谨于人禽之辨，强调立志思诚、拔出流俗、壁立万仞、只争一线，梁启超在《德育鉴》中指出曾国藩"不为圣贤，即为禽兽"的观点即受王夫之的影响。

郭嵩焘代表了道咸同时期船山哲学接受的最高水平。他与道咸同其他士人一样对王夫之进行正统性建构，强调其推崇张载，抨击陆王心学的方面，建构其与程朱理学的紧密关联。但郭嵩焘已经初步触及王夫之思想深层的某些方面，对王夫之的认识论、伦理学的具体方面有所认识，并加以吸收和转化。王夫之强调"行可兼知"，"行可得知之效，知不可得行之效"，受其影响，郭嵩焘亦强调行的重要性，认为只有亲身实践，进行经验调查，才能深入了解社会现实，作出正确的决策，收到良好的成效："天下事非目悉，而以人言定其有无，是非未有能当者也。"②"始知凡事一经阅历，皆能实有裨益也。"③"凡事非由亲历，知事之曲折与其人之始终本末，而其识量又足以通知一切以能有所断制，仅据传闻之辞、记载之文，以臆度其贤否得失，鲜不失之。"④"天下事及之后知，履之后艰，各人成就一番功业，视之无甚奇也，而皆由艰难磨炼，出生入死，几经阅历，而后成此功名。"⑤王夫之既强调认识应以经验为基础，但同时认识到见闻之知的局限性，感性经验与理性认识的相互配合才能获得真知。郭嵩焘亦然，他认为闻见之知非真知，"大抵闻见之知，非真知也"。⑥因此郭

---

① 《船山全书》（第16册），岳麓书社2011年版，第560页。
② 郭嵩焘：《郭嵩焘日记》（第1卷），湖南人民出版社1982年版，第864页。
③ 郭嵩焘：《郭嵩焘日记》（第2卷），湖南人民出版社1982年版，第408页。
④ 郭嵩焘：《郭嵩焘日记》（第1卷），湖南人民出版社1982年版，第521页。
⑤ 郭嵩焘：《郭嵩焘日记》（第2卷），湖南人民出版社1982年版，第256页。
⑥ 郭嵩焘：《郭嵩焘日记》（第4卷），湖南人民出版社1982年版，第255页。

嵩焘强调耳目心思交相为用："心，持恒者也。耳目，取新者也。以其心贞其耳目，以其耳目生其心。生心而不忘于是，而所以不失其恒。"① 他提倡实有、至诚，反对阴险机诈的权术算计："有者，实有之，非老氏欲张固翕、欲取固与之谓也。"② "人须是有实际，至诚所动，金石为之开。权术牢笼，终不济事。"③ 这深受王夫之实有、立诚思想的影响。郭嵩焘强调士人应当拔出流俗，以期移风易俗："君子之拘于见闻，染于气习者，皆谓之流俗。俗人之所趋而流焉，君子之所恶也。"④ "君子之所以异乎人者，惟超出乎流俗而已。流俗之所奔赴，而君子远之。流俗所据为毁誉而一哄无异辞者，君子一揆之以义，而察其本末，辨其异同，无敢徇焉。"⑤ "士人特识，在先脱除流俗气习，其见之施行以立功名者，皆其后也。"⑥ 显然受到了王夫之习与性成，不善由于习、流俗不可徇等思想的影响。⑦ 郭嵩焘对王夫之的《俟解》有关末俗有习气，无性气，习气移人，为不可复施斤削之论，表示认同。⑧

郭嵩焘一方面认为《张子正蒙注》《思问录》为王夫之性理之学的代表作，王夫之在讲明道学的精湛博大方面，可以与朱熹比肩。⑨ 另一方面，他其实最为推崇王夫之的《周易内传》《礼记章句》《读四书大全说》《读通鉴论》，认为王夫之于六经都有阐发，而说易、礼尤精，以王夫之的《周易内传》为汉以来易学的巅峰之作。⑩ 认为王夫之的《周易内传》《读四书大全说》窥见圣贤之用心而发明其精蕴，足补朱子之义所未备。⑪ 郭

---

① 郭嵩焘：《郭嵩焘日记》（第2卷），湖南人民出版社1982年版，第29页。
② 同上书，第25页。
③ 郭嵩焘：《郭嵩焘日记》（第1卷），湖南人民出版社1982年版，第526页。
④ 同上书，第447页。
⑤ 同上书，第506页。
⑥ 同上书，第446页。
⑦ 《船山全书》（第16册），岳麓书社2011年版，第601页。
⑧ 同上书，第597页。
⑨ 同上书，第583页。
⑩ 同上书，第595页。
⑪ 同上书，第582页。

嵩焘还认为王夫之对陆王心学得失的辨析比陆陇其更为精到,其《礼记质疑》是对王夫之《礼记章句》的借鉴效法,其《大学质疑》《中庸质疑》对王夫之的观点予以采录,对朱熹的观点或补充丰富,或质疑驳正。此外,郭嵩焘对王夫之《楚辞章句》《诗广传》《老子衍》《庄子解》《俟解》《尚书稗疏》《尚书引义》也有所关注,肯定其价值。

总体而言,道咸同时期的船山学接受,湖湘学者基本上是汉宋兼采视域,既重经学,但更看重宋学的成就。湘阴左宗植(1804—1872)的"学派得横渠,故训翼郑、孔"① 以及邓显鹤的"以汉学为门户,以宋学为堂奥"的定位判断最为典型,而江南有些学者如刘毓崧则基于较为纯正的汉学视角。值得注意的是,晚清出现了王夫之的升格运动,王夫之逐渐由理学的支流旁裔走向正统中心。虽然晚清不少学者将其纳入宋明理学阵营,但对其哲学缺乏必要的分析与阐述。宋学角度,则多建构王夫之与程朱理学的正统性关联,以及对于张载《正蒙》的阐发之功。汉学角度,则肯定其学有根柢,对清代朴学具先导之功。而郭嵩焘已经触及王夫之宋学正统性建构的极限,即将由正统性建构走向现代性建构。相对于大多数人将王夫之视为程朱理学的附庸和羽翼,郭嵩焘已经将王夫之与朱熹并列,甚至补朱熹所未及。而且郭嵩焘已经在《张子正蒙注》《思问录》以外,将《周易内传》《读四书大全说》视为王夫之思想的精粹所在,对王夫之的众多著作予以关注并肯定其价值。而且从哲学层面而言,郭嵩焘在本体论、认识论、伦理学三个方面对王夫之的思想予以吸收和转化。虽然其对王夫之的思想阐释尚不具体,但其眼光独到、定位深刻,不仅代表了道咸同士人的最高认识水平,而且为船山学的近代转型迈出了关键性的一步。对维新派、新文化派、现代新儒家甚至现代唯物派都影响深远。

---

① 《船山全书》(第16册),岳麓书社2011年版,第575页。

第二节　庙堂与社会之间：光宣时期船山哲学接受传播的近代过渡

光宣时期船山学的接受与传播遍布全国，衡阳、长沙、武昌、北京、南京、上海、广州、苏州尤为重镇。其传播主体为湖南、江苏、浙江、广东等地学者、官员与维新革命党人。船山学的重要传播方式有日记、读书记、札记、随笔、诗词、序跋、书信、目录、演讲、奏议、祭祀、讲学等，这一时期船山学传播接受的特点在于船山学的社会化。光绪十八年（1892）王之春在其《船山公年谱序》中提到"今公书已遍海内"，① 可见当时船山学已经相当流行，影响遍及全国。梁启超认为，清末民初之际，知识阶级没有不知道王船山的人，并且有许多青年作很热烈的研究。② 船山史论经义备受考场举子的青睐，船山学的影响遍及社会。刘人熙云：

> 同治之初，既平洪杨之难，湘乡曾氏兄弟爵为通侯，刊行遗书于金陵，世家大族乃有其书，然未通于社会也。光绪之季，废时文，改经义策论，坊间始刊行各种史论，及通县王芝祥所刊之《四书训义》，而应试之士子皆知有船山矣。③

光宣时期的船山学的研究大体以 1894 年甲午中日战争为界分为前后两个阶段。1874—1894 年间船山学的传播接受基本上为传统形式。其值得注意的方面有以下几点。其一，船山从祀孔庙的倡议与落实。从最早的光绪二年（1876）郭嵩焘提议将王夫之从祀孔庙，到光绪三十四年（1908）三人最终入祀两庑。顾黄王并称得到了制度仪式化的彰显，并为社会、学界

---

① 《船山全书》（第 16 册），岳麓书社 2011 年版，第 278 页。
② 梁启超：《儒家哲学》，《船山全书》（第 16 册），岳麓书社 2011 年版，第 748—749 页。
③ 《船山全书》（第 16 册），岳麓书社 2011 年版，第 873—874 页。

所普遍接受。其二，船山年谱的刊行与新修。刘毓崧的《王船山先生年谱》撰于同治四年（1865），而光绪十二年（1886）由江南书局刻版印行。而王之春利用族谱、王夫之著作等资料新撰《船山公年谱》，刊于光绪十九年（1893）。湘潭罗正钧有《补辑王船山先生年谱》，并于光绪十九年（1893）撰有《船山师友记》，光绪三十三年（1907）刊行。其三，注意在祭祀讲学活动中宣传船山思想。光宣时期王夫之在书院学堂获得了相当的影响力："寂寞二百年，高名被坛席。"① 光绪四年（1878），彭玉麟支持张宪和创船山书院于回雁峰下。光绪十一年（1885），彭玉麟改建船山书院于东洲，并聘王闿运为山长。郭嵩焘于光绪七年（1881）创立思贤讲舍，举行船山祭祀与会讲活动。② 光绪十七年（1891），康有为创办万木草堂，并在课堂教学中宣传船山思想。其四，王夫之的四书学著作受到关注。《四书笺解》于光绪二十年（1894）由王之春在湖北藩司刊行，《四书训义》的新刊版本有光绪十三年（1887）刊行的潞河唊柘山房本与光绪十九年（1893）湖南宏达书局本，《四书稗疏》的新刊版本有光绪十三年（1887）刊行的潞河唊柘山房本、光绪十四年（1888）刊行的南菁书院《皇清经解续编》本。

1894—1911年的船山学接受则体现出鲜明的近代特征，在思想阐释与传播手段上都出现了新的变化，体现在如下几个方面。

其一，维新派以王夫之思想为宣传变法、阐说民权公理的重要媒介。甲午中日战争的惨败，标志着洋务运动的失败，促使中国士人逐渐认识到制度变革才能有效促进中国的富强。王夫之的"严以治吏、宽以养民"、注重用人等思想为洋务派士人所吸收，而王夫之的"器变则道变""法因时改""趋时更新""日新演化""天下非一姓之私"、孤秦陋宋论等思想也成为中国士人融摄西方民主民权思想的重要纽带，成为近代士人维新变

---

① 《船山全书》（第16册），岳麓书社2011年版，第778页。
② 同上书，第605页。

法思想的思想先导与历史催化剂。谭嗣同云："国初三大儒，惟船山先生纯是兴民权之微旨；次则黄梨洲《明夷待访录》，亦具此义；顾亭林之学，殆无足观。"① 梁启超云："经世学者，多知梨洲、船山，能发民权公理。"②"抑《黄书》亦《明夷待访》之亚也。其主张国民平等之势力，以裁制专制，三致意焉。（吾昔抄录《读通鉴论》《宋论》《黄书》中发民权之理者，凡三四十条，文繁不备征。）黄王之轩轾，吾盖难言之。"③ 黄宗羲被许为"中国的卢梭"，而王夫之亦获得了"东方孟德斯鸠"的赞誉，熊十力云："儒者尚法治，独推王船山。案其言预定弈世，置天子于有无之外，以虚静统天下。（《读通鉴论·晋论》）远西虚君共和之治，此先发之矣。值世网密，微辞以见意，思深哉。（船山处异族专制之下，不敢倡言民主，而思想实及之。）船山固东方之孟德斯鸠也。黄宗羲《明夷待访录》，非其伦也。"④ 在与政治思想严重相关的历史观方面，近代改良维新士人接受了王夫之的历史演化思想与民生史观。而作为政治历史思想基础的本体论、认识论、人生论，如理气论、道器论、体用论、动静论、常变论、知识来源论、知行观、时间观、人性论、力命论、人格论等，也得到了洋务派和维新派士人的接受与吸收，而谭嗣同更是以船山思想为基础，融摄佛学、西方自然科学，建立了"以太—仁"的哲学体系。康有为、谭嗣同、梁启超、皮锡瑞等对王夫之的《读通鉴论》《宋论》《张子正蒙注》《周易外传》《黄书》备感兴趣。

其二，革命派将王夫之思想作为民族革命的号召。清末民初的主要革命团体如华兴会（黄兴、宋教仁、陈天华、杨毓麟、章士钊、刘揆一、宁调元）、光复会（章太炎、陶成章、柳亚子、陈去病、秋瑾）、兴中会（孙中山、胡汉民、汪精卫）以及同盟会（刘师培、邹容、黄节等）以及蔡

---

① 谭嗣同：《谭嗣同全集》，中华书局1981年版，第464页。
② 梁启超：《论中国学术思想变迁之大势》，上海古籍出版社2006年版，第90页。
③ 同上书，第87页。
④ 熊十力：《心书·钩王》，《船山全书》（第16册），岳麓书社2011年版，第982页。

锷、罗长裼等倾向于革命的人士均受到了王夫之民族主义思想的影响。章太炎将王夫之尊为"民族主义之师",并称辛亥革命的成功主要得益于船山民族思想的熏染、刺激:"当清之季,卓然能兴起顽懦,以成光复之绩者,独赖而农一家而已。"(《重刊船山遗书序》)① 这一时期王夫之的《读通鉴论》《宋论》《黄书》《噩梦》《永历实录》备受革命派的关注。梁启超云:"将《船山遗书》刻成之后,一般社会所最欢迎的是他的《读通鉴论》和《宋论》。……攘夷排满是里头主义之一种,所以给晚清青年的刺激极大,现在时过境迁,这类话倒觉得无甚意义了。"② 王永祥亦称:"辛亥以前,船山之学风行一时,其《读通鉴论》《黄书》《噩梦》等著,尤为人所乐道。然此是所盛谈者,特船山思想之一面,非其哲学之全体也。"③ 王夫之遭遇家国剧变,又受《春秋》家学熏染,民族意识异常强烈,且形成了较为系统的理论著述,如《黄书》《噩梦》《读通鉴论》《宋论》等,尤其是"以身任天下""独握天枢以争剥复""中国可以自亿也"的爱国思想以及"不可戴异类为中国主"的族类自固思想对中国近代革命思想产生了深远影响。如光复会宗旨为"光复汉族,还我山河,以身许国,功成身退";华兴会以"驱除鞑虏,复兴中华"为旨趣,《血泪书》中提到:"凡属炎黄种子,急宜奋起图存,誓驱除鞑虏出关,否则瓜分之日立至";兴中会以"驱除鞑奴,恢复中华"为宗旨,均有着船山民族主义思想的烙印。如胡汉民云:"十五六岁从旧籍中见顾亭林、王船山诸人著述,深感满洲政府以异族宰制诸夏之无理,适有中日之役、割地赔款,丧权辱国,使当时学界谓之激昂,辄攘臂而谈时务。"④ 陶成章云:"昔王船山先生有言曰:仁以自爱其类,义以自育其群,若族类之不能自固,而何仁义之足云。由是观之,舍合群主义外,固别无人道主义;舍民族主义

---

① 《船山全书》(第16册),岳麓书社2011年版,第441页。
② 梁启超:《中国近三百年学术史》,东方出版社1996年版,第93页。
③ 王永祥:《船山学谱》,中华书局2014年版,第6页。
④ 《船山全书》(第16册),岳麓书社2011年版,第858页。

外,亦别无合群主义。虽然,欲求合群,非可徒托空言,必有机关以联络之,然后有过足以相规,有失足以相救,有疾病足以相扶持,有灾祸足以相补助。退而守之,可以保一隅,使不受外侮;扩而充之,可以联万方,谋光复神州。如是则合群之道,乃称实践。"① 宁调元将王夫之《俟解》作修身教科书,② 罗长裿"生平服膺史论,终日手不释卷,历办各陆军学校,均以此编授诸学生,有受其熏陶者,读其指斥满廷诸篇,令人兴起黍离之感焉",③ 柳亚子以湖南为民族主义出产地,认为"王船山著书立说,乃力陈夷夏之防,为世昭鉴",④ 并撰《中国灭亡小史》表彰、发扬王夫之等人的排满民族主义。其赋诗中有"倘使平原能灭虏,禅文九锡亦何妨",并自注云:"王船山先生有云:'使桓温功成而篡,犹胜于戴丑夷以为中国主。'末二句盖窃取斯义。"⑤ 戴望"喜诵姜斋、亭林书,以发扬幽潜为己任,"⑥ 辑成《续明史》一书。黄节欣赏王夫之的"可禅可继可革,而不可使异类间之"的民族主义思想,并受王夫之《黄书》的影响而撰成《黄史》,"衡阳王氏当有明鼎革,抱种族之痛,发愤著书,乃取轩辕肇纪,推所自出,以吾一族而统吾国"。⑦ 章士钊撰《王船山史学申义》阐发王夫之的民族思想。而蔡锷《致湖南士绅书》表彰王夫之等人的文想武命,以激发湖南士绅的爱国情绪。⑧ 相对而言,在近代革命思想中,孙中山、章太炎、刘师培、杨昌济与船山思想关联最为密切,且最具系统性。其中章太炎、刘师培更注重从种族革命、民族历史来阐发船山思想,更为激进而封闭;而孙中山则对王夫之的民生意识予以继承发展,并对民族主义进行了转换和超越,从种族主义走向国家主义,则相对包容和开放。

---

① 《船山全书》(第16册),岳麓书社2011年版,第859页。
② 同上书,第861页。
③ 同上书,第860页。
④ 同上书,第857页。
⑤ 同上书,第854—855页。
⑥ 同上书,第852页。
⑦ 同上书,第846页。
⑧ 同上书,第817页。

其三，社团学会与文化传媒在船山学的传播中发挥了重要作用。社团学会与报纸杂志也成为光宣时期船山思想传播的重要手段。如兴中会（1894）、南学会（1898）、华兴会（1904）、光复会（1904）、中国同盟会（1905）、南社（1909）等社团、学会，《湘学报》（1897）、《湘报》（1898）、《清议报》（1898）、《新民丛报》（1902）、《苏报》（1902）、《国民日日报》（1903）、《东方杂志》（1904）、《国粹学报》（1905）、《民立报》（1910）等报纸、杂志在船山学的传播接受方面发挥了重要作用。论文和专著在船山学的接受与推广中占据一席之地。章士钊阐说王夫之史学的民族主义，勇立对王夫之与亚当·斯密的经济学思想进行比较；黄巩阐发王夫之经学阐释的特点与价值，为论文方面之代表；谭嗣同《仁学》、黄节《黄史》、刘师培《攘书》、柳亚子《中国灭亡小史》、梁启超《论中国学术思想变迁之大势》《新史学》《德育鉴》、皮锡瑞《经学历史》《经学通论》、章太炎《訄书》等专著则对王夫之的哲学、史学、经学思想进行评估甚至借鉴吸收。

其四，船山的区域文化建构。将王夫之进行区域化审视始于康雍时期，如刘献廷将王夫之视为洞庭以南仅存的天地元气与圣贤学脉，廖元度《楚风补》则将王夫之的诗歌纳入楚文化框架。道咸同时期，邓显鹤和罗汝怀将王夫之的诗与文纳入湖湘文学谱系之中，而郭嵩焘、段谔廷则构建了从周敦颐到王夫之的区域理学传统。而光宣士人则将王夫之进行更为自觉的区域文化建构，而且具有未来性的召唤。善化皮锡瑞（1850—1908）在写给叶德辉的书信中提到自己所学本兼汉宋，服膺亭林、船山之书，素主变法之论。① 南学会在谭嗣同、熊希龄、梁启超等人的倡议下于光绪二十四年（1898）成立，皮锡瑞被推选为第一任会长。皮锡瑞在光绪二十四年的日记中写道，强调治学有体有用，不为空谈，使我湖南再见曾国藩、罗泽南、左宗棠之伟人，再闻王夫之、魏源之伟论，不负今日创立南学会

---

① 《船山全书》（第16册），岳麓书社2011年版，第776页。

之盛意。① 从地域文化角度，构建了湖南的政治和学术谱系。湘潭叶德辉（1863—1927）将王夫之置于湘学的谱系之中，强调忠义、经世的湖南区域文化传统，反对依附康门，表彰异学。② 邵阳蔡锷1902年在日本为组织湖南编译社有《致湖南士绅书》，认为欧洲之进化，理想胎于文，其精神胎于武。欧洲之进化，大体基于希腊、罗马以来的武命文想。湖南以名誉高天下，江忠源、罗泽南、曾国藩、胡林翼、左宗棠、彭玉麟为湖南武命之典型，而屈原、周敦颐、王夫之、魏源为湖南文想之代表，发达磅礴，渐入哲学之境界。③

其五，维新派士人实现了王夫之哲学认识与吸收的近代转型。王夫之对光宣时期的维新派与革命派影响都很大。维新派注重宣传王夫之的动变论与民权思想，而革命派则注重宣扬王夫之的民族主义与文化史学。"凡论种族者皆依托船山。"④ 相对而言，维新派对船山学的贡献更大，对于船山哲学的认识也更深刻。谭嗣同等维新士人对王夫之的道器、理气、动静等本体论以及人性、理欲、人生态度、时间观等人生论有着较为深入的认识，而且谭嗣同将船山思想与西学、佛学相融合，建立了自己的哲学体系。

光宣士人对船山哲学的阐释存在两种基本趋向。其一，在宋明理学视域中特别注意揭示王夫之与张载的思想关联，并对《张子正蒙注》较为关注。南海康有为认为王夫之发挥《正蒙》甚精，以心学之儒转而为经学之师。⑤ 虽然康有为也将王夫之视为清代朴学的先驱，但依然强调王夫之的义理兴趣，指出其与宋明理学的渊源深厚："今尊顾亭林，以其考据也。

---

① 皮锡瑞：《中国近代思想家文库》（皮锡瑞卷），中国人民大学出版社2013年版，第756—757页。
② 《船山全书》（第16册），岳麓书社2011年版，第776页。
③ 同上书，第817页。
④ 同上书，第663页。
⑤ 康有为：《南海师承记》，《康有为全集》（第2集），中国人民大学出版社2007年版，第258页。

不尊船山，以其心学也。"① 从而揭示了顾炎武在清代被尊崇，而王夫之在清代受到冷落的原因，体现了汉宋之争的思想分野。康有为对张载极为推崇，以之为宋儒第一人。② 而且将张载《正蒙》视为宋儒义理学的最高代表。③ 康有为以精深推《正蒙》，以博大称《西铭》，对王夫之的《张子正蒙注》以及王夫之继承发扬张载思想评价颇高："《正蒙》为宋儒第一篇文字，精深莫如《正蒙》，博大莫如《西铭》。王船山发挥《正蒙》甚精。其次《太极》《通书》，《识仁》《定性》皆好，均出自《系辞》。"④ 可见，在宋儒的思想著述层面，康有为最为推崇张载的著作，而周敦颐、程颢的著作还在其次。而且将张载、周敦颐、程颢、王夫之的代表著作视为《易传》传统的产物，显然康有为将张载、王夫之视为思想上的同一系列。余杭章太炎认为王夫之的思想渊源于张载，但张载的性二元论观点不能为章太炎所接受，认为张载以理气分性，其说则枝，而理不可刻识，反近虚言，与阳明以无善无恶称性体大相径庭。因章太炎其实较为认同王阳明的性一元论，认为以阳明心学为虚玄的说法并不正确。⑤ 章太炎对张载评价不高，认为理气二分导致义理之性与气质之性的划分，是否意味着章太炎就是指王夫之是性二元论者，虽未明言，似乎有这种意味。但实际上，王夫之对张载、程朱的气质之性、义理之性的性二元论是不满的。此中也可见章太炎对王夫之的哲学认识并不深入。章太炎对王夫之等对王阳明虚玄的抨击不以为然："学有玄远而无阡陌者，可易也。有似剀切而不得分齐者，可易也。王文成之学，所失在乙，不在甲矣。而世更以虚玄病之，顾宁人、王而农攻之为甚。"⑥ 仪征刘师培（1884—1919）在《近儒学案》

---

① 康有为：《万木草堂讲义》，《康有为全集》（第2集），中国人民大学出版社2007年版，第290页。
② 同上书，第287页。
③ 康有为：《南海师承记》，《康有为全集》（第2集），中国人民大学出版社2007年版，第232页。
④ 同上书，第233页。
⑤ 章太炎：《检论·议王》，《章太炎全集》，上海人民出版社2014年版，第468页。
⑥ 同上书，第467—468页。

中列有姜斋学案，有王夫之、罗泽南，以李文炤、邓显鹤为别出。编次在夏峰学案、二曲学案、蕺山学案、余姚学案、东林学案之后。① 在《近儒学术系统论》中对王夫之的思想倾向予以梳理，认为王夫之在思想上归宗张载，兼采朱熹，反对阳明心学："自此以外，则湘有王夫之，论学确宗横渠，兼信紫阳，与余姚为敌，亦杂治经史百家。"② 他在《近儒学案序目》中对王夫之的学术宗尚与历史价值予以肯定，指出其推崇张载，反对阳明心学的方面："当此之时，南方大儒，接踵兴起。亭林以闽学为依归，姜斋奉关学为标准，一洗王学空虚之习。"③ 新会梁启超认为王夫之最为崇拜张载，并深受张载的影响，其《张子正蒙注》《思问录》对张载哲学进行了有效的阐发，对天人之学有独到的贡献。④ 可见，梁启超在《论中国学术思想变迁之大势》中注重从王夫之与张载的关联角度来阐释船山学，并以《张子正蒙注》《思问录》为其代表著作，总体认识不出王敔等清人的一般认识框架。而对谭嗣同以王夫之为明清思想第一人的判断基本认同，可见其对船山思想的高度肯定。这方面不仅吸收了谭嗣同的观点，也是对欧阳兆熊、郭嵩焘、刘人熙观点的继承。浏阳刘人熙对王夫之予以高度评价，或以为程朱以来第一人，甚至孟子以来第一人。⑤ 他认为王夫之对张载《正蒙》之《太和篇》进行阐释发挥，流动充满，于此而得洙泗之津梁。⑥

维新士人对王夫之的伦理思想颇有关注和吸收。如刘人熙对王夫之人欲已去、天理未充的理欲论颇表认同。⑦ 梁启超《德育鉴》（1905）对王

---

① 刘师培：《左庵外集》（卷十七），《仪征刘申叔遗书》（12），广陵书社2014年版，第5175页。
② 刘师培：《左庵外集》（卷九），《仪征刘申叔遗书》（12），广陵书社2014年版，第4632页。
③ 刘师培：《左庵外集》（卷十七），《仪征刘申叔遗书》（12），广陵书社2014年版，第5172页。
④ 梁启超：《论中国学术思想变迁之大势》，上海古籍出版社2006年版，第87页。
⑤ 《船山全书》（第16册），岳麓书社2011年版，第875页。
⑥ 同上书，第879页。
⑦ 同上书，第875—876页。

夫之《俟解》予以关注，触及王夫之的性习论与修为论。立志部分摘抄了《俟解》关于人禽之辨的观点，王夫之认为，君子与小人的区别在于，君子恪守人的本性，而异于禽兽。小人则失去人之所以为人的本性，庶民终日蝇营狗苟，徇于世俗，迷其本性，君子当忧勤惕厉，壁立万仞，止争一线，只有立志才能自拔于流俗。梁启超认为，王夫之所言切实有效，而曾国藩不为圣贤便为禽兽实本于王夫之的这一思想。① 因此志不可不立。在存养部分，梁启超也摘抄了《俟解》关于存养省察交参，当以存养为重的观点。② 梁启超认为，存养有主敬、主静、主观三法门，认为《俟解》中设身处势以参其变而知其常，以立一成纯之局而酌其所以自处者的观点亦为观之一种，用之甚有效。③

其二，明清思想史视域中注意凸显王夫之对于明清思想学术的转折意义。善化皮锡瑞认为顾炎武、黄宗羲、王夫之等国朝通儒，都由虚返实，其学规模宏阔、体用兼备，较之乾嘉之儒，更足师法。④ 梁启超在《论中国学术思想变迁之大势》（1902）中将顾炎武、黄宗羲、王夫之、颜元、刘献廷视为明清之际的五大学者，具有推陈出新、承前启后的转折意义，较之宋明理学家他们的学问注重实用。⑤ 王夫之等五先生之学卓然成一家之言，可比周秦诸子，为秦汉以来空前之组织，胜过有用无体的永嘉学派。⑥ 章太炎（1869—1936）以孙奇逢、王夫之、黄宗羲、颜元、李颙为明季五君，认为明季五君的去世标志着道学的终结，如同荀子死而儒术绝。⑦ 章太炎非常尊崇荀子，可见章太炎将王夫之视为道学发展史上的关键人物。

---

① 梁启超：《德育鉴》，《船山全书》（第16册），岳麓书社2011年版，第732—733页。
② 同上书，第733页。
③ 同上书，第734页。
④ 皮锡瑞：《中国近代思想家文库》（皮锡瑞卷），中国人民大学出版社2013年版，第757页。
⑤ 梁启超：《论中国学术思想变迁之大势》，上海古籍出版社2006年版，第83页。
⑥ 同上书，第85页。
⑦ 章太炎：《訄书重订本·别录乙》，《章太炎全集》，上海人民出版社2014年版，第350页。

但这一时期除了谭嗣同以外，对船山思想的研究总体并不深入。嵇文甫认为，晚清之时，随着《船山遗书》的刊行，王夫之有了全国性的影响，但他最流行的著作《读通鉴论》，却被一些士子当作科考策论予以揣摩，与胡寅《读史管见》、张溥《历代史论》这样俗滥史论等量齐观；而革命士人极力表彰王夫之《黄书》《噩梦》，进行政治化、民族主义的解读，也只是王夫之思想的一个方面。梁启超曾有撰著《船山学案》的计划，但未见施行。王夫之作为大师为人所共知，但没有几个人对船山思想的理论体系有大体的了解。①

第三节　谭嗣同与船山哲学接受的近代转型

浏阳谭嗣同的老师欧阳中鹄、刘人熙均推崇王夫之，在两位老师的指导下，谭嗣同阅读了王夫之的著作，对其发生了兴趣。谭嗣同早年撰有《王志》，表达对王夫之的私淑之意。谭嗣同将王夫之视为国朝有数大儒，与黄宗羲并置。②

谭嗣同继承了郭嵩焘、刘人熙等人的观点，认为王夫之是明清五百年思想哲学的最高代表："五百年通天人之故者，船山一人而已。"③ "国朝衡阳王子，应五百年之运，发斯道之光，出其绪余，犹当空绝千古。"④ 谭嗣同对王夫之的思想渊源予以梳理，并将王夫之与黄宗羲并举，认为王夫之继承了孟子、周敦颐、张载的思想传统，黄宗羲绍述了庄子、陆九渊、王阳明的思想旨趣。⑤ 他对渊源于荀子的程朱理学予以排斥，以为带有专制

---

① 嵇文甫：《王船山学术论丛》，生活·读书·新知三联书店1962年版，第85页。
② 谭嗣同：《谭嗣同全集》，中华书局1981年版，第77页。
③ 梁启超：《清代学术概论》，上海古籍出版社1998年版，第19—20页。
④ 谭嗣同：《论艺绝句六篇》，《谭嗣同全集》，中华书局1981年版，第77页。
⑤ 谭嗣同：《谭嗣同全集》，中华书局1981年版，第338页。

气息。可见，其试图构建王夫之与陆王心学的融通关系，与程朱理学划清界限。谭嗣同相当于构建了宋明理学的三系，开张岱年、张立文之先河，也对牟宗三颇有启发。

一 对王夫之形上哲学的认识与接受

谭嗣同对王夫之的宇宙本体论有深入的认识，并进行吸收转化。谭嗣同接受了王夫之生生不息的元气絪缊论："元气絪缊，以运为化生者也，而地球又运于元气之中，舟车又运于地球之中，人又运于舟车之中，心又运于人身之中。元气一运无不运者，人心一不运，则视不见，听不闻，运者皆废矣。"① 受王夫之影响，谭嗣同亦持理气合一，理至气至的观点："夫岂有理之所至，而气之所不至乎？"② 与王夫之一样，谭嗣同认为气既具有自然物质性也具有精神道德性："夫浩然之气，非有异气，即鼻息出入之气。理气此气，血气亦此气，圣贤庸众皆此气，辨在养不养耳。"③ 谭嗣同吸收了王夫之的道器论，他认为道器不离，道随器变，器存而道不亡，并明确提出了器体道用的论断，从而将王夫之的道器论进一步推向前进："由此观之，圣人之道，果非空言而已，必有所丽而后见。丽于耳目，有视听之道；丽于心思，有仁义智信之道；丽于伦纪，有忠孝友恭之道；丽于礼乐征伐，有治国平天下之道。故道，用也，器，体也。体立而用行，器存而道不亡。自学者不审，误以道为体，道始迷离惝恍，若一幻物虚悬于空漠无朕之际，而果何物也邪？于人何补，于世何济，得之何益，失之何损邪？将非所谓惑世诬民异端者耶？夫苟辨道之不离乎器，则天下之为器亦大矣。器既变，道安得独不变？变而仍为器，亦仍不离乎道，人自不能弃器，又何以弃道哉？"④ 谭嗣同认为，天地万物是日新变化的：

---

① 谭嗣同：《谭嗣同全集》，中华书局1981年版，第127页。
② 同上书，第128页。
③ 同上书，第137页。
④ 同上书，第197页。

"夫善至于日新而止矣,夫恶亦至于不日新而止矣。天不新,何以生?地不新,何以运行?日月不新,何以光明?四时不新,何以寒燠发敛之迭更?草木不新,丰缛者歇矣;血气不新,经络者绝矣;以太不新,三界万法皆灭矣。"① 这显然深受王夫之天地本动、气化日新思想的影响。谭嗣同不仅对王夫之的易学善于阐发动变之意颇表欣赏,② 还接受了王夫之以今日为时间视域的观点,并从生灭不息的角度加以阐释:

  王船山曰:"已生之天地,今日是也;未生之天地,今日是也。"吾谓今日即无今日也,皆自其生灭不息言之也。③

值得注意的是谭嗣同以太—仁的本体论哲学其实是对船山哲学的创造性转化。从本质而言,谭嗣同的以太—仁的本体论哲学,不仅对王夫之哲学有吸收,还在《仁学》中明确提到仁学当通王船山等人的著作,而且甚至是王夫之理气道器论的逻辑发展。

谭嗣同将仁界说为以太:"仁以通为第一义。以太也,电也,心力也,皆指出其所以通之具。"④ 以太是运动变化的:"以太之动机,以成乎日新之变化。夫固未有能遏之者也。"⑤ 其实正如同王夫之所谓生生不已的气、变化日新的器一样。根据谭嗣同的界说,以太是一种普遍存在、至大而至微的物质精神力量:"以太也,电也,粗浅之具也,借其名以质心力。"⑥ "以太之用之至灵而可征者,于人身为脑。"⑦ "学者又当认明电气即脑,无往非电,即无往非我,妄有彼我之辩,时乃不仁。虽然,电与脑犹以太之表著于一端者也;至于以太,尤不容有差别,而电与脑之名亦不立。"⑧

---

① 谭嗣同:《谭嗣同全集》,中华书局1981年版,第318页。
② 同上书,第320页。
③ 同上书,第313页。
④ 同上书,第291页。
⑤ 同上书,第321页。
⑥ 同上书,第291页。
⑦ 同上书,第295页。
⑧ 同上。

"遍法界、虚空界、重生界，有至大、至精微，无所不胶粘、不贯洽、不管络，而充满之一物焉，目不得而色，耳不得而声，口鼻不得而臭味，无以名之，名之曰以太。其显于用也，孔谓之仁，谓之元，谓之性。"① 这其实与王夫之的气论非常相似。王夫之的气既具有物质性，又具有精神性，既普遍存在，又富于变化。既然仁是以太显之于用的表现，因此在谭嗣同看以太是体，仁是用。因此谭嗣同的仁学可以说是一种以太—仁的本体论哲学。从逻辑结构而言，以太—仁的体用关系，正是气—理，器—道的体用关系。这其实是王夫之理在气中、道在器中的顺理成章的发展，诚如李泽厚所云："实际上，'以太—仁'的观点正是'器—道'思想的全面发展。前者比后者虽远为混杂不纯，但却也远为丰富而多彩。"② 因此，谭嗣同的以太—仁的学说是对王夫之道器论、理气论、体用论、动静论的辩证综合。

二　对王夫之伦理思想的认识与接受

谭嗣同对王夫之的人性论、理欲论、人生观也深表认同，并予以借鉴吸收。

谭嗣同认同王夫之生之谓性、气质形色亦性的观点："生之谓性，性也。形色天性，性也。性善，性也。"③ "就性名之已立而论之，性一以太之用，以太有相成相爱之能力，故曰性善也。"④ 与王夫之相似，谭嗣同认为恶并非本然存在，只是不循善之条理而名之，善恶并非对等的概念："天地间仁而已矣，无所谓恶也。恶者，即其不循善之条理而名之。用善者之过也，而岂善外别有所谓恶哉？"⑤ 王夫之将恶的产生归因于习，谭嗣

---

① 谭嗣同：《谭嗣同全集》，中华书局1981年版，第291页。
② 李泽厚：《谭嗣同研究》，《中国近代思想史论》，生活·读书·新知三联书店2008年版，第206页。
③ 谭嗣同：《谭嗣同全集》，中华书局1981年版，第300页。
④ 同上。
⑤ 同上书，第301页。

同亦认为恶是受习的影响而产生:"沿于习而后有恶之名。恶既为名,名又生于习,可知断断乎无有恶矣。"① "颠倒生分别,分别生名。颠倒,故分别亦颠倒。谓不颠倒者颠倒,故名亦颠倒。颠倒,习也,非性也。"②

谭嗣同认同王夫之理欲合一的观点,反对朱子的理欲对峙、阳明的理欲混同之说:"世俗小儒,以天理为善,以人欲为恶,不知无人欲,尚安得有天理? 无故悲夫世之妄生分别也。天理,善也;人欲,亦善也。王船山曰:天理即在人欲之中。无人欲则天理亦无从发见。"③ "王船山曰:天理即在人欲之中。无人欲则天理亦无从发见。最与《大学》之功夫次第合;非如紫阳人欲净尽职误于离,姚江满街圣人之误于混也。"④

谭嗣同持主动的人生态度,认为静是暮气、鬼道,并不可取:"言静者,惰归之暮气,鬼道也;言俭者,龌龊之昏心,禽道也。率天下而为鬼为禽,且犹美之曰静德俭德,夫果何取也?"⑤ 而欧美以主动而强盛,而中国则亡于静:"西人以喜动而霸五大洲,驯至文士亦尚体操,妇女亦侈游历,此其崛兴为何如矣。顾哀中国之亡于静,……自初至终未尝一动也。"⑥ "西人之喜动,其坚忍不挠,以救世为心之耶教使然也。又岂惟耶教,孔教固然矣;佛教尤甚。曰威力,曰奋迅,曰勇猛,曰大无畏,曰大雄,括此数义,至取象于狮子。"⑦ 谭嗣同因此提倡积极进取的人生观:"天地以日新,生物无一瞬不新也。今日之神奇,明日即已腐臭,奈何自以为有得,而不思猛进乎?"⑧ 从中亦可看出,与王夫之一样,谭嗣同的宇宙本体论与人生论也具有一贯性。谭嗣同也对王夫之圣贤不朽的生死观有

---

① 谭嗣同:《谭嗣同全集》,中华书局1981年版,第302页。
② 同上。
③ 同上书,第301页。
④ 同上书,第333页。
⑤ 同上书,第323页。
⑥ 同上书,第321页。
⑦ 同上。
⑧ 同上书,第458页。

吸收:"王船山有一圣人死,其气分为众贤人之说。"①

三 对王夫之认识论与辩证法的认识与接受

谭嗣同在认识论方面对船山哲学亦有吸收,他既注意到格物的感性认识的基础性,但另一方面又彰显出致知的独特价值:"致知藉乎格物;致知者,万事之母。"② 王夫之的格物致知论,不仅看到了致知与格物的关联,同时更注意到致知的独效。谭嗣同显然与其相似,在知识的起源问题上都承认外在世界的客观存在,从而不同于主观冥想主义者。③ 谭嗣同认同王夫之《周易外传》以隐显视域代替有无之论:"王船山之说易,谓一卦有十二爻,半隐半见。故大易不言有无,隐见而已。"④

辩证法方面,谭嗣同强调事物的变动本质,强调矛盾差异的相对性以及相互转化性,这些也深受王夫之思想的影响。⑤

四 谭嗣同船山哲学接受的贡献与价值

谭嗣同代表了光宣时期船山哲学接受的最高成就。他首次深入到王夫之思想哲学的内部进行探讨阐释,对王夫之的道器论、理气论、体用论、动静论、人性论、理欲论、时间观、人生观等均有相当的认识,并以船山哲学为基础沟通西学与佛学,建立了以太—仁的哲学体系,以回应时代的挑战。对王夫之的《周易外传》《周易内传》《读通鉴论》《读四书大全说》《张子正蒙注》《思问录》等著作有较为深入的认识与把握。尤其是《周易外传》这一船山哲学的奠基之作,虽然在道咸同时期刊行的王氏守遗经书屋本《船山遗书》和金陵节署本《船山遗书》之中,但邓显鹤将其

---

① 谭嗣同:《谭嗣同全集》,中华书局1981年版,第309页。
② 同上书,第331页。
③ 李泽厚:《中国近代思想史论》,生活·读书·新知三联书店2008年版,第222—223页。
④ 谭嗣同:《谭嗣同全集》,中华书局1981年版,第308页。
⑤ 李泽厚:《中国近代思想史论》,生活·读书·新知三联书店2008年版,第201页。

视为经学著作，唐鉴、郭嵩焘虽然提及《周易外传》，但并未认识到其中深刻的哲理意蕴，对其的重视程度远不如《周易内传》。而谭嗣同首次认识到《周易外传》的哲学性，对其哲学范畴和重要论断进行审视，并加以吸收、借鉴、发展、转化，从而开创了王夫之哲学研究的崭新时代。相对于其他光宣士人的实用主义趋向，谭嗣同虽然也利用船山思想来阐发其民权思想和反专制理论，为维新变法提供理论依据，但更注意吸收船山哲学进行深入的思想分析和积极的理论建构，从而实现了学理性与社会性的有机结合，克服了光宣士人的偏枯倾向。谭嗣同的船山哲学接受成果是对郭嵩焘、刘人熙相关论断的深化与拓展，但也有所不同。值得注意的是，谭嗣同推崇船山而贬抑程朱，将王夫之与程朱理学作对峙性处理，而试图构建王夫之与陆王心学的兼容并存关系，摒弃了传统学者所建构的王夫之与陆王心学的冲突模式。直接影响了杨昌济、梁启超的船山哲学研究，甚至对钱穆、张西堂以及熊十力、贺麟、唐君毅等现代新儒家也产生了深远影响。熊十力与谭嗣同均以二王（王夫之、王阳明）哲学为基础，融汇西学、佛学建立了自己的哲学体系，从某种程度而言，熊十力是谭嗣同哲学建构的现代深化，体现了新旧杂陈的过渡性质。而现代唯物派也继承了谭嗣同的物质性与变革性的方面，强调了王夫之对于宋明理学的新变。虽然谭嗣同的分析语言总体是传统的，但其视域已经具有一定的世界眼光，而且谭嗣同首次从本质意义上对王夫之的哲学性进行相对深入的认识与把握。这与其他清人的实用主义的表层理解迥然不同，而且也与清人纠缠不清的经学视域相隔甚远，即使依然采用宋学视域，但已凸显出王夫之思想的创造性、民主性，与正统的程朱理学划清界限，从而谭嗣同实现了从船山哲学接受的近代转型，具有范式意义。

第四章　西学映照：民国前期的船山哲学接受

民国前期（1912—1927）船山哲学的接受方式有日记（杨昌济）、札记、随笔、论文（梁启超、嵇文甫、徐炳昶、钱穆）、学术史（梁启超）、哲学专著（梁漱溟《东西文化及其哲学》、梁启超《儒家哲学》、李石岑《人生哲学》）、讲义（梁漱溟）、书信（胡适）、船山哲学的接受主体为湖南、湖北、江苏、浙江、广东、广西、安徽、河南等地学者。其中北京（梁启超、杨昌济、梁漱溟、徐炳昶、胡适）与长沙（刘人熙、杨昌济、毛泽东、李肖聃）成为这一时期船山哲学传播的重镇。上海、开封、无锡、苏州等城市也发挥了重要作用。北京大学、清华大学、河南第一师范、湖南第一师范学校、无锡第三师范学校等院校在船山哲学传播方面有不俗表现。民国前期士人对船山学传播接受的贡献体现在以下几点。

其一，船山学方面的专业社团和专业杂志出现。刘人熙于民国三年（1914）创建船山学社，并担任社长。民国四年（1915）创办《船山学报》，从而使船山学的研究与推广有了专门的阵地。①

其二，对王夫之认识论（知识论）的现代审视是这一时期的崭新开

---

① 《船山全书》（第16册），岳麓书社2011年版，第874页。

拓。道咸同时期的郭嵩焘、光宣时期的谭嗣同对王夫之的认识论有所认识，但总体还是传统角度。而民国前期的杨昌济最早运用现代学术眼光审视王夫之的格物致知论，指出其与英美经验主义、欧陆理性主义的相似性；而民国时期的梁启超是对王夫之知识论进行系统探讨的最早学者，徐炳昶则思考了王夫之道德观与认识论之关联。

其三，中西哲学比较视域的开拓。船山学的中西比较视域在光宣时期的谭嗣同、刘师培、勇立已经出现。如谭嗣同的哲学融汇了西方自然科学的元素，刘师培将王夫之的政治思想类比于霍布斯并与卢梭进行比较分析，勇立将王夫之与亚当·斯密的经济学思想进行相似性比较，但纯正的哲学中西比较视域在民国前期才真正出现。这一时期杨昌济、梁启超、胡适、徐炳昶、钱穆、熊十力均注意将王夫之与西方哲学家相类比，或者对王夫之思想与西方思想进行比较分析。梁启超从认识论的角度将王夫之类比于康德，以揭示其对于中国哲学的转折意义，胡适从理想人格论的角度将王夫之类比于尼采。嵇文甫、徐炳昶从进化论的角度阐释王夫之的人生观、道德观，熊十力、钱穆将王夫之与柏格森相联系。而杨昌济不仅用经验主义、理性主义来分析王夫之的格物致知论，而且还将王夫之的伦理思想类比于西方伦理学中的自我实现说。钱穆将王夫之的思想与实用主义进行比较，将王夫之类比于杜威。这体现了民国前期流行的进化主义，超人哲学、生命哲学、实用主义、康德哲学为船山哲学研究提供了崭新的参照视域。虽然民国前期的中西比较研究并不系统深入，但对现代唯物派与现代人文学者（含现代新儒家）的船山哲学研究影响深远。

其四，对王夫之与陆王心学的关系有辩证的认识。从康雍士人到光宣士人，学界往往强调船山思想与陆王心学的差异性、对峙性、冲突性。虽然光宣时期的谭嗣同、梁启超隐约认识到王夫之与陆王心学的调和性与亲缘性，但并未进行显豁深入的学术论证，而光宣时期的章太炎对王夫之抨击陆王心学不满。民国前期的杨昌济、梁启超等学者则认识到王夫之与陆王心学的内在一致性与相似性。杨昌济在认识论层面认识到王夫之虽在格物论上与陆王不同，但在致知论上却与陆王心学精神一致。梁启超对王夫之与陆王心学之关系有辩证的认识，船山思想既是阳明学之反动，但也得阳明学之精神。前人的这些思考对现代新儒家以及李石岑、嵇文甫、张岱年、张西堂、钱穆等学者颇有启发。

其五，认识到王夫之佛学研究的价值。清代士人只有王敔提及王夫之的佛学研究，对王夫之佛学的真正关注实在民国前期及其以后。晚清民国佛学流行，尤其是唯识宗（法相宗）复兴。梁启超对王夫之的法相宗研究颇表肯定，认为其对于晚清的唯识学复兴颇有先导之功。梁启超、熊十力均认为王夫之的哲学方法与法相宗有一定的渊源。

其六，现代学术史对王夫之的哲学进行分析阐释。如梁启超《中国近三百年学术史》《清代学术概论》对王夫之的哲学体系、方法特征、价值地位进行探讨。

其七，揭示王夫之与荀子思想之异同。如嵇文甫《王船山的人道主义》从人性论、时间观、文质论、力命论等方面对王夫之与荀子进行比较。

值得注意的是，五四时期梁漱溟对王夫之的思想哲学亦有涉及。梁漱溟《东西文化及其哲学》（1917）中提到王夫之对八卦的调和理论："还有我仿佛记得王船山讲这乾卦说，有一完全坤卦隐于其后，颇为别家所未及，要算是善于讲调和的。"① 可见梁漱溟对王夫之的乾坤并建的乾坤互含理论有所认识，触及王夫之的本体论与辩证法。梁漱溟1923—1924年北京大学哲学讲课提纲《孔家哲学史》以清代为孔家哲学之第四期，分讲甲王船山；乙颜习斋、李刚主；丙戴东原、焦里堂；丁康长素。② 可见梁漱溟将王夫之视为最重要的清代哲学家之一。而梁漱溟的学生李渊庭、阎秉华据听课记录油印本整理成的《孔家思想史》，以王夫之、戴震、罗钦顺为

---

① 《船山全书》（第16册），岳麓书社2011年版，第1000页。
② 同上书，第1001页。

孔家思想之批评派或反对派，① 初步认识到王夫之对于传统儒学的新变性与现代性。新中国成立以后梁漱溟对王夫之的《庄子解》《读四书大全说》也有关注，对《庄子解》评价尤高。

但民国前期的船山哲学并不深入，多流于比附。熊十力认识到清末以来船山学的不足，他指出在梁启超的影响下，船山学虽获得了学界的关注，但多流于肤浅涉猎，往往断章取义，以附会新名词观念，以推扬之，而对船山之根本精神、思想体系及其依据却无真切了解。②

第一节 杨昌济、梁启超：科学与理性

与清代学人对船山学的正统性建构不同，民国时期的杨昌济、梁启超在谭嗣同的基础上则开启了船山哲学的现代性建构。

光宣时期，杨昌济在岳麓书院读书，参与谭嗣同、唐才常组织的维新变法活动，并加入南学会。变法失败后，隐居乡间授徒。之后赴日本、英国留学，攻读教育学和伦理学。杨昌济对王夫之哲学的认识论、伦理学、易学、政治哲学有相当的认识与把握，尤其是认识论方面，注意用现代（西方）学术语言的概念范畴来阐释王夫之的格物致知论，这是对王夫之认识论的最早现代阐释。同时注意对撷取王夫之伦理思想的现代元素与现代伦理思想进行比较式分析和阐释，注意揭示王夫之思想的科学倾向。揭示出王夫之与陆王心学表面差异上的内在联系，尤其是在致知工夫与陆王心学的吻合之处，这对现代新儒家颇有影响。在传统性与现代性中取得一种平衡，态度平和，不流于一偏。

梁启超以康有为为师，谭嗣同为友，是维新变法的中坚力量，变法失

---

① 同上书，第1002页。
② 熊十力：《读经示要》，上海书店2009年版，第211页。

败后，亦曾流亡日本，对西学亦有一定的了解。同时梁启超在民国时期的船山哲学研究较之其晚清时期更为系统、深入，已经进入学理的探讨方面，梁启超在王敔、郭嵩焘、谭嗣同的基础上，将船山哲学研究进行了系统的现代性建构，注意其与科学话语的衔接，在船山哲学研究的诸多方面均具有开拓意义，基本上奠定了现代船山哲学研究的基本框架。尤其是对船山知识论的系统探讨，更是船山哲学现代化的一个界碑。

一 杨昌济与船山哲学现代性建构的开启

杨昌济（1871—1920）早年参与维新活动，后赴日本、英国留学，攻读教育学、哲学、伦理学、心理学，回国后任教于湖南第一师范，支持新文化运动，提倡民主与科学，宣传新道德新伦理。可以说杨昌济是维新派与新文化派的综合，体现了传统与现代兼容的特征，这在其船山哲学研究方面也有鲜明的体现。

杨昌济注意将船山思想与西方科学、哲学进行衔接。他欣赏王夫之的科学导向，认为王夫之力排五行术数之说，卓然不惑，识有独到。① 杨昌济更推崇王夫之的理性主义精神，认为学思之功不可偏废，而思为尤要，通显者有博物之功，通微者得深思之妙，顾炎武得汉学之通显，王夫之得宋学之通微。② 看似对顾、王二者不加轩轾，但实则对船山思想更为措意，毕竟杨昌济的宋学兴味、哲学兴趣更重。杨昌济认为朱熹求理于事物，近于培根之提倡实验，王阳明求理于吾心，近于笛卡尔之提倡推理。③ 杨昌济对王夫之《读四书大全说》中的新格物致知论颇表认同，他认为王夫之的格物致知论是对朱熹与王阳明的综合。王夫之的格物近于英美经验主义，而致知近于欧陆理性主义，王夫之虽然对陆王心学多所抨击，但致知

---

① 《船山全书》（第 16 册），岳麓书社 2011 年版，第 809 页。
② 同上。
③ 同上。

之工夫与陆王心学相合，可见王夫之的理性主义态度。① 杨昌济深刻地认识到王夫之与陆王心学表面对立下的深层一致性，既体现了他对于船山思想与陆王心学的调和态度，也体现出杨昌济对古典汉宋视域与现代视域的兼容折中。

杨昌济最早对王夫之的伦理思想进行现代阐发，注意凸显船山思想对独立人格的强调、人本主义与人道精神。杨昌济的伦理学讲授不仅涉及西洋学说，也兼采孔孟、周程、张朱、陆王与王夫之。② 杨昌济认为，王夫之的忠孝论不同于传统宗法家国同构体制下以奉君亲的伦理约束，而在于凸显自建其身心之则的主体意识，可见王夫之对个人独立之重视。③ 杨昌济对王夫之重个人之独立十分推赏，拟将其作为修身问题来举证说明之。④ 杨昌济以《诗广传》为分析材料，指出王夫之主张人本主义，其言道与德之区别，即客观与主观之别，与现代伦理学的自我实现说暗合。⑤ 杨昌济引用王夫之《读四书大全说》对孔子"德不孤必有邻"的多处阐释，对王夫之的积极乐观的人生态度深表认同，并揭示了乐天观的社会价值，杨昌济认为，处浊乱之世，但患自己无德，如其有德，自有同类者闻风兴起。有德之君子，欲转移腐败之社会，惟有熏陶感化，多造善良分子之一法。⑥

杨昌济认为道德教育在于锻炼意志，人有强固之意志，始能实现高尚之理想，养成善良之习惯，造就纯正之品性，他对王夫之重视意志深表赞赏，尤其推崇其《俟解》所言"豪杰而不圣贤者有之矣，未有圣贤而不豪杰者也"的相关言论，以为可得圣人之精神。⑦

杨昌济认为王夫之富于人道主义精神。王夫之在《读通鉴论》中论及

---

① 《船山全书》（第16册），岳麓书社2011年版，第809页。
② 同上书，第811页。
③ 同上书，第813页。
④ 同上书，第810页。
⑤ 同上书，第814页。
⑥ 同上书，第813—814页。
⑦ 同上书，第811—812页。

凌迟处死之惨酷非人，并论及张巡杀爱妾以享士之非，杨昌济对此颇表认同，认为王夫之能见其大。①

二 民国时期梁启超与船山哲学的现代性系统建构

光宣时期，梁启超对王夫之的《读通鉴论》《宋论》《黄书》《俟解》比较关注，重点阐发其中的政治思想，作为维新变法的宣传媒介，并对其伦理思想予以吸收，作为德育修身的参考，这一时期梁启超的船山学接受偏于实用性与实践性。民国时期梁启超的船山学接受则进入学理化、研究性阶段，其《清代学术概论》(1920)、《中国历史研究法》(1921)、《国学入门书要目及其读法》(1923)、《中国近三百年学术史》(1923—1924)均对船山学予以关注，且注意揭示船山思想的个性与现代价值。虽对王夫之的史学也有认识，但主要将王夫之视为哲学家，从现代学术的角度进行分析阐释。在《近代学风地理的分布》(1924)将王夫之许为融汇经史子，著作等身的一代学术大师。

1. 强调船山思想的哲学性

与光宣时期的梁启超对王夫之《读通鉴论》与《宋论》的推崇不同，民国前期的梁启超并不将《读通鉴论》《宋论》这些影响最大的著作视为船山的第一等著作，虽然他认为这类著作是最有价值的史评著作，有其一贯的精神和特出的眼光，但其排满攘夷思想在晚清颇具影响力，时过境迁，现在已经没有太多意义了。② 他更注重王夫之的哲学著作。梁启超认为王夫之哲学的轴心著作为《张子正蒙注》和《思问录内篇》，研究王夫之的哲学系统，应当以此作中坚，再参看他的其他著作。

梁启超将王夫之视为哲学家，将哲学视为王夫之思想学术的最高代表。梁启超在《清代学术概论》中认为王夫之与顾炎武、黄宗羲、颜元同

---

① 《船山全书》（第16册），岳麓书社2011年版，第809页。
② 梁启超：《中国近三百年学术史》，东方出版社1996年版，第93页。

为清初大师，均是王学反动之产物，但所趋之方向不同，其中王夫之最有理论的兴趣。① 在《中国近三百年学术史》（1923—1924）中，梁启超认为王夫之与顾炎武能破能立，顾炎武偏于科学的建设，王夫之偏于哲学的建设。② 可见，梁启超以顾、黄、王、颜为清初四大师，这与刘师培等人的观点颇为一致。而其将顾炎武与王夫之对举，明确将王夫之视为哲学家，这是对唐鉴、康有为有关顾王论断的现代转化，也与杨昌济的观点不谋而合，反映了民国前期的人文主义与科学主义的对立与融合。

2. 揭示船山哲学的创造性与现代性

在《清代学术概论》中，梁启超认为王夫之的著述不落习气，不守一先生之言，尤能为深沉之思以撢绎名理，其《张子正蒙注》《老子衍》《庄子解》，皆覃精之作，盖欲自创一派哲学而未成。其《张子正蒙注》有天理即在人欲之中，无人欲则天理亦无从发现的观点，发宋元以来所未发，后此戴震学说，实由兹衍，并引刘献廷、谭嗣同之语，推崇其在哲学上之成就。③ 在此，梁启超肯定了王夫之哲学的独创性，并对王夫之的理欲论予以特别表彰，并首次将《庄子解》《老子衍》提高到王夫之哲学代表作的高度。之前虽有王敔、张文虎、郭嵩焘、苏舆对王夫之的庄学予以肯定，但尚未提升到王夫之义理思想代表作的高度。即使提到《张子正蒙注》，已不再与过往的学者那样强调王夫之对张载的继承性，而关注点已经在强调王夫之理欲论的创新性，并揭示其对于戴震思想的影响。梁启超首次将王夫之与戴震进行哲学上的具体关联，这对钟泰、范寿康、杨东莼、李石岑、王永祥、钱穆、张岱年、唐君毅等学者颇有启发。可见当时的背景是，不仅科学话语强势，戴学流行，子学亦方兴未艾。

民国时期的梁启超注意王夫之与科学话语的衔接，认识到王夫之哲学治学方法的科学性。梁启超在《清代学术概论》中认为，王夫之感于明学

---

① 梁启超：《清代学术概论》，上海古籍出版社1998年版，第20页。
② 梁启超：《中国近三百年学术史》，东方出版社1996年版，第87页。
③ 梁启超：《清代学术概论》，上海古籍出版社1998年版，第20页。

之积弊而生反动,欲挽明而返宋,对张载《正蒙》特加推赏,其治学方法已渐开科学研究的精神。① 在《儒家哲学》中,梁启超认为王夫之的中心著作是《张子正蒙注》,王夫之思想接近程朱,更是取法张载。受张载注重自然现象观察的影响,其研究方法比较科学,横渠学得以复兴。②

梁启超将知识论视为新旧哲学的界标。在民国十三年(1924)所作《明清之交中国思想界及其代表人物》中,梁启超认为王夫之与顾炎武均学问渊博,但王夫之对哲学有独创的见解,他与凭冥想高谈宇宙原理的哲学家不同,而是关注知识的来源、知识的标准等问题,注意将宇宙本体立足于认识的基础上,开启了哲学的认识论转向,这点如同西方哲学中的康德,但王夫之在其前百余年即倡此论。③ 梁启超肯定了王夫之在哲学上的独创成就,认为以前的哲学家多注重宇宙本体论,流于主观冥想,而王夫之则注重认识论(知识论)的探讨,这意味着,梁启超开始用西方学术思想的演化来审视中国思想的演化,以此为标准来衡量王夫之,用现代性建构来代替原有的正统性建构。

在民国十六年(1927)所作《儒家哲学》中,梁启超肯定了王夫之思想的独创性,认为王夫之哲学在朱熹、王阳明外自成一家、独树一帜。④ 梁启超认为,王夫之等清初大师具有很大的开创性,格局远较宋儒宏阔,对后世产生了深远影响,是清代学术的最大荣光。⑤ 梁启超肯定了王夫之在程朱理学与陆王心学之外的思想独创性,甚至在某些场合还提到了王夫之对于宋儒的超越。这显然不再是宋明理学视域,而是现代视域的重新审视。

3. 肯定王夫之的佛学成就

晚清民国时期,佛学复兴,唯识学盛行。梁启超对佛学也有相当的研

---

① 梁启超:《清代学术概论》,上海古籍出版社1998年版,第18—19页。
② 梁启超:《儒家哲学》,《船山全书》(第16册),岳麓书社2011年版,第748—749页。
③ 梁启超:《明清之交中国思想界及其代表人物》,《船山全书》(第16册),岳麓书社2011年版,第744页。
④ 梁启超:《儒家哲学》,《船山全书》(第16册),岳麓书社2011年版,第748页。
⑤ 同上书,第749页。

究，他是晚清民国学人中最早对王夫之佛学关注并给予高度评价的学者（清代似乎只有王敔对王夫之的佛学有所认识，但站在辟佛的立场）。在《清代学术概论》中提到王夫之的《相宗络索》及《三藏法师八识规矩论赞》，并认为王夫之在清初时即能知治唯识宗，可谓豪杰之士。① 在《儒家哲学》中，梁启超认为王夫之对法相宗很有研究，作有《相宗络索》。明末清初的佛教完全为禅宗及净土宗所占领，没有人作学理的研究，王夫之独祖述法相宗，并有独到的见解。近二十年来法相宗盛行，王夫之堪称先导！②

4. 对王夫之哲学的系统研究

在《中国近三百年学术史》中，梁启超对王夫之的哲学进行了较为系统的探讨，对王夫之的本体论、知识论以及二者的关联进行探讨，并提炼出王夫之哲学的基本要点。梁启超认为，西方哲学先前注重宇宙本体，后来重视知识的来源等问题，于是认识论和逻辑学成为哲学的主要部分，王夫之从这个方向出发，有《知性论》一文将这一问题提出，符合现代哲学的趋势。

梁启超认为，王夫之在知识论上排斥唯觉主义，反对知名而不知实。王夫之认识到见闻之知的两大局限，"流俗之徇欲者以见闻域其所知，释氏据见闻之所穷而遂谓无"。本体论方面，王夫之排斥虚无主义，提倡实有主义。王夫之哲学中的实体是人心。梁启超对王夫之哲学的知识论与本体论的关联进行了探讨，王夫之以德性之知为真知，但认为知并不限于此。这里，梁启超认识到，王夫之所谓的知除了德性之知以外，还有其他类型。梁启超对王夫之的哲学要点进行了总结认为其要点有五：以生理体为实有，将宇宙本体和生理体合一；实体为人能思虑之心；实体论建立在知识论的基础上，其成立的因由在于有超出见闻习气的真知在；见闻之知可以辅助真知，相互促进。应当说，梁启超对王夫之哲学的把握有其深刻之处。而且这是首次对王夫之哲学思想的系统阐释，并运用了现代（西

---

① 梁启超：《清代学术概论》，上海古籍出版社1998年版，第20页。
② 梁启超：《儒家哲学》，《船山全书》（第16册），岳麓书社2011年版，第748—749页。

方）学术语言的概念范畴对进行分析，揭示其哲学的系统性与内在脉络。梁启超对王夫之哲学的价值和地位做了评估，认为为宋明哲学开辟了一条新的道路，他在知识论方面对知识的本质及其来源进行探讨，填补了宋明哲学的空白。梁启超在此对王夫之的哲学地位与思想价值进行历史评估和定位，揭示其哲学的独创性，认识到其对宋明哲学的新变，尤其是在知识论方面的开拓性。梁启超对王夫之的哲学研究方法予以肯定，并推测王夫之哲学可能受到了法相宗的影响。这是对王夫之哲学研究方法的首次探讨，也是将王夫之哲学思想与法相宗进行关联考察的最早思考。梁启超对王夫之注重哲学探讨的缘由进行了分析，以期为人生问题提供依据。①梁启超认为，王夫之虽注重哲学探讨，但反对主观主义的玄谈，这也是它反对阳明学的根本所在，也是其创新哲学的动力。

梁启超首次对王夫之哲学进行系统的阐释，并运用西方的本体论、认识论、逻辑学框架对王夫之哲学进行现代审视。同时注意到王夫之哲学的贡献与地位，并对其进行总体的学术定位，视之为清初大师，这极大地推动了船山哲学的经典化。

由于梁启超对船山著作多来自耳闻（如来自谭嗣同的影响，"我读船山书，都是壮飞教我。"②），缺乏对船山著作的认真寻绎："欲知船山哲学的全系统，非把他的著作全部仔细绅绎后，不能见出。可惜，我未曾用这种苦功，而且这部小讲义中也难多讲。"③ 加之虽对西学广泛涉猎，但并不系统，且缺乏哲学的专业训练，故而对船山哲学的本质内涵缺乏深入的了解。而且在明清哲学中，梁启超最为推重王阳明、戴震，梁启超与船山哲学在精神上并未能相契。但由于梁启超具有良好的思想史修养，对王夫之的一些判断依然充满着许多闪光点，尽管论证并不严密，却能给后人以相当的启发与影响。

---

① 梁启超：《中国近三百年学术史》，东方出版社1996年版，第91—92页。
② 同上书，第93页。
③ 同上书，第90—91页。

5. 民国时期梁启超船山哲学研究的特点与价值

尽管如此，民国时期梁启超的船山哲学研究依然具有典范意义。相对于章太炎以民族主义大师、支伟成以朴学大师定位王夫之，梁启超则最早从现代学术角度将王夫之视为思想大师，并将其哲学视为其成就的最高体现，从而从现代学术角度首度确认了王夫之哲学家的身份，这是对谭嗣同相关认识的现代转化。梁启超注意揭示王夫之思想尤其是哲学的创造性，与清人主流侧重于构建王夫之与宋明理学的关联不同，梁启超更加注重突出王夫之对宋明哲学的新变，并对其哲学价值与地位进行评估，对其哲学要点予以拈出。梁启超首次运用现代（西方）学术语言的概念范畴对王夫之哲学进行分析阐释，揭示其本体论与认识论之间的关联，并首次对其知识论进行较为系统的分析，并认为王夫之开启了中国思想从本体论向认识论的转型，并用中西比较视域，将其类比于康德对于西方哲学的转折意义。梁启超首次对王夫之哲学的研究方法进行关注，并注意揭示王夫之哲学的科学性。在晚清民国士人中，梁启超首次将《庄子解》视为王夫之代表作之一，与清人一贯认同的《张子正蒙注》《思问录》并置。梁启超率先对王夫之的佛学予以关注，揭示了王夫之法相宗研究的宝贵价值，并推测王夫之哲学与法相宗的可能联系。梁启超注意在明清学术思想史视域中，审视王夫之与顾炎武、黄宗羲、颜元等学者的共性与差异，并揭示其与戴震思想的关联。梁启超的相关研究体现了科学话语以及康德哲学、戴学、佛学、子学在清季民初流行的学术语境。

第二节　胡适、毛泽东：生命与意志

民国前期，一方面科学主义盛行，另一方面超人哲学、生命哲学以及陆王心学等唯意志论思潮流行，1923—1924年间的科玄论战，更可见两种思潮的社会影响力。船山哲学的接受传播也受此影响，熊十力、钱穆从本体论层面肯定了王夫之与柏格森生命哲学的相似性，而胡适在伦理思想层面指出王夫之与尼采超人哲学的相似性，毛泽东早期则吸收了陆王心学与船山哲学的相关成果。

一 船山哲学与唯意志论

五四时期的熊十力认为王夫之的主动学说与法国柏格森之思想旨趣相近，① 钱穆亦认为王夫之的宇宙论与柏格森创化论极为相似。②

胡适的《中国哲学史大纲》由于只有上卷，并未涉及王夫之，但他的《一个最低限度的国学书目》（1923）分工具之部、思想史之部、文学史之部，其中思想史之部列举了王夫之的《张子正蒙注》《思问录内外篇》《俟解》《噩梦》。胡适是将王夫之定位为思想家、哲学家。不过胡适是当时科学实证主义的代表，其在哲学上最推崇戴震，以之为近三百年的最大哲学家，对王夫之的认识和理解并不深入。1924年胡适写给钱玄同的信中向钱玄同推荐王夫之的《张子正蒙注》《俟解》《思问录》《噩梦》，认为值得阅读，认为王夫之深受张载《正蒙》之影响。值得注意的是，在此信中，胡适将王夫之视为中国的尼采，认为二者在人生哲学上颇为相似。胡适认为，王夫之要人明白人在宇宙间的高等地位，努力成为豪杰，他对凡民众庶，汩没于世俗之欲望生活，缺乏理想抱负甚为不满，这与尼采的超人哲学非常相似。③ 可见，胡适触及王夫之关于人的价值与尊严以及理想人格方面的论述，并运用西方学术资源，将其类比于尼采，虽有比附的意味，但也不无洞见，可见以尼采为代表的唯意志论思潮在当时中国的流行之状。不过王夫之与尼采虽然不无相似之处，尤其在反对庶民的平庸方面，但二者的思想特质是迥然不同的，王夫之注重经验而更高扬理性思

---

① 熊十力：《心书》，《熊十力全集》（第1卷），湖北教育出版社2001年版，第26—27页。
② 钱穆：《中国学术思想史论丛》（五），《钱宾四先生全集》（22），（台湾）联经出版事业股份有限公司1998年版，第114—115页。
③ 《船山全书》（第16册），岳麓书社2011年版，第892页。

维，而尼采则是非理性的。

二 早期毛泽东对船山哲学的接受

毛泽东的老师杨昌济推崇王夫之，而毛泽东所景仰的谭嗣同也是船山学信徒。毛泽东早年亦参与船山学社的活动，并阅读船山遗书。毛泽东早期既对船山思想哲学颇有吸收和借鉴，也打上了陆王心学的深刻印记，体现出理性主义与唯意志论杂糅的倾向，这在其《讲堂录》（1913）、《体育之研究》（1917）、《伦理学原理批注》（1917—1918）有着鲜明的体现。

1. 本体论的吸收

体用论方面，毛泽东强调本体即发显，发显即本体，① 这与阳明心学和船山思想均可相通，王阳明认为即体而言用在体，即用而言体在用。王夫之亦认为体用胥有，体以致用而用以备体。在动静论方面，毛泽东主张天地惟动，"愚拙之见，天地盖惟有动而已矣。"② 显然是王夫之天地本动思想的延续。受王夫之聚散幽明论的影响，毛泽东认为世上从本质而言，只有空间性的成毁而无时间性的生死。③ 毛泽东认为世上现象只有变化，生于此而死于彼，死于彼而生于此，其实只是一种变化，并非生灭，④ 因此虽无常而实有常，看似变动不居的现象依然有其可循的规律，有限之内容也有其永恒的方面，⑤ 实与王夫之的理气论、常变论一致。受王夫之气化日新论的影响，毛泽东认为，生死其实只是聚散，散于此而聚于彼，因此并无真正之消灭。⑥ 毛泽东认为世间具有浑融一体性，并非割裂的，处处皆现实的，过去的也是现实的。⑦ 既受王阳明万物一体思想的影响，也

---

① 毛泽东：《伦理学原理批注》，《毛泽东早期文稿》，湖南出版社1990年版，第229—230页。
② 毛泽东：《体育之研究》，《毛泽东早期文稿》，湖南出版社1990年版，第69页。
③ 毛泽东：《伦理学原理批注》，《毛泽东早期文稿》，湖南出版社1990年版，第266页。
④ 同上书，第199—200页。
⑤ 同上书，第202页。
⑥ 同上书，第194—195页。
⑦ 同上书，第202—203页。

与王夫之太虚一实、阴阳互含、乾坤并建思想相关。

2. 认识论的借鉴

毛泽东对知识比较重视，认为是人与动物区分的关键标志："夫知识则诚可贵矣，人之所以异于动物者此耳。"① 这与王夫之"夫人之所以异于禽兽者，以其知觉之有渐，寂然不动，待感而通也"② 也颇为相近。毛泽东非常强调思的重要性，认为中国学者一直存在学而不思的弊病："吾国二千年来之学者，皆可谓之学而不思。"③ 王夫之既注重经验，更强调思辨，注重心官之独效，毛泽东可能受到王夫之的影响，也非常强调精神心思在运用中得以拓展深化："精神心思，愈用愈灵，用心则小物能辟大理。"④ 与王夫之即用得体、思以引而不竭思想相通。毛泽东亦认为自我的构成需要依赖外界的资料，任何人都无法跳出这个世界。⑤ 深受王夫之物物相依、物不可绝思想的影响。毛泽东注意从普遍联系的角度看待无时，强调知觉类化："解甲物而有通乎乙，思此理而有会乎彼。及其至也，大宇之内，万象之众，息息而相通，是谓知觉类化。"⑥ 这与王夫之物物相依、新旧相资的观点也是一致的。

3. 伦理思想的发扬

人性论方面，受王夫之气善性善、善恶并非对立，恶只是不善思想的影响，毛泽东认为天下无恶，所谓的恶只是次善而已。⑦ 受王夫之人性无恶，恶只是不善，由于变合之时机场合不当所致等思想的影响，毛泽东亦认为恶只是善之次等，其性质并非本恶，只是时机场所不当，并非本质上毫无价值。⑧ 毛泽东认为善恶并非自性的，而是与事实相关，离开事实便

---

① 毛泽东：《体育之研究》，《毛泽东早期文稿》，湖南出版社1990年版，第67页。
② 王夫之：《读四书大全说》卷七，中华书局1975年版，第458页。
③ 毛泽东：《伦理学原理批注》，《毛泽东早期文稿》，湖南出版社1990年版，第134页。
④ 毛泽东：《讲堂录》，《毛泽东早期文稿》，湖南出版社1990年版，第583页。
⑤ 毛泽东：《伦理学原理批注》，《毛泽东早期文稿》，湖南出版社1990年版，第271页。
⑥ 毛泽东：《讲堂录》，《毛泽东早期文稿》，湖南出版社1990年版，第587页。
⑦ 同上书，第249—250页。
⑧ 毛泽东：《伦理学原理批注》，《毛泽东早期文稿》，湖南出版社1990年版，第187页。

无善恶可言，① 这与王夫之所言恶因于习的思想可通。

身心论方面，受王夫之重形（形色亦性、有形而有形而上、践形）以及身心一体思想的影响，毛泽东强调体对于德智的基础性和根本性："体育一道，配德育与智育，德智皆寄于体，无体是无德智也。"② "体者，为知识之载而为道德之寓者也，其载知识也如车，其载道德也如舍。体者，载知识之车而寓道德之舍也。"③ 因此，毛泽东强调善身的重要性，认为体育对于增进身体健康以及提升知识道德修养的关键作用。④ 受王夫之身心一体、一官受损而心亦废思想的影响，毛泽东认为体魄对于精神而言具有基础性，⑤ 身体的健全与否会影响感情的健康与否，⑥ 身体影响心理，体育可以强身健体，有利于增长知识、调节情感、锻炼意志，使人身心俱泰，⑦ 体育不但可以调节感情，而且可以锻炼意志，而意志是人生事业的先驱向导。⑧

人生态度上，与王夫之一样，毛泽东也持主动论，认为动可以养生乐心，他对朱熹、陆九渊的主静论表示不满。⑨ 毛泽东强调实践躬行⑩、不行架空之事，不谈过高之理。⑪ 毛泽东认为伦理学贵在指引人生的正确方向，要在躬行实践，而非讲求理论。⑫ 王夫之强调相天造命⑬，奉行积极进取的人生观，毛泽东亦然，认为懒惰为万恶之渊薮，于人于国皆是如此。⑭ 勤

---

① 毛泽东：《伦理学原理批注》，《毛泽东早期文稿》，湖南出版社1990年版，第188页。
② 毛泽东：《体育之研究》，《毛泽东早期文稿》，湖南出版社1990年版，第66—67页。
③ 同上书，第67页。
④ 同上。
⑤ 同上书，第70—71页。
⑥ 同上书，第71页。
⑦ 同上书，第72页。
⑧ 同上书，第71—72页。
⑨ 同上书，第69页。
⑩ 毛泽东：《讲堂录》，《毛泽东早期文稿》，湖南出版社1990年版，第586页。
⑪ 同上书，第581页。
⑫ 毛泽东：《伦理学原理批注》，《毛泽东早期文稿》，湖南出版社1990年版，第132页。
⑬ 王夫之：《读通鉴论》卷二十四，中华书局1975年版，第743页。
⑭ 毛泽东：《讲堂录》，《毛泽东早期文稿》，湖南出版社1990年版，第585页。

奋可以匡救矫正偷惰、文弱之弊。① 毛泽东认为怠惰乃生之坟墓,少年须有朝气,不可被暮气所裹挟。② 受王夫之天者理也,人之所同然者即为天、即民见天思想的影响,毛泽东强调得人斯得天。③

理想人格方面,王阳明与王船山均推崇豪杰精神,毛泽东认为豪杰之士能伸张其自然天性至大至刚之动力,对外在制裁束缚予以破除,成就至坚至真之人格。④ 独立心是豪杰的关键要素⑤。这与王夫之特立不染者允为豪杰之士的观点颇为相契。⑥ 受王夫之德业并重、圣贤而豪杰思想的影响,毛泽东认为圣贤为德业俱全者,而豪杰有大功名而歉于品德,因此他认为拿破仑为豪杰而非圣贤,其1913年《讲堂录》明确提到王夫之《俟解》之名言:"有豪杰而不圣贤者,未有圣贤而不豪杰者也。"⑦

时间观上,王夫之强调以现在、目前的视域为基点,"已生之天地,今日是也,未生之天地,今日是也",反对盲目复古,强调因时因地而制宜、⑧ 反对泥古过高,而菲薄当今,以为蔑弃生人之性,⑨ 毛泽东亦强调目前是我们生存、发展的前提和可能,表现出强烈的现在取向:"竖尽来劫,前古后今一无可据,而可据者惟目前(通今)。"⑩ 毛泽东强调注重现在,涉及贵我(树立自我的主体意识)和通今(培养现实情怀与社会责任感),⑪ 目前是我们存在和发展的重要前提和可能,只有把握目前才有终身可言,才有未来可言,因此关键要把握现在,为学方面更是如此。⑫ 贵我

---

① 毛泽东:《讲堂录》,《毛泽东早期文稿》,湖南出版社1990年版,第585页。
② 同上。
③ 同上书,第588页。
④ 毛泽东:《伦理学原理批注》,《毛泽东早期文稿》,湖南出版社1990年版,第218页。
⑤ 毛泽东:《讲堂录》,《毛泽东早期文稿》,湖南出版社1990年版,第581页。
⑥ 王夫之:《读通鉴论》卷二十六,中华书局1975年版,第779页。
⑦ 毛泽东:《讲堂录》,《毛泽东早期文稿》,湖南出版社1990年版,第589页。
⑧ 王夫之:《读通鉴论》卷二十一,中华书局1975年版,第625页。
⑨ 王夫之:《读通鉴论》卷二十,中华书局1975年版,第598页。
⑩ 毛泽东:《讲堂录》,《毛泽东早期文稿》,湖南出版社1990年版,第602页。
⑪ 同上书,第601页。
⑫ 同上。

层面既受陆王心学的影响，也与王夫之的我为德之主思想相通，而通今则与船山思想导向密切相关。

第三节 嵇文甫、徐炳昶、钱穆：进化与实用

民国前期进化主义和实用主义大行其道，受此影响，嵇文甫、徐炳昶从进化主义的角度对王夫之的人生观、道德观进行了历史与逻辑的双重审视，而钱穆对王夫之与实用主义进行比较分析，揭示二者在本体论、知识论、人生论之相似之处，同时也注意与先秦思想、明清思想进行比较分析。

一 嵇文甫：进化论视域下的船山伦理思想阐释

嵇文甫1920年在《心声》发表《王船山的人道主义》一文对王夫之的伦理思想进行探讨。

嵇文甫揭示王夫之思想的系统性与重心所在。他认为，对人崇拜船山学说基于两方面：王夫之的种族革命理论以及解经论史的独到见解。但其实并非王夫之思想的主脑。王夫之的著作有主义、有条贯，自成一家之言，实以"人道"二字为根本思想。

嵇文甫认为王夫之生于明末大乱之际，亲见民生困苦之状，有悲天悯人之情怀，如其表彰汉文帝废除肉刑之仁厚，抨击张巡守城以人为粮之残忍，可见王夫之富于人道主义精神。

嵇文甫认为，王夫之人道主义最精彩卓绝之处在于，打破自然的崇拜，以人补天，以创造的精神谋求世界的进化，与道家的自然主义完全相反。王夫之注重人为的价值，喜文恶质，主张进化主义，反对抱朴主义，消除世儒推崇上古的习气，在修养论上不取禁欲主义，只要求中节调和，不能像禽兽那样混乱，也不能像天那样淡漠。

嵇文甫对王夫之与荀子进行比较分析。他认为，王夫之与荀子在人性论与时间观上有所不同，荀子只认识到今不异于古，尚未认识到今胜于古，比船山差一层。论性也不同，王夫之讲命日受性日生。但二人颇多相通之处，如均重后天修为，持尚文进化的观点。

民国前期嵇文甫船山哲学的研究贡献在于，最早对王夫之的人生观与人道主义进行系统地专题探讨，首次明确将人生论置于船山哲学的中心地位，并以"人道"作为船山根本思想所在，与梁启超以"实有"定位船山哲学本体论立场与知识论兴趣大相径庭。此外，首次对王夫之与荀子进行多方的比较分析，具有重大开拓意义。

二　徐炳昶：进化论视域下的船山道德观研究

1922年徐炳昶与宗锡钧在《哲学》杂志发表《王船山的道德进化论》一文，徐炳昶认为一个著名的思想家的学说可以分作两部分，一部分与历史背景有关系，一部分与历史背景没有关系。而其精髓常在第二部分。王夫之的民族主义是其第一部分，而"其余的学说，博大精深，却没有人注意到"。可见，于晚清士人偏向于船山思想的外缘性建构，而徐炳昶更偏向于船山哲学的内质性建构。

徐炳昶认为王夫之在清初学者中最为精深博大，可与西方哲学相通，可惜当前学界无人能讲明其学术精粹所在。徐炳昶认为，荀子与王充看似持进化论的观点，实则不然。只有王夫之才真正跳出循环复古的历史圈套，持进化的观点，以为现在胜于古代。王夫之揭示了道德进化的精神与物质原因，精神方面的原因在于圣贤为人类尽力，使道德进步；物质方面的原因在于其明白生理与心理的关系，认为物质生活条件改善，人民的性情日趋于良善，而道德乃有进步。王夫之主张来今胜于往昔，人生的各阶段应各有其特色。

徐炳昶对王夫之的道德进化论与王夫之其他思想学说之关系进行了探讨。他首先探讨了王夫之的文质论与其道德进化论之关联，在徐炳昶看来，王夫之有着鲜明的轻质重文倾向，认为文胜不可以质相救，有时他将文质称为名实，并认为名实有相对的优劣之分，就是实之自身亦非必好。人高于禽兽正在于尚文重名，人类道德的进化即由务实而渐趋重名。

徐炳昶认为，王夫之的知识论与其道德进化论有着关联。他认为王夫之的知识论是经验派的，与朱熹的理性派不同。王夫之认为知识是积累起来的，并非豁然贯通。理是主观的，可思可学，物是客观的，不可主观臆断。理想构造的想法付诸实际的行动之时，则错谬之处定然甚多。可见，事物万有不齐，不可千篇一律，要懂得万有不齐事物的方法就是去经验。孔子时代的历法不如后世精确，可见知识是不断积累演化的。知识与道德有着密切关系，王夫之既然主张智识进化，那么道德的进化也是自然的结果。

徐炳昶对船山哲学的贡献在于，其首次系统地对王夫之的道德伦理观予以进化主义的审视，并提炼出王夫之关于道德进化的物质与精神因素。而且注意王夫之思想各学说之关联，揭示出王夫之道德进化论与其知识论、文质论的有机联系和逻辑脉络。

三 民国前期钱穆：船山哲学与实用主义的比较研究

1923年钱穆在上海《时事新报·学灯》发表《王船山学说》一文，将王夫之与美国实用主义进行比较，对王夫之学说的主要发源处和归宿所在进行探讨，涉及道器论、知识论、性命论、理欲论等方面。

钱穆认为，王夫之持新经验论和惟器主义，与杜威的工具主义相似。王夫之所言之器有主体创造性、实际呈现性、应用变化性三层要义。根据王夫之器的第一层面（创造）来看，王夫之持人本主义态度，强调依人建极，与墨家的兼爱主义、庄老的虚无主义和程朱的理性主义不同。根据王夫之器的第二层面（现实），王夫之的真理论与当前实验主义派的真理论也较为接近。王夫之强调惟用的真理，因此对知识论有很好的见解。他持一种彻底的实用主义论，与皮尔士、詹姆斯和墨子的思想非常接近。王夫之由于重当前的应用,因此对本体论予以排斥,不追求终极之真理,只讲求现实的效用,这与实验主义者也相当一致。根据王夫之器的第三个层面(变化),王夫之认为只有活动可以体验绝对真理,活动只能向前而不可复始,这和老子的观点正好相反。王夫之以在主体的活用为常,与他人注重在客体的死式不同,王夫之极力反对主静的学说,认为宇宙只是无始无终的一个不息的动,强调生而有以胜之,与实验主义者的改进向前的动态观一致。

钱穆对王夫之的性命论进行探讨,认为其命论与传统说法迥然不同,是一种日新的生活,不断增益的经验。与杜威相似而更推进一层,从成人的修养层面讲耄期受命。可见王夫之所言的命是灵活可塑的,不是僵化固定的。王夫之所言的性是指本能,性命论在王夫之手里得以有效地清理,并开辟出一条独特的道路。王夫之的性论与实验主义者非常相似,都认为性是变化的、可以增益改造。王夫之的性善论更具创见,其观点与后来戴震的说法相通。性是动物历代遗传下来的某些本能,道是自然演化的现象,善是进化淘汰中继续生存的适应性因素,因此道大于善,善大于性,是至理名言,善的价值在于生存永久继续下去。

钱穆对王夫之的理欲论进行探讨,认为戴震一派所主张的理欲同根,其实王夫之早已言之。王夫之认为好恶为万化之源,即是说欲为变化之源,与杜威"思想起于实际的困难"相似,实际的困难生于我们的好恶(欲)。王夫之承认人类的思想行为逃不出欲和养的范围,也不该离开欲和养的范围。王夫之反对以空想驾驭事实,反对执一概余,反对以理抑情。应当从事实上着想,本情建理,理想不可僵化,当因时因地而变迁,这与后来戴震所言极为相似。王夫之对于性情,主张利导,反对遏抑,简直与后来的戴震如出一辙!王夫之以损为衰世之卦,强调欲望的疏导与正常发展,与实验主义强调创造的冲动也有相通之处。

钱穆在民国前期对船山哲学的研究颇具价值和贡献,他与梁启超共同代表了民国船山哲学接受的最高水平,相对于梁启超对船山知识论的系统开拓，钱穆则对船山哲学的本体论与人生论贡献最多。钱穆首次较为系统地对王夫之与实用主义进行比较，揭示其与实用主义在人生论、知识论方面的相似性甚至对实用主义的超越之处。钱穆的这一比较研究不仅早于贺麟、王永祥、李泽厚的相关认识，而且就整体而言，至今尚未被超越。钱穆首次揭示王夫之本体论器之三层含义，并由此出发揭示出王夫之道器论与宇宙论、人生论、知识论之逻辑关联，体现出相当的系统性。钱穆对王夫之的性命论进行学理阐释，尤其是揭示其性日生论、性善论、性命论的创造性，颇具开拓性，并指出王夫之性善论、理欲论开戴震之先声的方面。钱穆在这一时期的船山哲学研究既有中西比较，也有王夫之与先秦思想、明清思想的比较，同时还有王夫之哲学思想脉络的分析，体现出开阔的视域与清晰的条理。虽然对于王夫之思想的定性如新经验论、惟器主义、惟用的真理观尚有可商榷之处，但钱穆在这一时期的相关研究基本上奠定了其民国中期船山哲学研究的基调，而其注重中国思想史脉络的方面在民国后期得到了进一步的发展。

第五章 民国中期的船山哲学阐释（一）：人文主义视域

第一节 民国中期船山哲学的体系化建构

从大革命失败到卢沟桥事变爆发，是为民国中期（1927—1937）。这一时期是船山哲学接受的高峰时期，呈现出人文主义与唯物主义双峰并峙的局面。相对而言，人文主义船山哲学研究以南方学者居多，唯物主义则以湖南和北方学者居多。就接受主体的籍贯而言，河南、河北、山西、湖南、湖北、江苏、浙江等地学者贡献突出。就传播区域而论，北京（张岱年、冯友兰、张西堂、顾颉刚、钱穆、谭丕模）、上海（李石岑、蒋维乔、吕振羽）、开封（嵇文甫）、沈阳（王永祥）、杭州（钟泰、熊十力）、武汉（范寿康）、福州（李石岑）等地成为船山哲学的研究重镇，清华大学、北京大学、燕京大学、河南大学、东北大学、武汉大学等高校学者发挥了主导作用。船山哲学的接受方式有学案（《清儒学案》）、学术史（钱穆、杨东莼）、哲学史（蒋维乔、钟泰、冯友兰、张岱年、范寿康）、思想史（吕振羽、谭丕模）、学术讲座（李石岑、钱穆）、论文（嵇文甫、王永祥、张岱年、张西堂）、专题研究专著（嵇文甫、王永祥、张西堂）、哲学论著（熊十力《新唯识论》、毛泽东《实践论》）等。

民国中期船山哲学接受的价值和贡献在于以下几个方面：其一，现代哲学史与学术思想史的关注。与民国前期仅有梁启超的学术史观照相比，民国中期王夫之学术史、哲学史的关注程度明显提升。如冯友兰《中国哲学史》、钟泰的《中国哲学史》、蒋维乔《中国近三百年哲学史》、钱穆《中国近三百年学术史》、范寿康《中国哲学史通论》、张岱年《中国哲学大纲》等均对王夫之的哲学思想予以关注。王夫之首次在哲学史的叙述中占据突出位置，如李石岑《中国哲学十讲》专辟一章来讲述王夫之，而张岱年的《中国哲学大纲》则在具体论述中给予王夫之最高的关注和评价。其二，船山哲学研究专著的出现。如王永祥《船山学谱》、嵇文甫《船山哲学》、张西堂《王船山学谱》等专著对王夫之的思想哲学进行了较为深入地探讨。其三，对船山哲学的吸收与转化。熊十力吸收王夫之的相关思想并融汇阳明学、佛学形成新唯识论的体系，其基本观念与王夫之一脉相承。张岱年吸收王夫之的相关思想，并融汇唯物辩证法、新实在论，形成新唯物论（新气学）的哲学体系。毛泽东融汇王夫之、马克思主义、列宁主义，形成实践哲学。其四，对船山哲学的系统分析。李石岑首次从体用视域对王夫之的哲学进行深入的分析。张岱年从系统的范畴、问题角度对王夫之哲学进行阐释。对王夫之的辩证法、认识论、人生论有深入的分析，尤其是人生论方面，解析成各种问题分类叙述。王永祥对王夫之的宇宙本体论、心性论、修养论、认识论进行了深入地探讨。总结出王夫之气化日新的几条原则，对心性修养和认识论中的重要问题进行探讨。张西堂对船山思想学术进行了全面地研究，对船山哲学的探讨也比较全面深入，尤其是对王夫之心性论、修为论的探讨较为细腻，并对王夫之的思想渊源予以揭示。钱穆对王夫之的哲学各方面进行了简要地探讨，注意在明清思想史视域中，揭示其与黄宗羲、顾炎武、颜元、戴震、焦循等的区别与联系。值得注意的是，张岱年首次将王夫之与张载构建为宋明理学三系之一，并将这一派视为气学、事学或践形派，对当代中国哲学研究产生了深远影响。其五，对船山哲学的复合性有相当的认识。李石岑、张岱年、嵇文甫既揭示出王夫之思想的现代性，也指出其遗憾和不足。李石岑、嵇文甫在认识到王夫之唯物性的同时，也有重心的倾向。嵇文甫认识到王夫之思想的解放性与正统性的并存，张岱年对王夫之未能以器为中心展开充分的哲学论述表示遗憾。其六，对王夫之历史哲学的开拓性研究。虽然晚清士人对王夫之的史论、史学颇感兴趣，梁启超对王夫之的史学予以较高评价，章太炎触及王夫之的史学方法，但并未上升到历史哲学的高度。民国中期的王永祥、嵇文甫对王夫之的历史哲学加以探讨，王永祥关注了王夫之的历史进化论，对文质问题进行探讨。嵇文甫则对王夫之的历史哲学进行系统探讨，不仅有理势、常变、理几等理论问题的探讨，还结合古今因革、华夷文野等具体的历史问题予以剖析。将王夫之的历史哲学定位为新天理史观，指出其价值与不足，并最早将其与黑格尔进行比较研究。其七，对王夫之与宋明理学关系的认识更为深刻而辩证。民国中期的船山哲学研究基本上都注意到了王夫之与程朱理学的差异甚至对立，而注意王夫之与张载的思想契合。张载在王夫之的思想渊源中，并不作为程朱理学的附庸而存在，而是独立于程朱理学的另一思想力量。张西堂、嵇文甫等学者均认识到王夫之与陆王心学表面差异下的内在关联。

张西堂代表了民国中期人文视域船山哲学研究的最高成就，可惜并未发生太大的学术影响，而熊十力代表民国中期人文主义视域中船山哲学转化的最高成就。相对而言，民国中期唯物主义视域下的船山哲学成果更为丰硕，且影响更大。张岱年、嵇文甫、王永祥的船山哲学研究具有范式意义，而毛泽东、张岱年在船山哲学的转化上也有不俗的表现。

第二节　蒋维乔、钟泰、冯友兰：关闽之间

民国中期的人文主义船山哲学研究，蒋维乔采用传统的理学视域，认同清人唐鉴的观点，认为王夫之推崇张载而以程朱理学为归，并对王夫之

的心性论进行了简单地探讨。而钟泰与冯友兰则将宋明理学视域与明清思想史视域进行叠加，钟泰认为王夫之持崇有主动论，深得张载之精髓，日新之化是王夫之超迈时人的独特贡献，并从明清思想史视域认为王夫之知耻、先难之论均是针对陆王心学之弊病而发，相当于对顾炎武和张履祥的思想综合。冯友兰认为王夫之的气本论继承了张载的思想，其理气论与刘宗周、黄宗羲、颜元具有一致性，体现了时代的共同趋向。他们三人的共同特点在于均注意到王夫之与张载的思想关联，均强调王夫之与陆王心学的对立性，均强调王夫之思想的时代共性，但对王夫之思想的创新性和独特价值缺乏有效地认识。

一　蒋维乔：推崇张载而以闽学为归

蒋维乔的船山哲学研究成果主要体现在中华书局1932年版的《中国近三百年哲学史》一书中。第一编《复演古来学术之时期》，分程朱学派、陆王学派、朱王折衷派、关洛闽学派、考证学派、实用派、和会儒释派、公羊学派八章，各章均述其代表人物。第四章只述王夫之一人。第二编《吸收外来思想之时期》，分严复、王国维二章。蒋维乔以《张子正蒙注》《思问录》《俟解》《中庸衍》《大学补传衍》为分析材料，对王夫之的思想进行了简略地探讨。

蒋维乔以《思问录》《俟解》为王夫之思想的代表作，并对王夫之的思想宗尚进行了探讨，揭示王夫之与横渠之学、程朱理学的一致性，强调其与陆王心学的对立性。他认同清人唐鉴的判断，认为王夫之由关而洛而闽，力诋殊途，归宿正轨。王夫之推崇张载之学并有意继承之，其抉剔释老之弊与张载《正蒙》所言相同。王夫之抨击阳明心学依附释老，而推尊朱熹，王夫之以闽学为归更加明显。

蒋维乔对王夫之的心性论进行简单地探讨，并揭示其心性论与先秦儒家的关联。他认为，王夫之以性是普遍的，不可以一面一时拟之，必推及于命，而后可知性之全体。王夫之本孟子"心之官则思"之说，以心之用在于思，而后世之病在于舍心求意。王夫之推衍孔子"性相近，习相远"之说，而穷究习气之流弊，痛切非常。

二 钟泰：得关学精髓

钟泰的《中国哲学史》1934年由商务印书馆出版。钟泰对王夫之与张载的思想关联进行了探讨，对其《噩梦》《黄书》《俟解》《思问录》较为关注。认为《噩梦》《黄书》多言社会政治，为《日知录》《明夷待访录》一类著作；而《思问录》《俟解》则主要涉及哲学思想，其有志继承张载之学，且在清虚一大、二气良能、幽明、心能检性等主张方面皆源自张载。

钟泰以王夫之《思问录》《俟解》《大学补传衍》为材料对王夫之的哲学思想进行分析。他对王夫之的宇宙本体论进行探讨，并揭示其与张载的思想关联。他认为，王夫之言及释老之弊，直穷本源，与张载《正蒙》中的"蔽于一身之小，而诬天地日月为幻妄"的相关论断可通。李颙之学虽曰关学复兴，而实则非关学，而王夫之乃得关学精髓。王夫之持主动崇有论，主有动而无静，主有有而无无。钟泰对王夫之的人生论进行探讨，指出其思想针对性。他认为王夫之将性命予以绾合，而在后天的习染影响下相区别。钟泰认为王夫之强调心的思维功能，而于主观的意相区别。王夫之的重要理论语境是陆王心学，是针对陆王心学的虚寂浮荡而对症下药，与陆王心学重上达不同，王夫之重下学工夫，主要从知耻、先难两个方面着手。知耻是为了克服陆王心学流荡的弊端，而先难则是为了消除陆王心学的虚寂之病。

钟泰从明清思想史的境域中对王夫之的相关思想予以审查，认为顾炎武强调行己有耻，而张履祥注重以难自处，王夫之相当于是顾炎武与张履祥的综合，但王夫之的特出之处在于其日新之化，超出同时代的思想学者，这一思想源自张载的《正蒙》。钟泰认识到王夫之易学的理性特征与哲学价值。他认为，王夫之反对象数之学，从而将易学引向哲学的康庄大道，不陷入术数的泥潭。

三 冯友兰：继承张载，与朱熹不同

冯友兰（1895—1990）《中国哲学史》（下册）1934年由商务印书馆在上海出版。对王夫之有所探讨，但并未设置章节专门论述，清代有专节论述的哲学家有颜（元）李（塨）、戴震、康有为、谭嗣同、廖平，可见其对王夫之并不太重视。冯友兰认为王夫之的理气论与刘宗周、黄宗羲、颜元较为相似，体现了时代的共同趋向。冯友兰认识到王夫之道器论与理气论的逻辑联系，并揭示其张载、朱熹的区别与联系。他认为，王夫之的气本论继承了张载的观点，道器论与朱熹的观点相反，可以从理气论推导而出。

冯友兰认为，王夫之学无师承，对理气的见解与刘宗周有相同之处。并以《读四书大全说》为据，说明理为气之秩序，气较理为根本。关于天与阴阳之关系，冯友兰引《读四书大全说》为据，认为天即阴阳五行之总名，天之理即气之理。冯友兰认为，王夫之对于形上形下、道器之分有详细的阐述。并引《周易外传》阐说王夫之"无其器则无其道"，"有形而后有形而上"之旨，认为王夫之关于道器的见解与朱熹的观点正相反对，但就王夫之的理气论而推则是自然的结论。冯友兰认为，王夫之自命为道学家，其气本论来源于张载，即自铭其墓"希张横渠之正学"可见。王夫之学无师承，但在哲学见解上与刘宗周、黄宗羲、颜元等有相通之处，可见当时对于理气问题都倾向于这一方面解决。

冯友兰以《读四书大全说》《周易外传》为材料，对王夫之的理气论、形上形下论、道器论进行分析，在宋明理学视域中揭示王夫之道器论与朱熹的差异性以及王夫之理气论对张载的继承性。同时注意在明清思想史视域中审视王夫之，揭示其与刘宗周、黄宗羲、颜元在思想倾向尤其是理气论方面的一致性。

新中国成立以后，冯友兰对王夫之的认识研究更为深入，主要体现在《中国哲学史新编》一书及相关论文中。当然，冯友兰也由现代新儒家蜕变成了唯物主义者。

第三节 钱穆：器与文

相对于民国前期的中西比较，民国中期的钱穆更倾向于在中国思想史脉络中对船山哲学进行考察和分析。1928年钱穆写成《述清初诸儒之学》一文《苏中校刊》发表于同年的1928年第二期。对清初之学最为钦慕，认为王夫之等清初之儒道德、经济、学问兼而有之，体用兼备，文质彬彬，最为完美，其守先待后之想、坚忍不拔之概足为百世所仰慕。这一时期钱穆的船山哲学研究成果主要体现于1931年初版的《国学概论》和1937年初版的《中国近三百年学术史》。钱穆将惟器论与人文进化论视为王夫之思想的基本观念。

在《国学概论》中，钱穆在明清思想史视域中揭示王夫之的思想立场及其所体现的时代共性。钱穆认为，王夫之反对阳明，而尊仰张载、程颐、朱熹，注重事物德行之实，以矫正阳明心学的虚妄之弊。王夫之抨击心学末流的空疏放纵之弊极为深切，而黄宗羲、孙奇逢、李颙等阳明学者则没有这种弊病。明末清初学者无论其对阳明学持尊崇还是贬斥的态度，都有尚实的倾向。

在《中国近三百年学术史》中，钱穆对王夫之的思想哲学进行全面研究，一方面指出王夫之与张载在思想旨趣、精神气象上的契合，另一方面在明清思想史视域中将王夫之与黄宗羲、颜元、戴震进行比较分析，揭示王夫之思想的个性与价值。钱穆从思想史的大视域中对王夫之进行审视，他认为，王夫之在明末清初的南方学者中与黄宗羲都对理学颇有研究，堪称大家，但黄宗羲的贡献主要在于《明儒学案》和《宋元学案》，自身的哲学创见不多，王夫之则不然，他对理学有深湛的研究，且颇具创见，在近三百年学术思想史上最为突出，甚至可以与宋明理学大家相比，其博大精深也毫不逊色，从而凸显出王夫之哲学的杰出地位。钱穆认为，王夫之的学风近于张载，长于精思，重视实践，俨然关学气象，能得佛、道之深趣，对于诸家得失利病，能动中窾要，阐入幽微，精审独到。王夫之不仅长于显真明体，且在理惑辨用方面更是胜场。推显至隐，阐微至显，皆能切中流俗病痛。钱穆认为，王夫之论学始终持人文进化观点，会通性天、修为，养其自然生理之文，而修饰之以成乎用，是王夫之论学之主旨，因而重视以礼为教，得张载关学之遗意，颜元、戴震虽好言礼，汩溺于习行、情恕，不如王夫之圆融。

钱穆以《周易外传》《思问录》《读通鉴论》《诗广传》等为材料，对王夫之的宇宙本体论、人生论、认识论诸问题进行探讨。

一　揭示王夫之宇宙本体论的系统性与卓荦处

宇宙—本体论方面，钱穆对王夫之的道器论、体用论、有无论均有探讨，揭示出王夫之思想的系统性与尚实倾向，并与顾炎武、颜元、戴震、焦循进行比较分析。钱穆认为王夫之坚持惟器论，与顾炎武均强调道在器中，均对晚明心学流弊予以反拨。颜元、戴震的理气合一之论与王夫之的体用合一、道器合一的观念颇为相近，从本质而言均是虚实之辨，而王夫之更为突出的地方在于其通过即流溯源、即用得体的方式来把握实体本质，议论更显精辟深刻，远为颜元、戴震所不及，只有后来的焦循才有相似的认识。钱穆引《思问录·内篇》"言必有所立，而后其说成"的观点，以阐说王夫之重有之意。钱穆认为，王夫之的有无论、动静论、内外论是本于其言心性道体所持之见解，体用兼备，博大精微，杂而不越，广而条贯，可见王夫之思想的系统性。

二　揭示王夫之人生论的创造性与深刻性

钱穆对王夫之的人性论、性道关系论、理欲论、动静论等进行探讨，揭示出王夫之人生论的创造性与人文情怀，并与荀子、王阳明、刘宗周、黄宗羲、颜元、戴震进行多方的比较分析。钱穆指出王夫之性日生日成论的杰出贡献,并与黄宗羲进行比较。钱穆认为,王夫之人性论最杰出的创造在于其性日生日成论,不注重初生,而强调后天的日渐型塑。这与黄宗羲的"心无本体,工夫所至即其本体"的观点大体相似,但王夫之的更为透彻明白,黄宗羲的这一论断阐发于晚年,而且没有进行深入的阐释。钱穆揭示王夫之继善成性论的意涵,及其与荀子的区别。钱穆认为,王夫之持继善成性论,以善先于性,善是自然演化淘汰中继续生存之适应,而性是生物于适应中所得之生理。性贵在养而期其有所成,重在疏导,而非抑制,这与荀子性恶论所谓的化性起伪不同。钱穆指出王夫之理欲论的独到之处,及其与颜元、戴震之异同。钱穆认为,王夫之以天理人欲同行异情,以损为衰世之变,反对惩忿窒欲。王夫之本于人事生理之实,而发明性道之幽玄,与颜元、戴震所论大体相似,所不同者,王夫之溯源心性,颜元偏主事功,戴震专察物理,三人精神关注点有所不同,导致立说规模各异。王夫之对纵欲有独到深刻的认识,以为流俗之纵欲,实乃遏欲。纵欲由于愚昧无知,导致性情多所壅遏,不得畅遂,遂若乎纵,因此要转移习气,必须建立真知,所以王夫之非常重视辨析习。值得注意的是,王夫之强调欲不可遏,但并非主张纵欲。

钱穆揭示王夫之动静论之博大精深,并与庄子、张载、颜元进行比较分析。钱穆认为,王夫之持主动论,以为静不可恃,对心学蹈虚落空之弊颇加贬斥,对佛教离物治心之害能抉其病痛、中其窾要。钱穆认为张载、颜元等人的辟佛黜空,均不如王夫之恳切精微、鞭辟入里。钱穆揭示王夫之动静论与人生论以及老庄思想的深层关联。他认为,王夫之以日生日成言性,所以喜言变动,不喜言损灭。颜元也喜言动,但只从虚实言之,未能窥宇宙演化之妙,因此不如王夫之的精深广大。王夫之对老庄均有精深的研究,其"观化而得原"之途辙与庄子相似,可谓入室操戈者。王夫之最尊崇张载,张、王二人皆精于佛老,而能辟佛老而返之儒。之后仅焦循以自然进化之理阐发性善,此外实为罕见。王夫之在此基础上探讨心性,更为其学说之胜场。

钱穆揭示王夫之心物论的深刻性与圆融性，并与王阳明、刘宗周、黄宗羲、颜元、戴震进行比较分析。钱穆认为王夫之持心物合一论、身心合一论、己物合一论，王夫之认为敬有两弊，或执一废百，或拒物而空之。物不可绝，心不能离身为灵，钱穆引用《读通鉴论》以伸王夫之内外交相维、交相养之论。在钱穆看来，王夫之的心不容绝物，与黄宗羲"盈天地皆心"的观点相似。王阳明、刘宗周虽发其趣，而不如王夫之所言之深透，颜元、戴震执着理气之辨，而对心物关系较少发挥，不如船山所论之圆宏。王夫之深刻地认识到心不能离身绝物而独为灵明，并以此为基础，对后世心学虚空之弊予以排击。

钱穆对王夫之的性习论进行探讨，并指出其与颜元之异同。王夫之认为习气流俗导致真性汩溺。王、颜均重习，但所重之习不同。王夫之重习气，警惕习气对性的异化；颜元重习行，注重练习操作以成就才能。颜元重视礼乐，强调践履操作；而王夫之重视心性，以超越流俗之习气。受颜元思想影响之人趋于务实，而受王夫之思想熏染者则思辨精深，这是王、颜二家的不同趋向。

钱穆对王夫之衣食廉耻先后论进行分析，揭示王夫之思想之严格高峻与积极人文取向，并与宋明理学、功利主义者、颜元、戴震进行比较。钱穆认为，王夫之以为欲既不可遏，也不可纵，真知性道者，无所谓纵遏。王夫之以仁义廉耻礼乐本于心性，而不离乎民生衣食财用，既与遗弃事物的空谈心性者不同，也与忽视心性的功利主义者有别，可见其严格高峻。王夫之壁立万仞，只争一线，对流俗绳律极严，对君子悬格极高，仍为宋明儒家之矩矱，与颜元、戴震异趣。王夫之意在说明真知灼见于性情之真，必严此一线而不敢松懈，此船山之学所以闳深博大而难以企及之处。王夫之由于严此一线，故论学重后天修为，反对老庄自然返朴与逍遥自在论，指出前后际断之妄。

三 揭示王夫之认识论的本体归趣与社会情怀

钱穆对王夫之的知习关系论进行探讨，并与戴震进行比较。他认为，王夫之以虚知浮解无当本体。王夫之与戴震均重知，但有所不同，戴震重知以达用，主乎解析事理；王夫之重知以明体，本乎发明道真。王夫之认为习气、虚知二者每互出于一源。深而论之，小人下愚之为流俗，其遗害于学术者犹小而易知；而浮解虚知，播为风尚，蒸为习气，则为害至深且巨，故王夫之致谨乎习，而尤严辨乎知，以此为基础探讨知能关系。

钱穆揭示王夫之知能论的实诚与实用取向。钱穆认为，王夫之注重以行动、能力衡量认识，而后可以判别认识之真伪虚实、高下得失，王夫之所言的行、能在于会通实理，切于实事，既有益身心又能经济天下。王夫之持反无真生妄论，并认识到贱形思想之病害，实理有依据可寻而不流于虚妄，实事义不容辞而当尽，并认为易简事外之无当。

四 民国中期钱穆船山哲学研究的特点与价值

民国中期钱穆对船山哲学进行了系统地探讨，尤其在人生论方面卓有创造，对性日生日成论、继善成性论、理欲同行论、心物身心合一论、性习论进行了较为深入地分析探讨，且注意其中的逻辑脉络。其最大特色在于在明清思想史视域对王夫之与黄宗羲、顾炎武、颜元、戴震、焦循进行多方面的比较研究，既能看出时代之共同趋向，又能辨析精微，指出其异中之同与同中之异，总体上肯定王夫之思想的博大精深与严密圆融，尤其在王夫之与黄宗羲、颜元、戴震的比较方面较为深入。

相对于民国前期的钱穆以中西比较为主，中国思想史内部寻绎为辅的船山哲学观照方式，民国中期的钱穆更注重从中国思想史内部去寻绎王夫之思想的时代共性与个性价值，并在民国前期关注问题与明清思想史比较对象的基础上予以深化和拓展。

第四节 张西堂：思与诚

张西堂的船山哲学研究成果主要体现在《王船山的经世思想》与《王船山学谱》等论著当中。1937年，张西堂在《益世报》发表《王船山的经世思想》一文，对王夫之的哲学思想进行了简要的分析，探讨了其气化日新论、天人关系论、理欲一元论与经世思想的密切关联；其《王船山学谱》（1937年3月之前撰成，商务印书馆1938年版）对王夫之的思想学术进行了全面地梳理。涉及生平、著述、政治思想、史学、经学、文学、诗学、哲学等。即以哲学而论，举凡思想渊源、宇宙论、本体论、认识论、心性论、修为论均有探讨。且引证丰富，涉及的船山文献近30种。张西堂对王夫之的思想渊源进行探讨，除了张载外，还注意到王夫之与《易》《春秋》、佛道的联系，同时也对王夫之与阳明学的内在联系进行了寻绎。并对王夫之的宇宙本体论进行了整体性考察，揭示其合一性与辩证性，以为非唯物论、唯心论、二元论的单一标签所能限。他还对王夫之的心性论、修为论、知识论进行考察，尤其是对王夫之心性论的阐发细腻深入，且能指出王夫之心性论与本体论的逻辑关联。张西堂代表了30年代人文主义船山哲学研究的最高水平，只是未能产生相应的学术影响。

张西堂揭示王夫之的思想纲领及其在明清哲学史上的杰出地位。他认为，王夫之在哲学思想上极富创见，远胜顾炎武、黄宗羲、孙奇逢、李颙等大儒，为清初最大思想家。思与诚是王夫之思想学说中最重要的纲领要义，不可轻易放过。

一 揭示王夫之的思想渊源

张西堂对王夫之的思想渊源进行了探讨，他认为张载、《易》《春秋》以及佛道、阳明学都是王夫之思想的重要来源。王夫之思想源自张载，对程朱有所非议。王夫之也深受《易》《春秋》的影响,在明亡后窜居瑶洞期间依然讲说《易》《春秋》,可见其对二经钻研之勤。王夫之推崇张载也基于易学,对张载与朱熹高下优劣的判别也以易学为权衡。王夫之的政治思想有着《春秋》的深刻烙印,其倡言夷夏之防、义利之辨、时变之宜、权衡之设,与《春秋》经世思想相合。王夫之推崇《大学》,对《孟子》一书虽也推崇,并受其影响,但也不无微词。王夫之的天地日新论、性命日生论受佛道的影响。王夫之虽对阳明心学(王阳明)与泰州学派(王艮、李贽)极力抨击,但也深受其影响。因此他认为清人如邓显鹤等人对王夫之思想渊源的论断(以汉儒为门户,宋五子为堂奥,参伍洛闽,推尊横渠)并不全面,而唐鉴《国朝学案小识》以为船山思想归宿在于程朱并不允当,其实船山更为推崇张载,对朱熹亦有讥评。

张西堂对王夫之思想渊源的认识与熊十力较为接近。注意到张载与程朱理学的差异,认识到王夫之对张载的认同和对程朱的不满。以《易》与《春秋》分别为王夫之哲学和政治思想的重要渊源。注意到《孟子》、阳明心学、佛道思想对王夫之思想的影响,颇具启发性,只是论证还不够具体深入。

二 揭示王夫之宇宙本体论的实有生动与辩证合一

受梁启超影响,张西堂亦强调实有观念对于王夫之思想的重要性,不过张西堂的论证更为系统深入。张西堂揭示实有生动论在王夫之思想体系中的重要地位及其理论针对性。实有生动是王夫之思想之根据,以辟王学末流虚静之谬。王夫之因实有而主张生动,遂有天地日新、物质不灭诸说,为极有价值之论。

1. 宇宙之起源

张西堂揭示王夫之实有宇宙观的思想渊源与理论语境。张西堂认为,王夫之的宇宙观以宇宙起源为实有,而非虚妄。与《易》、张载颇为相似,与老庄的意见相反。王夫之受张载气本论的影响,以为天地皆气,无所谓虚无。理气虽不可闻见，但皆实有而非虚空。太虚不可以虚名之。凡道皆实，天地之间皆实有，实可载虚，主张实之功用，以道体为实，不可如佛老、陆王游心于虚无。天地间无所谓无，不当崇无而疑有，有者可信而无者可疑。生有皆可信，生、有皆至常可依，因此虚无之说更不足信。

2. 宇宙之本体

张西堂揭示王夫之宇宙本体论的辩证合一性。认为王夫之在总体上持道器相须、理气一元、心物一元的观点。至于天人一气、天下惟器并非王夫之经常所持的观点和最终论调。因此王夫之既非纯粹的唯物论，也非纯粹的唯心论，也非二元论，其阴阳动静、无极太极论有更明显地反映。张西堂认为，王夫之的乾坤互含、阴阳浑合是其易学的重要创获。王夫之的道论以阴阳为体，而道非虚无而为实有，诚与道异名同实，观诚可以见道，这是王夫之宇宙本体最重要的观念。

张西堂认为王夫之以宇宙起源为实有，道缘形器而立，近于唯物论一方面，较之明末清初之气一元论者更为进步，但天人一气、天下惟器并非王夫之经常所持的观点，王夫之在宇宙本体论上持理气一元论的观点。

张西堂揭示王夫之宇宙本体论的真实面貌及其思想渊源。张西堂认为王夫之虽以宇宙起源为实有，重视物，其提出的天下惟器论并非对于宇宙本体的最终论调。王夫之思想渊源于《易》与张载，受"一物两体"的思想影响甚深，持道器相须、理气一元、心物一元之论。张西堂认为王夫之既非纯粹的唯物论，也非纯粹的唯心论，也非二元论，这在王夫之论无极太极、阴阳动静更可证明。王夫之认为，阴阳既普遍，又非截然分析，而是对立统一，阴阳浑合。张西堂认为乾并非孤阳，坤并非孤阴，而是阴阳浑合，这是王夫之在易学上最重要的发明之一，任何事物都非绝对、孤立，而是相对的、有联系的，因此王夫之主张道器相须、心物合一，太极即道。两间皆阴阳，盈两间皆道，因此道与阴阳交相为体，道亦一物两体，王夫之对于宇宙本体持太极阴阳一元论，主张理气合一、道器合一、心物合一、天人合一、体用合一、常变合一、理势合一，或许受到了张载的影响。张西堂揭示诚道的异名同实性及其在王夫之宇宙本体论中的特殊重要地位。他认为,王夫之的道论虽以阴阳为体,但认为道非虚无,而乃实有。器有变动,而道有恒则,道比较永久且又客观存在,诚与道异名而实同。道既实有且公有,诚亦然。道自然,诚亦无待而然。诚与道在实有性、自然性均相同,可谓异名同实,至诚无息可以比况于天地生生之德。性实有其当然,无所待而然,亦可谓之无不善。张西堂认为道为实有,诚与道异名同实,观于诚可以见道,这是王夫之关于宇宙本体最重要的观念。

3. 天地之日新

张西堂认为,王夫之以宇宙起源为实有,道体亦为实有,宇宙由有而生。天地事物流行不息,死为生之大造,亦与生有关系。生死为推陈出新,宇宙之间新陈代谢不已,王夫之深受《易传》、张载,日新富有,天地有日新之化。

张西堂揭示王夫之天地日新论与物质不灭说的科学性。张西堂认为,王夫之所谓日新之化,即所谓宇宙进化,天地之化日新,非常合乎近代科学观点,王夫之的两种意见极有价值:其一为文明进化。王夫之不泥古道而菲薄方今,论天地之化日新,而灼见文明之进化。其二为物质不灭论。王夫之所论"汞见火则飞,不知何往,究归于地"与近代科学物质不灭说颇为吻合。张西堂揭示王夫之物质不灭说的思想渊源。王夫之的物质不灭说源自《易》,也受张载"气聚为万物,万物散为太虚"思想的影响,王夫之的《张子正蒙注》关于"气坱然太虚"的相关阐释也与近代科学家相合,为不可多得之论。

张西堂对王夫之天地之化日新之原则进行探讨。张西堂认为,王夫之以天地之化日新,有往来,无生灭,往来有数种原则:规律性、无定准性、自然性、永久变化性。王夫之所言的四种含义,虽不如近代进化论者之详明,但亦难能可贵。由于物质不灭,王夫之主张无所谓盈虚。由于天地日新,王夫之主张无所谓终始。张西堂认为王夫之的天地日新论和天地以今日为始终论,极宏通。

4. 天人之关系

张西堂指出王夫之天人关系论与宇宙论的密切联系。张西堂认为，王夫之物生于有的宇宙起源论与心物合一的宇宙本体论，其实与其以人为本的天人关系论有密切关系。宇宙实有本从人之所遇所觉而定，以我为人而有天地，人实为天地之心。人能主持天地，显天地之妙用，为天地中至为重要者。道行乎乾坤之全，而以人为依，以人为本。以人合天地之用，珍天地之生，天地之间，当以人为本。王夫之以人为本，不任诸天，但同时天日命于人。人为天之绪，天命不可违，也不可亢，则必求天人合一，合天人于一理。天者理也，不拂于理，则不违背天，天理可以通过心来感知。张西堂揭示王夫之天人关系论的人文情怀及其与程朱、陆王的差异。王夫之强调合天人于一理，既不同于程朱理学，也不同于陆王心学。王夫之与天地人为三始，而以仁义为立人之道。王夫之的政治思想根基于仁义之外无人。

5. 体用、动静与常变

张西堂认识到王夫之宇宙论与本体论的合一性及其逻辑联系。张西堂认为，王夫之在宇宙本体上主张道器相须、心物合一，天人关系论上主张以人为依、天人合一，在体用论上也主张体用合一。王夫之持重用的体用合一观，用以得体，用重于体甚为明显。王夫之于体用均重诚，与其以实有为宇宙起源相合。张西堂揭示王夫之动静论与体用论的逻辑关联。他认为，王夫之在体用上重用，主张由用见体，因此于阴阳动静，偏重于阳动。无论就太虚有无、阴阳动静而论，王夫之均强调动的优先性、重要性。阴阳之有动静，天地无往而非动。王夫之持主动之说，因不能动者不能静，动是静的前提，因此主静之说不攻自破。天地万物之情相感，感而通天下之故，这是王夫之主张动的一个重要原因，而且王夫之在《思问录》中强调诚于为，也是由于重动的缘故。张西堂指出王夫之动静论与常变论的内在联系。他认为，王夫之以"太虚本动"，"动为道之枢"，因此宇宙由于生动而有变，故王夫之对于常与变二者均极为注意。常变二者不能截然分开,天地之间无时不有常变,常以制变,变以贞常。

6. 理势之关系

张西堂指出王夫之理势论与宇宙本体论的逻辑联系,认为其以时、权、礼、理皆所以于变贞常之道。理有定的原因在于理与事、物相关,同时理与势也有相当的关系。这是理势合一之说即所谓的"势之必然处见理"。顺势以循理,可以得其理,但顺势以循理也并非易事。权、时可以用来审度理势,理势之自然,并非有一定之成轨,王夫之合理势于一,理外无势,是专就心以言理;就权、时以度理势,确为知道之言。王夫之以老庄、浮屠、申韩为古今三大害,对陆王之学也极为痛恶,鉴于虚无静寂之弊,提倡实有生动之说。宇宙之起源,宇宙之本体皆为实有。由有之生,而倡言变化日新、文明进化、物质不灭。由有之用而主张以人为本,天人合一,重用重动。王夫之的宇宙观处处体现其主实有生动。王夫之的理气一元,心物一元,而主张天人合一,体用合一,常变合一,理势合一,与其宇宙本体论中所谓天下无截然分析而必相对之物之说相应,其理论有极严密的系统,深刻动人。清代思想家如颜元等亦重实重动,但不能从宇宙论说出根源,可见王夫之超出诸儒之上。于此,张西堂认识到了王夫之宇宙本体论与人生论、历史观的一致性、相关性,他深刻地认识到了王夫之思想学说的系统性和深刻性,并揭示出王夫之善于从宇宙论说出根源的特点。

三 揭示王夫之心性论与宇宙本体论之逻辑联系

张西堂注意到王夫之心性论与宇宙本体论之内在关联。他认为,王夫之的心性论,以形色论天性,认为性命日生,与其实有生动之说相一致;其性情一元论、理欲一元论则与论事物无截然分析而必相对待的观点相吻合。认为恶由习而来,与后来颜元的观点相似,这些都是极有价值的观点。

1. 性善之根据

张西堂指出王夫之心性论与宇宙论的一致性，并与程颐、颜元进行比较分析。张西堂认为，王夫之论性，将心性天理统摄于一气，与程颐不同。气者实有，因此其心性论与宇宙论相一致。由于气无不善，则气化之性则亦无不善。就气而言，可知人性之善。王夫之根据孟子的形色天性论与《易》的继善成性论来阐明性善之义。根据孟子的形色天性论，由形色言之，亦无有不善。由形色以论性，而称形、身无有不善，这也是从实有方面立论，以人形与动植物相比而见其必善，则人确实无有不善。王夫之的这一观点与颜元所说相似，由形色即可确认人性之善。心性均为实有而不可分离，王夫之根据《易》之继善成性论来表明性之本善。王夫之以道大善小、善大性小之论，以表明善外无性、善凝于性，这也是性善之明证。念念之间、事事之间不相继，则有待人后天努力以继善，故重正心诚意、克己复礼，可见王夫之对性善是深信不疑的。

2. 性命之日生

张西堂指出王夫之性命日生论与变化日新论、继善成性论的关联，并彰显其贡献。他认为，王夫之依据其变化日新论，又阐发性命日生之说，与其继善成性之旨相通。天日命于人，而人日受命于天，可见性日生日成。一方面日受命于天，另一方面人能自取自用，亦可说命日受性日生。性之善恶，尤其应当注意后天的修养，后天之修养可使日生之性益善，无论出生之时的情况如何，王夫之认为终生皆为受命之时，只需注意几之善恶。性可迁移，贵在及时迁善，因此也可谓之性善。张西堂认为王夫之此论可解决一切关于性的争论。父母未生之前是今日，太极未分以前是目前，迁善改过，无须迟疑，足以发生深省，这是王夫之的自创，诚不可磨灭之论。此外，张西堂还提及王夫之的造命之说，但并未展开论述。

3. 才情之善恶

张西堂肯定王夫之才情善恶论的独创价值。他认为，王夫之以才本无功罪，情则实有善恶。情为天人之动机相合而成，可以为善，也可以为不善，居于功罪之间。性无有不善，而才又受命于情，因此，才、性均无须承担罪责。王夫之认为性有质、有恒、有节，情则无质、无恒、无节，性善并不意味着情必善，不宠情以配性，在张西堂看来这是王夫之独到的见解。情居于功罪之间，规范向善亦能为善，因此情不可单纯以恶论。不善虽系情之罪，但为善倘若没有情也无法取得效果，因此要在存养进行，省察治情，使之为功而免于罪。情是人心，性是道心，人心、道心虽不同，但并非判然为二，性、情亦然。

4. 不善之由来

张西堂对王夫之所论不善之缘由进行分析。张西堂认为，王夫之将不善之由来归因于情与习。为恶之罪缘于习，不善基源于物、我往来之几不相应，因此环境亦并非不善，错在我之形色与物之形色相遇之几。情与习关系甚大，罪不在习，当责之于人。王夫之于情重省察，于习重以礼坊之，强调克己复礼。习气移人之力甚大，且具有传染性与播散性，王夫之对此颇为忧虑。中于习气，甚至顽固不化、无药可救，因此必须在童蒙时期培养善习。王夫之的性命日生论，担心人因乎习之所惯，情之所歆，而良莠莫辨，善恶无择，因气质之偏蔽，不善用之而成乎疵累，提防习气之弊，并不止于童蒙，克己复礼尤为关键。

5. 理欲之关系

张西堂对王夫之的理欲论进行探讨，并从明清思想史视域中予以审视，揭示其与陈确、戴震等人的时代共性与创造个性，并对王夫之理欲论与其本体论的关联进行探讨。王夫之认为，为善非情不为功，欲亦不任不善之罪，因此对于情欲不当禁遏之。既不可惩忿窒欲，也不可纵欲遏欲，人心道心非判然为二，而是交相为用。王夫之基于"事物无截然分析而必相对"的观念，持理欲一元论的观点。不离人而言天，不离欲而言理，公欲即公理，理欲其实一元。王夫之认为天理与人欲并非对峙性的关系，而是相函交互的关系，欲中寓理，理周欲得，可见其理欲一元论甚为明显。清代思想务实好古，且颇倾向于理欲一元论，为宋明理学之反动。王夫之与陈确均持理欲统一论，前者更是认为理欲具有交融性，不可截然分开。后来戴震所云"理存乎欲"的言论早已为王夫之所发明。王夫之反对"推理之清刚以制天下"，与戴震的"以理杀人"论也颇为相近。王夫之似乎于理欲，重大公至正。王夫之不仅重视人之公欲，而且并不赞同不合人情之理，这是其独创的见解。王夫之以道家、佛教、法家思想为天下大害，其所以对法家深恶痛绝者，在于法家的刻薄惨覈与"王道本乎人情"相距甚远。王夫之肯定人欲的合理性、正常性，与其崇实贵有、重生主动的思想亦具有一致性。

张西堂对王夫之的心性论作出总结，并揭示其与宇宙本体论的关联。他认为，王夫之以形色论天性、以性为气化实有之当然者，其性论根植于崇实贵有的立场。王夫之强调继善成性，注重念念、事事之相继，阐明性命日生之说，则就重生主动的立场而言。其才情习气论、修养论强调尽心知性、存养省察、克己复礼以及理欲一元，皆与其崇实贵有、重生主动有关，可见王夫之思想的系统性和一贯性。

四 揭示王夫之修为论之纲领要旨

张西堂对王夫之修为论的基本纲领与思想要旨予以揭示。他认为，王夫之的心性论以性为善，而情居于功罪之间，无固善固恶，而有待人后天之修为，其本在于尽性，只有静以存养，才能省察，正心方可诚意，这是王夫之修为论的基本纲领。王夫之以为恶由于习气之熏染，而预防不良习气，则在于礼，可见，尽心知性、存养省察、正心诚意、克己复礼是王夫之修为论之要旨。

1. 论尽心知性

张西堂认为，王夫之以性善、性日生日成，应尽心穷理加以扩充、存养，方有功效。尽心可以知性，尽心在于扩充以尽其致，穷理为关键所在。张西堂揭示思在王夫之修养论中的特殊意涵及其价值功用。王夫之认为知至穷理以尽其心，而思有特殊含义。王夫之以思为继善、成性、存存贯通的纽带，可以括仁义而统性情，致知格物、诚意正心都须在思上下功夫，可见思之功用之大。心之才尽于思，尽心为尽性之实功，要求致知格物与正心诚意并重。念与善相关，识与知相关，可见也是致知格物（知）与正心诚意（善）并重、存养（善）与省察（知）并重。王夫之所谓的"其用在继，其体在恒"，即继善成性，尽心为尽性之实功，又在继与恒，这正是思可以继善、成性、存存的原因所在。

2. 论存养省察

张西堂揭示王夫之修为论中存养与省察的主次之别与互动关系。张西堂认为，王夫之在念识论中已经透露出以存养为主的观点。因存理方能遏欲，因此必以存养为主。王夫之虽以存养为主，省察为辅，实际上强调二者的交相为用、有机统一。王夫之以存养与省察交修，而以存养为主，因此二者可以互为先后。

3. 论正心诚意

张西堂指出王夫之正心与诚意的工夫方法及其相互关系。王夫之认为，静以存养，动以省察对于尽心知性极为关键。心为身主，志为心存，因此持志为正心之功。仁义、存心、持志、敬直皆为正心之实功，心不正则害必达于意，因此正心才可言诚意，意为身心之交，心意交相为用，因此诚意显得特别重要。诚其意是指对于已知之理与固正之心相贯穿流通，绝不可自欺。慎独是诚意的工夫，预防自欺也是诚意的一种方法。重慎独和不自欺，才能让主观的意念隐退，使本心得到更好的显现流露。意实则不容邪，必须先正心，才能诚意，使意受心知之诚的规导，尽心知性，思以穷理，念以继善，由此而存养省察，以为诚正之功，如此治情方有条不紊。关于正心与诚意之先后，在王夫之的存养省察处可以看出。张西堂揭示王夫之"反身而诚"之诚与"诚意"之诚的差异。王夫之所言的"反身而诚"之诚，认为可以尽天下之善、通身心意知而无不善，则此"诚非诚意"之诚所能尽。因此读船山之书，应当注意二者之界域，既要明于诚意之诚，又要了然尽天下之善之诚。

4. 论克己复礼

张西堂揭示王夫之克己复礼的两层意涵及其与理论证的关联。张西堂认为，克己复礼也是正心的工夫，因此礼显得非常重要。礼源于天而为生人之本，天人之合在于礼，不可斯须去之。人心之中固有礼，天理流行并无界限畛域，天下之所有皆我心之得，我心之藏即天下之诚，礼具有内在性，通过仁而得到开显，因此不说礼自外作，而复礼之义更为清晰明了。复礼的工夫在于将天所授的耳目心思之则，再将转来，不再仅仅立足于对外在欲望的克服战胜方面，复礼的工夫到位了，就自然可以克己。这是就消极层面而言，重在克己。从积极层面而言，所谓克己复礼实际上是秉礼以克己。克己复礼，固然在于所不当行者不行，而更在所当行者行之：因此就积极层面而言，实在秉礼以克己。这与王夫之的理欲一元论有着密切关系。礼以仁为本，克己复礼为仁，义内以智喻，礼内以仁显。礼虽然以仁为根本，但仁义必以礼为德之符验，这样仁义才能保持其真实性、现实性，可见复礼之重要。礼在于对身心行为进行约束，矫正偏误而归于雅正。因此修身之功，必须凭借礼。在王夫之的修为论中，克己复礼与尽心知性、正心诚意均为重要的方面。

五 揭示王夫之知识论的类型及其联系

张西堂从格物致知论和知行学思论两个层面对王夫之的知识论进行阐发，揭示其类型及其相互关系。

1. 论格物致知

张西堂认识到格物致知论对于王夫之具有修为论与认识论的双重意义，并对格物致知的对象（即知识类型）以及格物致知的相互关系进行探讨。他认为，格物致知既是王夫之修为论中的一种方法，也有涉及知识论方面的内容。王夫之的知论中将知识分为两种类型，一种是知以天的德性之知，一种是知以人的见闻之知。德性之知可以循理而及其原，但王夫之实则对于德性之知与见闻之知并重，因为没有见闻之知，则不足以触发德性之知。格物致知十分重要,格物、致知并非一事。格物与致知,前者近于归纳法,偏于客观,后者近于演绎法,偏于主观,二者交相为功,相反相成,缺一不可。格物、致知并非一事,有吾心之知并不从格物而得的情况,因此可见二者是不同的两回事。有格物之后而获得的知识,又可见二者具有关联性。一种是通过格物而致知,一种是格物与致知并不相同,这就好比"巧"与"规矩"的关系,格物相当于"规矩",致知相当于"巧"。一方面"巧"与"规矩"不同,一方面熟于"规矩"也能生巧,两者实不可偏废。格物以学问为主而思辨为辅,致知以思辨为主而学问为辅;致知在格物,以耳目之闻见资心灵之用。博求事物,会通得失,尽其条理,则"巧"在"规矩"中可以获得,王夫之的格物穷理,强调循序渐进,持之以恒,焕然贯通,熟能生巧。王夫之认为格物之法大体经过《大学》所言的知、定、静、安、虑、得等过程步骤。格物致知也为修身之事。格物致知为至善之极则,学者之始事,使意诚心正,而后可以为善去恶。格物致知与诚意正心均应当循序渐进,可见格物致知本属于王夫之的修为论的范畴,是其修为的一种方法。

2. 论知行学思

张西堂对王夫之认识论与本体论的关联有深刻的认识,并指出王夫之知行学思论的思想针对性与所循路线。他认为,格物致知在于知与行二者,格物以学问为主,致知以思辨为主。王夫之强调体用合一,因此在知行观上,不取知先行后之说,对于陆王心学先知废行的知行合一说尤为排斥。陆王心学的知行合一说,实际上以知为行,销行以归知,实际上是先知以废行。如果以知先行后之说来矫正,恐怕会正中其圈套。其实,知非先,行非后,知易而行难,因此不当离行以为知,尤其当行有余力而求知。知以行为功效,而知不得有行之效;知不兼行,行可兼知。王夫之对于知行二者有精辟的分析,因此知先行后说、销行归知的知行合一说都可显知其谬误,王夫之重行之意,也甚为明显。这是针对陆王心学浸淫佛老游心虚无之弊而发的。王夫之在知行观上亦重明诚合一,非陆王"知行合一"说所可企及。王夫之认为良知之良即仁义，而继承了张载以诚明为良知之实的思想，对于阳明心学窃取佛教观念，以无善无恶为良知深恶痛绝。王夫之的这些观点均剖析入微，意在矫正阳明心学之流弊。王夫之在论学上，对顿悟之说也颇为不满，以为学之要在于一与多、博与约的并重并致。凡是可学可识者皆可一以贯之，一与多无先后之言，一与多当并重之。王夫之认为，学问之道贵在日新有得，多学而知一贯，以理为则，以情为准，博文而约礼，这也是诚明合一之道。倘若不重在日新有得，以情理为准则，即使博、多，仍然无益。读书最要防止以流俗之情对待书本，不仅会玩物丧志，甚至废事丧德，此为学者之大戒。因此王夫之以志于道、勉于礼为学之始基，推尊张载的进路，而不遵循朱熹的路线。

张西堂指出王夫之思辨论的特定意涵、方法境界。王夫之认为辨较之思为浅，因为辨之求其当然，而思则探求其所以然。思有两段工夫，且缺一不可，既要明其当然，又要知其所以然。思涉及心官和耳目之官，思才能获得真正的认识，也是心之道，心可以为道义之门，大者立，小者不能夺，备物而诚全由于思，因此思为圣功之门。思括仁义而统性情，纯乎义理。王夫之所言之思纯属形上之思，与普通所谓思大异其趣，王夫之将知分为见闻之知、德性之知，其论思并不以食色之思为思，而以思为性之良能。王夫之所昭示的思之方法为：深者大以广之，大者深以致之，即疏通知远，彰显幽奥，钩玄索隐，探测内蕴。而"备物而诚"为思之最高境界。

第六章 民国中期的船山哲学阐释（二）：历史唯物主义视域

民国中期（1927—1937）是唯物主义船山哲学研究的繁荣时期，杨东莼、范寿康、王永祥、嵇文甫、吕振羽、谭丕模在唯物史观的指导下对船山哲学进行研究，其中王永祥、嵇文甫的研究最为深入。

第一节 杨东莼、范寿康：黜明崇宋

杨东莼、范寿康均认识到王夫之的黜明崇宋倾向（推崇张载、抨击阳明），揭示其理欲合一论的独创价值及其对戴震思想的影响。此外，杨东莼还指出王夫之对谭嗣同的思想影响，但并无学理的论证。范寿康则肯定了王夫之义理的精深与思想的独创性，并指出王夫之研究方法的实证性，与西方科学精神相通。总体而言，杨东莼与范寿康的船山哲学研究较少创造性，主要因袭了梁启超的观点和论断。

杨东莼的《中国学术史讲话》1932年由上海永新书局出版。杨东莼对王夫之的学术宗尚、理欲论、思想影响有所探讨。认为王夫之僻处深山，学无所承，抨击王学，提倡关学。杨东莼肯定了王夫之《张子正蒙注》"天理即在人欲之中，无人欲则天理亦无从发现"，以为见解独到。杨东莼对王夫之的思想影响进行分析，认为清中期戴震的思想多从王夫之衍化而出，而晚清谭嗣同也深受王夫之的影响。但并未加以论证。

范寿康的《中国哲学史通论》1937年由开明书店出版，是在马克思主义唯物史观指导下的第一部中国哲学通史。范寿康指出王夫之的思想宗尚及其清初诸儒之异同。在第六编清代的哲学（经学）中，范寿康以孙奇逢、黄宗羲、顾炎武、李颙、王夫之为清初宋学派（义理学派）的主要代表。其中孙奇逢、黄宗羲、李颙主张调和宋明，黄宗羲的王学色彩最为浓厚，而顾炎武、王夫之则黜明崇宋。王夫之服膺张载，亦推崇程朱，对陆王则予以排击。引《思问录》《俟解》分析道，陆王末流虚玄其谈、猖狂其行，王夫之的相关言论切中其弊病，王夫之虽然力辟陆王，但对周、程、张、朱均加以推崇，对邵雍略有微辞，对张载尤表推崇，可见其黜明崇宋之倾向。①

范寿康揭示王夫之治学方法的科学性。他认为，王夫之治学破除迷信，追求实证，具有科学精神。王夫之对《易》最为重视，以为《易》为圣道之显现，仁义之大用、礼乐之精微俱存于《易》。其易学著作有《周易内传》《周易外传》《周易稗疏》等，对五行术数、谶纬杂说等力辟其妄，极为透彻。引《思问录·外篇》分析道，阴阳五行学说影响我国思想界至深，而王夫之用物理事实来证明其谬误，可见其远见卓识。王夫之在《俟解》中认为物理无穷，精而又精，随时变化而不失其正，因此反对执一的教条主义，无论信诸己还是从诸人，都不可取，范寿康认为这与西方科学精神相吻合。

范寿康肯定了王夫之思想的创造性，对其理欲论予以表彰。他认为，王夫之虽未形成完整的思想体系，但不落习气，有独到的见解。其《读通鉴论》《宋论》慧眼独具，启人心智；王夫之善于义理思辨，其《张子正蒙注》《老子衍》《庄子解》均为精辟之作。他是想自创一派哲学而未完成的学问家。其《张子正蒙注》提出的"天理即在人欲之中，无人欲则天

---

① 范寿康：《中国哲学史通论》，武汉大学出版社2008年版，第320页。

理亦无从发现"的理欲合一论发宋元以来学者所未发,为后来戴震学说所张本。

第二节　王永祥：器与思

王永祥的《船山学谱》(1934)对王夫之的哲学思想进行了系统的探讨,同时对王夫之的历史文化思想也略有涉及。王永祥揭示了王夫之思想的根本观念,并对其心性论、修养论、知识论进行了深入细致地阐释。王永祥善于寻绎王夫之思想的逻辑脉络,将其分解成一些具体问题进行精细的考察剖析,提炼其公例、规则、途径、方法,指出其创造性与历史局限性。他运用的船山文献资料极为广泛和丰富,尤其是对《读四书大全说》《周易内传》的阐释非常深入,具有相当的开拓意义,既充分注意到王夫之与宋明理学的差异,但也能意识到二者之间的有机关联,注意揭示王夫之知识论的价值与历史局限性。

王永祥揭示出王夫之思想的时代共性、独创价值与中心观念。他认为,清初思想的共同趋向是力矫空虚,注重实用,王夫之亦不例外,虽对陆王心学的反对不无过激之处,但亦是时代精神之体现。注重行处而不离君民亲友、人宜物曲,这是王夫之的实用主义。王夫之与顾炎武、黄宗羲精神虽同,但议论根据之深浅不一。王夫之哲学自成系统,条理谨严,其思想以思为枢纽,惟器论也是其根本观念。

一　揭示王夫之思想的根本观念

王永祥指出王夫之宇宙本体论的时代共性与创造性。他认为,惟器、依有、气化日新既是王夫之的宇宙本体论观点,也是其思想的根本。与中国传统思想大不相同,重器,因而重工具而不尚空谈;主有,因此重实在而不尚虚无;重日新则重变动而不尚寂静。这种态度是清初学者的大致倾向，但王夫之阐说最为详明、深切。

1. 天下惟器论

王永祥指出天下惟器论在王夫之思想体系中的根本地位及其题中应有之义。在王永祥看来，王夫之以道为一种方法，一种困难问题的应付解决方法。因此，道并非一成不变，而是随着环境改变，应付之方法亦随之改变。有形而后有形而上，无形之上，古今万象皆所未有。道为器之道，有器而后有道，君子之道在于尽器，源于天下惟器。尽器则道在其中，因为道为器之道，无其器则无其道。道器之真义不明，才导致虚玄之学与怪诞之说以立。王夫之并非不探求形而上之隐，而是推显至隐，则隐者自显，重证明而不废人情物理，富于实事求是之精神是王夫之哲学的一大特色。形而上是形器所由之当然之道，形之性质功能及其内在定律即道，而形之外延形状即器，道器实不相离。道器不相离而道附于器，而体用不可分而用重乎体，这是当然之演论。道器不相离，体用不可分，二者相辅相成，缺一不可。体用不可分，即体而用现，无用而非体，此体用之辨。王夫之注重作用，这也是王夫之天下惟器论的题中应有之义。

2. 依有生常论

王永祥指出依有生常论在王夫之思想体系中的重要价值及其与天下惟器论的关联。他认为，惟器论是王夫之的真理论，他以真理为解决问题的一种应对方法，反对将道孤立虚悬于形器之外，故一切以形器为依归，以作用为主宰，因此依有生常是王夫之宇宙论的根本含义（道在器中，器外无道，天下无孤悬之道）。王夫之认为现象万物为实有，生命绵延不断。破无尊生，人生的意义得以确立；破无立有，科学的根据得以成立。重形器，故依有；重作用，故常生，这是一贯的。他的《周易外传》对于依有生常之义大有阐发。异端以生、有为妄，皆是见理不明、索真不得的产物，探求不得而遂中止其探求，可见其愚陋。王夫之破无立有。无之妄，因有之故。有有则无无，有无不能两立。有之真，在于其可依。凡可依者必实有之。若仅然虚幻，则不可依，无法取用而不爽。因其不爽，是以可依，是以故有，于是而立物物相依相待而有。相待者有一定之因果，不爽者有必然之理数。有因果且必然，则有之可依、无之虚妄则显而易见。而且成功之退，以生将来，不但现在为有，有并无时间之限制而永远可依。有义既然确立，进而确立生义。王夫之破幻立常。宇宙之有可依，可依之生为常。生不住，理不动，乃谓之常。有之可依必然显著，生之为常循环不断，异端不足以语此，依有生常之义确立，则贵生之义也得以确立。死生为天地之化机，有其自然代谢，因此无患乎死生。担心死生者，在于不明不动不住生常之义，生常之义明而后人生之意义显。既生以后，则宜尊情重理，以尽生理事变，死之将至，哀以表吾存生理与延袭之心。人生应当存顺没宁，遂吾情，健以存生之理以合夫天德，动以顺生之几以尽夫人事，异端之贱形贱情贱生离生之妄可以想见。王夫之破无立有、破幻立生，可谓用心良苦。"由用以得体"是其方法论，盈天地间皆为现象，舍现象而言本体，则无所谓本体，本体是现象之本体，现象为本体之显著。王夫之的体用论认为"有其体则用已现，及其用之无非体"。体用不可析，析用而孤立之体则非其用之体。离现象而悬虚之本体，亦非现象之本体。盈天地间的现象相依相待，不动不住，确然无疑，有可依而生乃常。依有生常之义确立后，则虚无之说，可知其病弊所在，而不足以惑世。寻求不得遂名之无，并非真正不存在。因破除言有而遂激而言无，这种无也并非真实的。无不能产生有，只有有才能产生天地万物和一切现象，推其源头而必有，因此不可云无。无不能为体，异端以无为体，既然无则无体可言。空虚者实则有气充塞弥漫其间，并非无。幽者只是见闻无法达到，并非无。太和絪缊充塞无间，理具于其中，并非无。无是指既无形体，也无其理，但天下没有这样的事物。世人受虚无幻妄之见迷惑，因此有沤合沤散之说。有则可依，生生不息，性情功效着实存在，并非沤之类。性情功效、阴阳聚散各得其理，并非空虚无物。那些相信沤合沤散之说者皆由于崇无而来，而流弊甚大。若知依有生常之义，则不会受惑于浮浅之见、邪谬之说。因此依有生常论至关重要。

3. 气化日新论

王永祥指出王夫之气化日新论与依有生常论的关联，并揭示其科学与教育价值。王永祥认为，王夫之根据依有生常论提出生生不住之说，这是其哲学的一大要旨。王夫之认为气化日新，是由于物质不灭。王夫之深受张载的影响，在气化日新论体现得更为显著。王夫之以物质不灭，能量不灭，在现在虽为老生常谈，但在数百年前，则让人钦羡不已。王夫之固然主张物质不灭、能力不灭，而其侧重实在能力不灭方面。其物质不灭特用以证明能力不灭，其重能力不灭是出于教人为善的考虑，能力不灭，精神不灭，故善恶贤愚生异而死不同，故不可凡百不恤，逞志纵欲，从而善吾生以善吾死。其能力不灭，精神不灭，故不计较一时之得失成败，不因一时失败而气馁，不因小得而骄纵，当存神尽性，以求大果于将来。历来哲人之哲学思想皆偏重教育，王夫之亦非例外。历来以道术本一、理一分殊来阐释殊途百虑、同归一致，而王夫之用来阐释成败得失须算总账之旨趣。殊途百虑，是指一时之得失进退；同归一致，是指终究之水落石出。不当以一时得失进退为喜怒，而以水落石出之大结果为思虑，方能完成其全体大用，这是能力不灭论的又一体现。气化日新论是王夫之的根本观念之一。生死幽明不过聚散隐显，有日新而无消灭。往来者日新，生灭者日死，言往来而不言生命，因生非创有、死非消灭。聚而不失其常，此性之所以善。故人克己修治，即可复性。散而仍得吾体，死非澌灭，因此人不可放纵欲望，善吾死必善吾生，这两句话对教人的精义进行了有效的概括。

4. 天人相通论

王永祥揭示王夫之人生论与本体论的一致性。他认为，王夫之的心性论主张形色亦为天性，均时时继善，时时天人相通。性尊，而形色亦莫不可尊，形与性，人之于天相通，必借助父母之生我而后显现。乾坤与父母其所以尊也相等，这是一本之论。通过一本之论，王夫之的人生论与本体论相贯通，而即形见性，因心得理，事父事天，各得其宜。天之乾与父之乾、地之坤与母之坤，其理本是一致的，这是因为天人相通的缘故。天人相通，因此父母也是一乾坤，乾坤也堪称一父母。而墨家和佛教之徒不知此义，遂贱形离性，而轻视本之父母之形气，从而走上不惜蔑弃人伦的歧途。王夫之对乾坤父母之旨有非常明畅的发挥，因父母以见乾坤，以事天地者事父母是可以的。天地大而父母专，天地疏而父母亲，重父母于天地，也是可以的。这是圣学与异端的区别所在。

5. 人本主义论

王永祥揭示人本主义对于王夫之思想体系中的重要价值。他认为，人本主义也是王夫之的根本思想，因阐说较少，不被人所关注。用以人为依归，而王夫之重用不重体，这是其依人建极的原因所在，依人建极其实就是以人为本。"道一成不可易"似乎与王夫之气化日新、性命日生之论不符，其实是指德不易，非化不新。天地之化日新，而天地之德不易，为气化日新的公例之一，道不易即德之义。王夫之认为不可远人以为道，也是依人建极的题中应有之义。人道之流行在于对天地万物的裁成取用，这也是依人建极的体现。

二 揭示王夫之气化日新论的公例

王永祥提炼出王夫之气化日新的四个公例。他认为，气化无时不生，刹那而相继，这是气化日新的第一个公例。刹那而日新不已，人之所以继续为人，一不相继则死矣。气化日新无时不生，无时不相递，无有截然分析为段落之理，而为一活动之绵延，不间断的前逝。天地人物事迹之妙化浑沦整贯，无可分析。阴阳寒暑密运推移、互有损益，不可截然分析。非刻期不爽，亦不可刻期而数。气化日新的第二个公例是气化不可截然分析。气化既然不可分析，则先天后天之说显然谬误。气化不贰、不息、不测，因此不能分析。天纯一无间，亦不可分析。气化浑沦无间，不可分析，虽日生日新，非易以异物，并非截然为二物。天地之化维新，人须尽日新之德。气化虽日新，而其德不易，故日新而不乱其则。德不易者以类相聚而迁化相符，这是气化日新的第三个公例。质地日代谢而形色如一，亦是化日新而德不易的含义。不用其故，方尽而生，生化各乘其机，有类可从而莫可分剂，这是日新的第四个公例，可以破轮回之说。厘定了日新之公例，则可以阐明气化日新之说，则因而可以明晰天地终始之说。刹那之化即天地之化，刹那即效，因此可曰"天地终者今日也"；刹那即生，故可曰"天地始者今日也"。气化日新，刹那相继，无断绝之理，因此天地并无终结之时。道生生不息，而生生则无终尽之理。生物之繁衍不息，而消谢与生育相值，可以推将来之不终。天地无终结之日，显然无疑。

三 揭示王夫之太极阴阳动静论与气化日新论之关联

王永祥认为，王夫之的太极阴阳动静论与气化日新论有着密切关联。王夫之的道器论以形而上者当其未形而隐然有不可逾之天则，形而下者有其必循之当然之道。依有生常论中阴阳聚散之际无心而有理，太极即道，是天地人物所共由之通理。治器之道、气化之恒道，有生之所以不爽不动，均是太极，哲学的职志就在于寻求此天地人物共由之通理，冲漠无朕之际乃仁哲之都府。气化日新论中，认为德不易而化日新，无恒器有恒道。王夫之力辟虚无崇尚实有，于道器虽然重器，于体用虽然重用，但器必有道，用必有矩。依有生常中，万有相待不爽，生生不息，气化日新，质力不灭，日新之德，有恒之道。通理、当然之则，并非实物，只是就天地人物之日用流行、条理不妄之妙化而言，姑且名之曰"道"。"太极"为一赞辞，就阴阳之本体合同充塞之秉德而无以名之，极其大而无尚之辞，"太"相当于普遍，"极"相当于绝对。太极为天地人物所由之通理，循之为当然之则，既普遍又绝对。就绝对性而言，自生自足，尽性以尽道；就普遍性而言，广显德能以施用，不限于一曲之私。固有之则生，同有之则俱生。易有太极，太极不过形容天地之妙化，非如道家强论宇宙之终始。

王永祥揭示王夫之太极论、阴阳论、动静论的相互联系。太极乃虚语，只是妙化之赞辞。阴阳为实体，二者浑合互渗。动静为阴阳之功能，王夫之主动而反对主静。他认为，王夫之以天地妙化，所用以日新者，不外阴阳之材。阴阳所以能日新者，不外往来之情。阴阳必有往来，往来必有阴阳。太极始终前后有之，无时非造化，无造化非道也，故无无而常有。王夫之反对虚无，崇尚依有。处处有可见之实，有可循之恒，一切皆形象，皆阴阳，确然灼然。崇虚无者贱有生，并阴阳而贱之。老氏置道于阴阳之中，虚而运之；释氏置道于阴阳之外，以为统摄。持论虽异，皆离道于阴阳，为王夫之所反对。实则阴阳充塞两间，浑沦无间。太极者普遍而绝对，乃生生妙化之形容。生生之初固太极，生生之后亦未离于太极，时时有生生之妙用，而阴阳与道不相离。太极动而有物，以之为阳；太极静者而有物，以之为阴，非太极与阴阳别为一物。道不行而阴阳废，阴阳不具而道亦亡。道为天地精粹之用，非先天之物，因此老子的"道先天地"之说显然荒谬不经。"无极"乃赞辞，道或太极并非先于天地，也并非主宰性的某物。道之生天地，即天地之体道，非道如父，天地如子。老氏之说诬谬不堪，源于以体求天之故，谬见的产生也由于太极图以圆圈象太极。

王永祥认为，王夫之以太极为虚，并非实体，只是妙化之赞辞，絪缊变化，而初无定质。心之神明亦无有轮廓，即无时无处非太极。太极是阴阳浑合之妙。阴阳虽为实有，实为二物，相依不离，交互相成，分剂甚密，主持甚定，合同甚和。阴阳为实物之名，动静为阴阳之情。阴阳不可见，动静可见。阴阳非因动静而始有，而实因动静而发见其功用。王夫之认为无不能生有，因此老子的观点荒谬不经。天地间若无阴阳二气，则不能效乎动静。动静即阴阳之动静，无阴阳则无动静可言。阴阳虽为二物，实浑沦无间，相依不离。太虚中皆为阴阳二气所充盈弥漫，浑沦中和。阴阳二者虽异，但又交相倚待，浑合为一，这样才能明了阴阳之真义。静不失其动之性，动自存其静之体。分则辨其义，合则观其会通，凡此可以明了阴阳之性质。

王永祥认为，王夫之认识到阴阳虽为二物，但相倚相成，相函相有，动静为阴阳外著之功能。阴阳相函，则动静一如，主静显然错误。王夫之对虚无之说十分厌恶，极力抨击寂静，以为昧于道。王夫之倡导日新之说，极力主张行动作为。动静相函，动中有静，静中亦有动，可见主静之非。动静相需相函，则主静之说非，应当主动才对。动静为造化之妙用，施其情才者。造化之妙用，无时不生且充塞两间，无动静先后之分。动静为情才，则必动而后显其功效，因此当以动为先。不然太极为废然之死物，则动静无从而生。而太极有动静，则必知其先以动。既然先之以动，故主动为亟。动是指动之动，静是指动之静，以动为主。若废然无动，则静无从生。以阖辟比动静更妙，辟为动之动，阖为动之静，不动则不能辟，亦不能阖。不动则息，故主动至为重要。天地万物之妙源于阴阳之相感，相感不息，则动为常则。不但动为常则，而虽静亦动。静而有动之诚，故静能复动。若主静废动则息，息与死无以异。王夫之在《诗广传》中倡言主动之旨，与其专言静，不如言动，明确标出主动之旨，动静无端，即静即动，循环不已，由于常动之故。偶尔动之静，由于情之留、才之倦。静亦为情才之效，而情才皆效以动，这是就动静之几而言主动之要。再从人事人性的角度说明主动的必然性和必要性，因此说天下之能静者皆从动得。人心常动不息，人心之静瘄痳之顷而已，不能有所作为，则因此主静不足为训。才以用而日生，思以用而愈灵，一切作为皆由动而日荣。以静为动根，则昧于格物且不知性。如此可灼知主静之非，而动静之静与寂静有别。静生秩序，此静非废然虚寂之静。主静论之谬误已知，则应立主动之旨。动为天地之心，当效天地之心以主动，不可只效其体之静。

王永祥认为，王夫之以阴阳为天地之实体。体之贵在于其用之贵，若阴阳如同块然废物，则为至贱。天地之气生于动，而不生于静，当效其动。异端不知阳动为一切行为之几，因此持寂静之旨。从此拒物失明，阴浊养恶，陷入歧途。太和之气动而不息，大可宙小可察，不能出其范围。兴起舒畅之气为其初几，太和清刚之气悱恻不容已。知能不息无疆，亦此恻怛不容已之几。天地之化育只在动处体会，仁义俱在动处发见，主动则自然不静不废物。清刚之气日新而与心相遇，非但在始生之顷，与气化日新论相契。天地之心动而不息，流行两间，充周万物。仁函于心，本隐而为道之所显。君子效天地之奋兴以有为，如震卦之德，最当取法，能兴即震动之意。由天地之动几而生万物，由人心之动几而生万事，人必行动有为，才能与天同理，应于事变而不失。动而曰几，必初起之瞬间，以此言之，则人心则初念。王夫之最重人之初念，不容有所戕害玷染，这也是其思想一贯性的必然结果。初念所关甚大，初动之几，天性见端良能，动于后者，感物之余流于妄，可见初念之善。因初念之善，王夫之以为君子初几明于后几，庸人后念贤于前念。

四　揭示王夫之理气论与性善论之关联

王永祥对王夫之的理气论进行探讨，并揭示其与人性论的密切关联。王永祥认为，王夫之在性命日生时，附带论及理气不离以其为性善论之根据。言理之气，在于以气征理。理非一成可执之物，理乃气之条绪节文。气是有理的气，有其条绪节文。这是王夫之气无不善的观点。理即气之理，如同道即器之道，因此理气不可分。天人之蕴，一气而已，理如太极，气如阴阳，理在气中、理气合一，则理先气后、道先天地之说均谬。理气相待相成，同其盛衰。理不先气不后，理善则气之善可之，理为气之理，而无虚托孤立之理。天地之气健盛，而天能秩序条理，变化日新，则理非一物，不过形容气之妙化。理气不离，则人性之善，因理之善，则气亦善。气流充吾身以应物而贞胜，理则为气之条理，舍气言理则不得理，因气之善是以理无不善。王夫之主张惟气论，理气不离，理为气之条理，非一成可执之物。人性之善，惟气之故。人之异于禽兽在于气之不同，气不同，故性不同。气有变合，性有偏全。气之别，而后见理之别。一切惟气，理亦为气之条理，那么为何有非理呢？非理是理上反照出变合之不善，以理为气之正，非理为气之失。气之流行赖夫变合，遇夫同己、异己所产生之喜怒，谓之情，攻取形诸动作即才，情才就气而言，实则为理。性则气之正，条理节文皆中规则。情才性理皆就气而言，则性善而气亦不得不谓善。言性、天、理必须都在气上说，若无气，则俱无。性以气言，则气化成于人身之当然者，天以气言则天为积气，理以气言则气动而固有其当然及所以然。可见理不可孤立言之。气贯通体、相、用三个方面，非常重要。

五 揭示王夫之心性论的逻辑脉络与创造性

1. 性命论

王永祥揭示王夫之性命日生论与气化日新论的思想关联及其逻辑结果。王永祥认为，王夫之主张气化日新，则性者生理而日生，命者天命而日命，这是其思想的一贯。气化不息，性日生日成。时时皆在授受之顷，初生之顷之命以纯粹以精者固为日生之性命，而疵恶以厉者亦莫非日生之性命，其所授受无殊，而受之有别，取多则用宏，取纯则用粹，取驳则用杂，惟在人自强不息，择善固守。命无穷而无常，故性屡移而常异，如果一受成侀不可损益，则无从施教育之功。理气非二，理为气之理，气日生而理亦日生。性命日生，人当存心以待命。性命既然日生，则人的行为也当重日新。王夫之的学说均重教育方面，这也是其思想系统的逻辑结果。

王永祥对王夫之的性善论进行分析，指出其与太极论的一致性，并对其独创价值予以肯定。他认为，王夫之对性善的阐释极为详细，方法在知性论有所体现。王夫之对性、善、道、情、才、心的概念进行厘定，并对性善的原因和依据进行分析。道言天，性言人，不可混同。性、道有别，而知以人之性犹牛、犬之性之说为谬误。性授自天，必尽继之之功而后善之功用始全。人之生理、生气、生形、声色其实莫非天，形色天性，若形色非性，则与王夫之惟器之旨相背。时时在在其成皆性，其继皆善，盖时时在在，一阴一阳莫非道，亦与王夫之论太极之性质处吻合。性自善来，自不能有恶，自然形色皆天性，形色都是玲珑，可见王夫之的性论具有一贯性。贵在继善存性，不善只是物交相引失时逾量。王夫之论性精义叠出、抽丝剥茧，远超宋明诸儒。王夫之认为人受阴阳之美，生纯善而无恶，形色即天性。《思问录内篇》为王夫之精心之作，颇多见道语，论性亦不少。性小善大，随适皆善，性无不善。尽性以至于命，由性以知善，由善以知道。知性之所从来，而知性善。时时在在其成皆性，其继皆善，测性于一时一区者皆非。从善视之，亦善大性小。至于仁，知天人授受，一贯相继，知道而自知性之皆善。反诸己而从其源，即由道而善而性，顺流而下，性之节文条理固有。谓性善，以体而言，以其受之于天而成乎为己。若以用言性，则失其本。人由天地之气化以受性，形色天性，继善成性。形色而天性，则贱形色，以理为外来者非。恶由习来，以恶罪性者非，一任自然，不重环境训练者亦非。

王永祥结合形色天性、恶由习来问题对王夫之的性善论进行了进一步地探讨。

形色天性方面，王永祥认为，王夫之以形乃气之凝、性之合，这正说明形色也是天性。即形即性，不可离析而二之，无气非性，无形非气，故无形非性，苟得其常，无往非性，内外交养，心理生理两全，须养气修习，唯心固非，唯气亦非正论，王夫之对此确有真知灼见，且与他处言论相一贯。形性相衷、内外交养，形可征神，神可化形，因此形性不可偏废，内外不可偏重。形色天性，则性无区宇。五藏皆性情之舍，灵明得以发，凝德彻气，形色皆天性，无区宇之限，不可贵性而贱形色。形性相衷，形神互征，形色即天性，心非有专一固定之区宇，则礼实固有之理，非由外至。王夫之认为人有其形斯有其性，历来儒者贱视血肉之躯，注重精神方面，实则可言而不可行，不免迂腐之讥。

恶由习来方面，王永祥认为王夫之在善恶问题上的剖析说理至为细密深刻，可以廓清一切性善性恶之争论。王夫之认为善恶非两端固有，而是由于两端相交之不适当。从严格意义而言，并非恶，只是不适当而已。私意私欲欣然往来，在于习成之。形色而皆天性，然形色最易受影响于习惯，习之既久，宛如天性，即后天之性。欲防不善，既要理智的活用，善于应付知几，更应在习俗环境上着意。习可以发其情，移其气，令人不为善，夺聪明闻见，可见环境影响于人的势力甚大。违人之习相当于拂人之性，可见习俗势力之大。恶中于气如同瘴之中于人，习气移人，不可复施斤削，诚然可畏。习之势力如此之大，宜加以注意。宜养之于童幼之时，不可令其中于恶习，既中恶习，则须咬牙用力，一刀两断。圣人化成天下在于习，习善则善，习恶则恶，尤须注意。应让物之感己之欲，值位当时，各归其所。知几贵乎存诚，则无变不正。知己亦应观察之审，内外交养，滋生充体，从生理上用力，善气凝性，从心理上用力。

王永祥对王夫之的气质之性论进行了探讨，指出其对于宋明理学的突破性。他认为，王夫之论性，主张生理亦性，天色天性，理者气之理，而非孤悬虚寂之理。反对宋儒将气质之性与义理之性判然为二，认为若形色不皆天性，理气相离，则生理亦贱。王夫之主张形色天性、性者生理，对人的气质不敢轻视。此为王夫之性论的创见。同时王夫之还认识到体质对于行为之作用。人类之所以进化，由于环境生养之改良，人的生理方面可以影响性情、精神，可见王夫之对人之生理之重视。气质中天命之性自充溢流布，气质中之性依然一本然之性，不可离而二之。气质之性，虽即本然之性，但不可一任自然不加克治。居移气，养移体，气移则体亦移。习可移气，注意习惯方面，是王夫之气质之性论的特点之一。气质之性即义理之性、本然之性，从来论气质之性者皆不知理者气之理，质必资物而安，遂致异说纷起，误入歧途。荀悦、韩愈的性三品之论，实以才为性。性为生理，充溢流布，无有或恶。才因事而效能，固有昏明强柔之分。才之有昏明强柔之分，质累之，非性使然。知性为生理，而不废质，知习惯之要，而不罪才，始可谓之知性。

2. 性情论

王永祥对王夫之的性情论加以考察。并从情论、人心道心、义内论三方面进行论述。

情论方面，王永祥指出王夫之所论性、情之三种性质区分，以及情之功罪。他认为，王夫之以性是气化成于人身之当然。气化日新，而性亦日生日成，非有故常。性与生俱有，一阴一阳之实，情是变合之几，吾心之动几与物相取而始生，性有节，情无节，性为生理，有其当然之则，情随变合以生，无一定之规。情的性质有三，一则情无自质，二则情无恒体，三则情无节。凡不善皆情之所为，性、才、物皆不任罪。为善则非情不为功，功罪一归之情，其功在助性以成物之几而可为善，其罪在率才以趋溺物而可为不善。功罪一归于情，舍情则无所作为，当以性之节御情之正。无情不能为恶，亦不能为善。功罪一归于情，见性亦须在情上用功，去情灭欲者不可取。性、情之别在于，性有质有恒，情无质无恒。恻隐、羞恶、辞让、是非之心为性，情须受节于性，不可独立自为。恻隐羞恶是非辞让之心，是性，而非情，恻隐即仁，羞恶即义，恭敬即礼，是非即智，知四者为性，以性善，而四者皆善。恻隐羞恶辞让是非四者之为性，不独以其即善之故，虽发而始见其端，而未发亦无少间，已发即是未发的物事，其理亦充然不忘，凡此皆性之特征，而四者不过是见于动的方面，可见其为性而非性。性有节、有质、有恒。四端不可云情，乃情上之道心。道心、人心为王夫之性论之一要义。情功罪兼有，有待于治。情上受于性，而下授于欲，情介于性、欲之间，学者当治情。

人心道心方面，王永祥对王夫之所论人心道心二者之区别与联系进行考察，并指出王夫之思想的系统性。王永祥认为，王夫之在情论以四端为道心（性），以喜怒哀乐为人心（情），此为王夫之思想之重要方面。情之下游即人心，上游为道心。人心为喜怒哀乐之心，道心为恻隐羞恶恭敬是非之心。情以显性，因此天理寓于人心人欲之中，惟性生情，故人心必待省察克治而不可任纵无归。道心难识，人心即喜怒哀乐。既为人，则有人心不可逃之数，不可贱情绝欲。道心是指恻隐、羞恶、恭敬、是非之心。道心为人固有，为生理所必由之当然法则。人心为情，则情之性质皆人心之性质。情无节、无恒，人心亦然。道心与人心的区别在于，道心为性，则性之性质,皆道心之性质。性有节、有恒,性亦然。道心其几甚微,其力甚小,仅执其固然,必待扩充。王夫之对道心和人心的相互关系进行了探讨。道心和人心互藏其宅,交发其用。人心统性,道心为已发,介情以见端,而道心亦统情相互函摄,而宅其用亦相互交错,并无截然之界限。道心人心虽互藏其宅而交发其用,但仍不可混为一谈。人心无质、无节,道心则有质有节。人心交相感,当其不感,则形同虚无,不若道心之实有。总而言之,人心动静无端,相感而始生,道心本然固有,不必待缘而起。道心固有、固善,而人心待深、待善,这是其大体的区别。未发有中,有道心之故。虽未发,而有节。道心乃性中所固有,以刚柔健顺之质而效夫仁义礼智。若无道心,专恃人心,则飘忽不定,不可自主。已发之节,即此未发之中。性为未发之藏,善则中之实体。善者乃仁义礼智,仁义礼智见之于恻隐羞恶四端,可知四端为道心,未发之中。善大性小,继之为善,而性善有实体。可见王夫之思想的一贯性。

　　义内论方面,王永祥将王夫之的理气论、性善论、人心道心论与之进行关联性考察,并指出王夫之义内论对于认识论的价值。他认为,王夫之的理气论以气有天理,至大至刚,性善论以性内有节,人心道心论以道心可以宰制人心。王夫之所言的节、可以宰制、气有条理实质上都得孟子的义内之旨,与理性主义哲学以理性为先天之说大体相似。吾之应付、探讨天下之物理与言语是非得失,赖思维作用以求认识。义即思维作用所必遵之范畴,所不可枉之当然天则。吾心之应天下无穷之事物也不怠,则义之实体刚利无匹。吾固有之气载此刚大之理,故义能宰制乎事物,此刚大之理,并非来自外在,则义具有内在性。义虽在内,须用格物致知之功,吾心之全体大用才可显出,不可孤守灵明。格物穷理与孟子所谓集义旨趣相通。义日充而浩然之气无往不利,则吾心之全体大用可豁然贯通。明乎义内,则不为浮浅之说所惑。明乎义内,则不为道家自然圆成之说所惑。王夫之的《读孟子大全说》对自然二字有深切阐明,有所自而然,这说明义具有内在性,义内之说成立,而后理智作用始施其判断,万物之理始就我范畴,而认识得以产生。

六 揭示王夫之修养论的方法与程序

1. 论克己复礼

王永祥指出克己复礼论在王夫之修为论中的价值地位及其与宇宙本体论之关联。王永祥认为,克己复礼是王夫之修养论最重要的方面。欲明了此义,其前提是不可绝物。王夫之论性最重形色,主张形色即性。其依有生常论,主张万有可依。既然形色即性,而万有可依,则物不可绝。色声味之在天下,天下之所固有。色声味显于天下,显于我而呈为五色、五声、五味,色声味显于天下耳目口之所察。因色声味为固有,我之耳目口一察而即得,亦因我有耳目口可察,而色声味得遇察而呈五,两者相依相有。五色、五声、五味,为天下之固有,固有之所形撰亦甚明,固有之形撰即道,故五色、五声、五味为道之撰。性之显,道之撰,不可绝,知物、性之关系,物、我之影响,始可言道,身不可弃,耳目口不可无,物不可绝明矣。色声味与耳目口不相离,知物己之交相有,绝物而己亦绝。天下之物,皆自天生之,自我成之。心物合一,各有而互成,唯心者非,唯物亦非。色声味为性之显(体现),物无非心,色声味为道之撰(才具),心无非物。物不能自显,耳目口察之而后显,五色五声五味必依我而成,知克己复礼当求诸己。色声味自成之天地之产,有德于人,昧之者,非色声味之过,必其自昧者。我之自贪自惑,而色声味无罪。贪惑当罪己,无与于物,克己复礼须求诸己。心物交相为用。色声味之授我也以道,吾之受之也以性。吾授色声味也以性,色声味之受我也各以其道,昭然天理不昧。性道各适其所。凡以色声味而自乱其威仪者,皆不明不聪不贞之过,取色声味之所未有而揉乱之也,在己之所摄持慎用而已。不求诸己而罪物者,手忙脚乱终日戚戚,可悲可叹。《周易内传》亦论及绝物之非。色声味为性之显,道之撰,心物交相有,而物不可绝,身不可贱,求诸己,以己性摄持于内,而慎用色声味之节文,这是王夫之的思想旨趣。

王夫之的克己之道，对禁欲远物、任情放纵之说均表反对。若禁欲远物，则内外交构，力争其流，与物相刃相靡，行尽如驰莫之能止。任情放纵者，泛交之，内外交构，一任其流，不知其成，不知其所归。有事之定义与天地之德两问题需要解决。事必接于吾之耳目口体者，不接非无事，但非吾之所得而制。心发之于视听言动者，不发非无心，亦非吾所得而制。天地之德，即生人之德。天地之德，太极之妙化。物物一太极，理一而分殊，其无时不生，无物不具，以此生生不已之妙化，盎然沛然，至大至刚。为天地人物所循之当然法则，既普遍又绝对。日发而无不及，此义所以内，义者乃生生之妙化，遇物与物酬酢者；我之妙化本自有方，此礼之所以内，礼者乃生生之妙化遇物而所酬酢之法则。自然之则，固有之真，验之于心，求诸己，必求如此而后慊于心，则心固有之，固有之者乃自然之则。事事求慊于心，此居中宰之之道。自然之则，固有之真，居中以宰而求心之慊，非有一孤立之天理藏于吾心，与物欲判然为二，心发于耳目口体，天理亦附于色声货味。天人不离，理欲不离。即此好货好色之心，天人以为用之所藏。王夫之主张形色天性，动而见天地之心，主张心物不离，皆是此意。因人性之有礼，天理得以显现。礼之为内，自然而生，故我但大公廓然，物来顺应，而视听言动，自率循天理而无待外求，遇有非礼之礼，我自不容不克，去之而后心始得慊。当不慊之时，但加以警醒觉察，非礼则净尽无余，故克己以复礼为要。王夫之阐明礼之重要，礼者天理之节文。理不离欲，禁欲贱身为非。理不离欲，无不可绝，禁欲罪物者皆非。调剂百行，居中宰之者为礼。礼为天理之节文，实有诸己者。纵欲任情、虚无寂静，皆非所以安心，安心必本于礼，天理之节文因于物以显现流行，诚与道异名同实，几者受裁于诚，神者依诚以凝于人。天理之节文为实有，人亦实有之，实有则以情相通而人我皆得而心安，无须外求。不思而妄者蔽于小体，不通而滞者，蔽于大体。故安心贵乎诚。

2. 念与思

王永祥指出王夫之所论念不可忘的重要性及其与本体论之关联。王永祥认为，王夫之以气化日新，生不住处，主张道体不可析，向前绵延。因此认为念具有相续性，念不可忘，这也是王夫之天人之化功在继之的推演。王夫之在论克己复礼之时，认为当大公廓然，物来顺应，自循天理，无待外求。王永祥认为这一观点若不善体会，则容易陷入王夫之所反对的绝之不留、忘之不系的异端邪说，若能认识到这一点，则无流弊。念乃反求系于心，寻绎不忘其故，孳孳不息，其用在继，其体在恒，其几在过去、未来、现在三际，通过去未来现在而为相续之一流。念流可名之曰识，识量无多受溢出之患，无经久或渝之忧，因此念相继不息。先而豫之，已而留之，为其相继之道。念之在否为人禽几希之别。寻往豫今，念之所在。过去未来现在皆统之于吾心，不可忘过去弃未来。克念以诚，寻往豫今，孳孳不息，即是有恒。

　　王永祥对王夫之的思维论进行分析，对思之功效、价值以及对于王夫之思想的重要性予以探讨。王永祥认为，王夫之以性得以授节于情，道心得以命令人心，在于立其大体，不惑于小体。大体之立贵在重思，即理智之作用。不蔽于私，大性之量，是凭借超然的思不受一切限制的缘故。耳目之官为小体，心官为大体，小体不思而亦得，大体思则得之，耳目之官常受蒙蔽，而心官则超然照鉴，明察秋毫。大体小体之分并非有明确的界限，大体是综合的心灵作用，近乎判断，小体是特殊个别的心灵作用，近乎感觉。心为耳目言貌之内鉴，耳目之聪慧明哲，皆以思为之体。耳目与心非截然有小大之殊，小者思而得则大，大者不思而蔽则小。小者现量直觉，小者比量理智，可见王夫之重视理智作用。情于以性节，人心受制于道心，皆以思为枢机。不蔽于小体，而以思应付一切则无不如意，而又有其定律，有其是非原则。思乃贯穿继善、成性、存存三者之大用，思之功用在于括仁义而统性情，知之格物、诚意正心都在此上用工夫。思为理智作用，逻辑的推论。感觉可以物欺，可以境迁，毫无定持，专凭外界作主，不似理智之是非分明，自我安排，不容迁就。思根于性，故自发而不容已，由我主持而不受外欺、不因境异，仁义为阴阳必致之良能，为变合至善之条理，思亦可谓根于仁义，仁义既就思而显，惟思可得夫仁义，故思可独尊以其可得仁义，思为王夫之哲学之总枢与归宿。王夫之重思，思为纯粹的理性、纯粹的逻辑，不杂物欲闻见，而灵智独用。纯粹的思，物引不动，离绝物交而经纬自全。大人先立其大，其心已充实在中，无须见闻与否。思为心官之特用，当其未有睹闻，亦可不假声色以致其思，迨其发用，本乎思以役夫耳目，即有所蔽，亦不害乎其通。思为尽心知性之总枢。与性相应，与理相应，则非思不可，思之功效甚大，不可忽视。

3. 正心诚意与存养省察

王永祥对王夫之的正心诚意论进行考察。指出正心诚意对于思的保持修复作用，揭示正心与诚意的相互关系与主次之别，对正心诚意的方法途径予以剖析。王永祥认为，王夫之强调心官之思为主宰，反对推尊现量顿悟之说。王夫之以性之节情，道心约束人心，外不绝物、内不纵情，物来顺应，求慊于心，以为持身之用，均以思为枢纽。思根植于仁义而有助于仁义之实现，只有思而后性之全体大用才得以显现。思极其重要，而世人由于受到小体的遮蔽、情欲的陷溺、外物的诱惑，失去心官之本然，导致思的迷失。若要恢复心官之本然，则必须仰赖正心诚意的修养工夫。王夫之对此颇有创见，对心意的区分、正心诚意的方法途径进行了说明。

心意之别方面，王永祥认为，王夫之以心凝于人而函于形，因形发用，以起知能，相当于神经作用。心应感动作，心理状态易受欺惑，心为神经作用尤为明显。心亦有非神经作用的方面，如存一为善之心，随感应付，即王夫之所言的意，而事物未来之先，但存一必欲为善之心则为志。心意有别，身所自修，未介于动，则尚无其意。心为神经作用，若无外感，则无内应。心又为志，身之所自立自修，而不可以易。意则不然，随念而发，无有定则，有感无感皆可生，不可捉摸。心相对而静，而意为动。一切介于动，因此意为身心之锁钥。心静为内，意动为外，心先为体，意后为用。意自为体，而以感通为因。心岿然骨立，与天日相共而无愧。意独则隐，心共则显。总体而言，心意互为功效，互成因

第六章 民国中期的船山哲学阐释（二）：历史唯物主义视域

果。志不定，则意泛滥。志必于意而发用，意不诚则志亦空立而无能。这是心意相关之理。意随感念而发，无恒体，自以执之为自者心。心以为自，源于以其为志。志为身之所自修，事之所自立。正心、存心皆赖志以持之。

正心诚意之途方面，王永祥认为，王夫之阐明了心意相关之理，进而探讨正心诚意的方法途径。以志为主而后意乃可诚。王夫之的志是指意志力，意是指意识诸状态，王夫之对正心诚意的阐说最为简明。恒存持好善恶恶之理，帅吾至大至刚之气，以待物之来，徒在意上用功，则只是异端而已。正心工夫即豫存诸心而敬畏以持之，心正而后理一而万殊，心官之思施其大用而皆宜，异端求之于感应，求之于缘起而终不得。正心之工夫在于复礼致中，存心持志，瞬存息养，敬以直之。持志正心而后心常在，而后耳目口体可得言修，心在则以意志力为主宰，不为外欺诱，而非异端之虚静空明。正心者求心之常在常持，亦念不可忘之推演。放心持志则心不在，心乃道义之心、仁义之性，志乃知此常持，欲发而善往者，不能正其心意，意动则疵累百出。心不在，则主持无人，一任意识播弄，心在则孳孳于善而无所息。诚意之功将所知之理遇意时朴满条达，诚将过去。虽有意志力，若无诚意之功，则力量不济。诚意乃正心加警觉之功，使意动如其心之正，始终一实，无有间断。诚意之真谛在于始终一贯地充沛洋溢。当未有意，则须从容涵养；意之已发，须于独知之时，加以慎实。正心可去私意之蔽而重振主帅，诚意可去私欲之累，而于独加慎，独加功慎，乃缜密详谨之义，非防杜。不可专恃诚意为功，正心之功万不可忽。正心诚意不可偏废。

王永祥对王夫之的求放心论进行分析，他认为王夫之的正心诚意论强调修身先正其心，为圣学提纲之要，以矫正世人但以诚意为功，以心为无实之体的重外轻内、舍本逐末倾向。王夫之认为不能正其心者，以其心不在，因此对求放心进行了阐释。王夫之认为所放所求之心为仁义之心，并非仅仅以收摄不昏为求放心，求放心即以此灵明之心求之。心含性而效动，即是言心为人之神经作用，仁义为心之实，指神经作用有其必循之当然之则，为性之德。知觉运动为心之几，指神经作用随感随用，有其虚灵不昧之性质，为性之才。二者同具于心而体用自殊。王夫之求放心当以仁义之心求之，而不可以知觉求之，求放心者以此灵明之心求之，与其所论心性处仍一贯。仁义之心为实有，而历来讲求放心者只说个灵明之心，实则灵明之心，乃心之知觉运动，此灵明活动，乃我之甚精作用。灵明活动不能用力，求放心当求仁义之心。不识仁义之心，而但求灵明之心，既由不识心性之全体大用，亦由于释氏不分能所、不辨体用，体用相函而各有畛域，能所相依而各有其位。所即本体，能即名相，仁义为所，知觉运动为能，无仁义之实，则知觉运动或将不起或不可克当，无知觉运动以之为用，则仁义之实亦无处以依托、无从以成化，释氏以能为所，以灵明之心即知觉运动为我之主宰，儒者受其惑，而以求放心但求此灵明之心为能事已毕。

王永祥对王夫之的存养省察论加以探讨，对二者的联系及主次进行了考察。王永祥认为，王夫之强调正心是指持志以为行为之主，存诸心而敬畏之，以待事物之来。事物之来不可预测，难施其遏抑之功效，事几之顷，中无所主，而无所适从，则存养之功非常重要，而存养正是正心之功夫。存养为了持志而不昧。天理流行，而中正之则炯然不昧，万理森然，痛痒自觉，此为正心之至境，当存心以持志，存心而后可修身。王夫之既强调存养之重要，又驳斥戒惧于慎独蔑存养之说。王夫之不单重此灵明之体，不单以收摄不昏为能事，而以存养为主，省察为辅，二者不可偏废。存养以存天理，省察以遏人欲。王夫之对存养省察的相互关系（主辅以及不可偏废）进行了说明。

七　揭示王夫之认识论的类型与规则

王永祥对王夫之的认识论进行了探讨，涉及认识的来源、态度、规则、类型、方法、主次等方面。

1. 认识之来源与规则

王永祥指出王夫之认识论的开拓性及其在王夫之思想体系中的应有地位。他认为，宋明儒者多重视心性之学，而往往忽视知识论。认识的来源、认识的规律、认识的标准以及认识的局限等问题历来不为学者所注意。王夫之的思想以思维为中枢，则认识论也是其思考的重要方面。虽然阐说并不详细，但亦有精卓之见。

关于认识之来源，王永祥认为，王夫之以识知为五常之性、心具之理，识知之起由于知觉之发生，而知觉之发生是有条件的，必须形、神、物三者相遇而后知觉乃发，因此识知其实是一种作用。王夫之所谓"神"是人的心理作用，在认识中极为重要，外界之形声、物理是客观存在、固有必然的，这样将外物、识知、内我进行区分，而给予位置，可以消除历来的内外征心之争。王夫之所言的"法象"其实就是现象，是人心理作用之对象，这一对象非外物之本体，只是其现象。王夫之认为，虽然其为现象，但并非虚幻，而是独立稳定的实有存在。外界为独立实在，由于人具有五常之性理，现象虽纷然不同，但在本质条理方面具有本源上的一致性，因此外界之形声，与认识主体遭遇，如同旧相识，发生闻见，即能产生知见。王夫之认为于象数中可以得理，可以外来闻见来印证心理之所先得。王夫之认为，人心所先得之理与外界之闻见发生碰撞，就会产生识知，凡识知所得之理与人心所先得之理相契，可见识知之内容不是物，而是理，外物之本体不可知。

关于认识之规则，王永祥认为，德性之知因理而体其所以然，近于现量之知；学识之知则事物至而以所闻见者证之，近于比量之知。前者偏于演绎，后者偏于归纳，这两种方法均为王夫之所重视。识知产生、保有的缘由以及规律已经明了，但人心之所先得之理即识知的条理与规律的来源问题也相当重要。王夫之以物与物理不相分，有物，则同时有物之理；人心也是如此。天既授予人以识知之能，即授予人以识知之条理规则，既然能识知，则自然能顺乎一般法则而不违背逻辑法则，如有违背，即是错误。识知之法则在识知之本身，并非孤立的存在。王夫之对于识知的方法在于一以贯之，兼用归纳与演绎，而得全体之大用。

关于认识之态度，王永祥认为，王夫之对于识知的态度在于实事求是，虽有不知，必因以致之，总之是客观性与能动性并重。

2. 格物致知论

王永祥揭示王夫之格物致知论的贡献，并指出其对朱熹、阳明予以融汇，而近于杜威论思维。王永祥以格物致知论为王夫之认识论的精要之处。王夫之对于朱熹与王阳明在格物致知上的分歧，其实朱熹所论是自然之理，王阳明所论是心官之思维判断，王夫之对此洞若观火，极有主见，而决不偏袒。王夫之认为格物与致知不同，致知在格物强调耳目资心之用，学问辅思辨之不足，使其有所依据，而不流于主观臆断，王永祥认为船山此论可解历来格物致知之纷争之蔽。朱子学派与阳明学派的求学方法大为不同，朱熹注重追研外物，强调由近及远，由小及大，由低到高，循序渐进，属于渐修之法，而阳明则强调志存高远，先立其大，不可徇末忘本、因小失大。王夫之论学方法兼采朱熹与阳明，先立其大，而小亦不可忽略。王夫之认为，知止者立乎其大，定者更无游移，静者心不妄动，安者各得其当，其中最重要的还是知止。王永祥认为王夫之此论与杜威论思维颇为相似。

良知论方面，王永祥认为，王夫之对认识的方法规律、认识的定义予以阐明，王夫之担心人偏重知识，而流于阳明心学致良知之歧途，因此对良知问题也进行了多方阐释，指出其谬误之处，可见其救世之良苦用心。王夫之驳斥良知之说，先阐明知能的区别。

知能论方面，王永祥认为，王夫之以知是人之所以有聪明者，命以虚而征于实。可见知是可能性，而非固定的、自觉自忆，随用随托。能是人之所以受利养者，命以实而行于虚，能是官能，是固定的，无自觉自忆，不可旁通。知无痕迹，能有痕迹，能为知之迹，废能而知非其知。可能性必须征于事而可贵，不然空有美质而成一无用之废物，知虽良而能不逮与无知相似。良知必有所附丽，知必托能以为迹。良知必合良能，而不可偏重。知能必待学虑之充，若单讲良知，徒恃介然一线之虚明则很危险。

知行观方面，王永祥指出王夫之的知行相资论与王阳明知行合一论不同，揭示王夫之所论知的两种类型，并对王夫之行可兼知的价值得失予以评估。王永祥认为，王夫之以知能不可分，对知行问题也有相应的解释。朱熹提倡先知后行，王阳明讲求知行合一，争论纷纭，王夫之对此有非常公允的评判。王夫之对知先行后之说予以反拨。王夫之在道论上强调器、用，认为不可废用以立体。而知先行后，则是体先用后，用待体立，而体用分离，这是王夫之所反对的。王夫之认为知中有行，行中有知，不可分先后。王夫之的观点并不是王阳明的知行合一，王夫之认为知行非一，而可以相资互用。知行各有其功效，并无先后之机械次序。王阳明不知二者之各有功效、二者可以相资为用，遂倡导知行合一之说，并非知道之言。知行不可混为一谈，王夫之对知行关系进行了详细的阐发。王夫之认为知有两种类型，一种为格物尽理，对外探索研究物象，一种为致知精思，对内进行思想的演绎，二者不可偏废。朱子学偏于格物，阳明学偏于致知，均为一曲之见。朱熹的格物实为知之向外的精神，阳明的致知实为知之内心的态度，皆为知之事。我国历来思想家皆重社会行为，而不重纯粹科学，即使王夫之也未能避免。因此王夫之也强调行可兼知、知不可兼行，知非先行非后、行有余力而后求知。尽管与西方思想不合，但中国思想系统在接触西方思想之前，没有超越这一范围者，不能因此指责王夫之。

第三节 嵇文甫：生与常

民国前期嵇文甫就开始了船山学的研究，但偏于政治思想与伦理思想方面。民国中期嵇文甫的船山哲学研究成果主要体现在其1935年撰成、

1936年由开明书店出版的《船山哲学》一书。嵇文甫在此书的序言中认为，王夫之在清初大师中思想最为深刻，既能得义理之微奥，又能切身践行之。王夫之是一位极深研几的学者，其微言妙论富于现代启示性。民国中期的嵇文甫对船山哲学研究颇具贡献，他对王夫之的思想倾向进行了全面而清晰的定位，指出王夫之对程朱理学的修正，并揭示王夫之与陆王心学的辩证关系。嵇文甫对王夫之思想哲学解放性与保守性并存的复合性格有深刻的认识。他首次认识到王夫之理欲合一论与胡宏"理欲同行异情"论的关联，提炼出王夫之理欲调和的公平性与经常性原则。他率先对王夫之的历史哲学进行系统地探讨，将其历史观定位为新天理史观，揭示王夫之历史哲学的辩证综合性质及其价值得失，并最早对王夫之与黑格尔历史哲学进行比较分析。既有理势、理几等历史原理的阐发，也有古今因革、朝代兴亡、华夷文野等具体历史问题的探讨。

一 揭示王夫之的思想倾向与学术渊源

嵇文甫对王夫之的基本思想倾向进行定性，指出王夫之思想精神上高度认同张载，对程朱予以非议与修正，并揭示王夫之对程朱之学与横渠之学的精细分辨。

嵇文甫指出，王夫之的基本思想倾向是推崇张载之学，修正程朱理学，反对陆王心学。他认为，王夫之对陆王心学予以猛烈攻击，以为避难就易、诞妄叛圣，甚至造成了亡国的严重后果。嵇文甫认为王夫之的这些说法极为偏激，这是对明末狂禅派这一王学末流的反动，不算持平之论。王夫之对于程朱理学，既肯定其正统地位，也予以相当的修正。相对于陆王而言，王夫之反对陆王而拥护程朱，相对于张载而言，王夫之则对程朱亦有不满，而推尊张载。他对程朱理学与横渠之学分辨甚为精细，但对张载更为认同。王夫之明确批评朱熹以格物为始教只是贤者之学，只有张载即博即约、即文即礼、即人即天、下学上达，才是作圣的正路。可见王夫之对朱熹为学程序之不满，而以张载为同调。在人性问题上，王夫之指出张载与程颐的区别。根据王夫之的说法，程颐对性与才、人性与物性、气质之性与天命之性的辨析不如张载精当。生死观上，张载"气聚为万物，万物散为太虚"的说法颇受程颐、朱熹的批评，却为王夫之所肯定。

嵇文甫称赏王夫之对于程朱理学的突破性，他认为王夫之认同张载，敢于与程朱立异，可称卓特之士。王夫之对心性剖析入微，其特点在于一切从气上言天、性、心。理是气的理，离开气化无所谓理。王夫之把唯气论予以透彻发挥，打破了程朱理学的理气二元论，而且对张载的气化心性论予以抽丝剥茧、加以落实，反衬出程颐以理统摄心性天的说法失之笼统且流弊甚大。本来程颐和朱熹都批评张载未把形上之道与形下之器分析清楚，他们拈出理字来统摄天、性、心。经过王夫之的阐释，才让人觉得张载立论的精到，句句有分寸。王夫之也常常以理言天，但并不是其根本说法，王夫之认为理只能从化上见，而化是天之用，这些都是王夫之才能替张载发挥出来的。其他如求放心、性有命之论，王夫之都极力批判程朱之说非君子之道，自比为孟子辟杨墨。

嵇文甫指出王夫之抨击陆王与修正程朱的终极指向在于排斥佛老，而其推崇张载亦与张载不沾染佛老有关。嵇文甫认为，王夫之旨在彻底排斥佛老，他对陆王心学的抨击也因为其于佛老接近，他之所以修正程朱理学，也因其还有沾染佛老之处。他认为张载丝毫不受佛老的沾染，因此推之为圣学正宗。张载之学知礼成性、极深研几、贯通天人隐显，和王夫之的学风确实最为接近。王夫之的《张子正蒙注》的序论堪称王夫之拥护张载的宣言，也是王夫之的拔本塞源论，他反对陆王、修正程朱，在宋明理学发展史上定位其立场，均在这一序论中有鲜明充分的体现。

嵇文甫揭示出王夫之与陆王心学颇有相通之处，并认识到王夫之思想解放性与正统性并存的复合面相。他认为，王夫之虽然对陆王心学极力抨击，但却在无意之间与陆王心学有不少相通之处。王夫之修正程朱的地方，也经常是陆王对程朱加以指摘的地方。而博约论是陆王心学和程朱理学入手工夫有着根本差异之处，王夫之主张初学时就应知其所归，博文不应在志未立定之前。这和陆王心学教人立志、认识主脑非常相似。王阳明强调把博约打成一片，与王夫之的说法非常相似。王阳明认为诚意工夫只在格致，诚意为主去用格致工夫，始有下落，这与王夫之以"知止为始、修身为本"来修正朱熹的观点相通。心理关系论方面，王夫之也有明显的重心倾向。嵇文甫认为王夫之对季札自比子藏的论述（王夫之认为志各有所当，事各有所值，心各有所感，不必规规于他人之言行而自画）正合乎王学精神。嵇文甫认为，王阳明的武王自合如此之论与王夫之所论的季札一样，都是各随其分限所及。总而言之，王阳明对程朱颇有针砭，而其对程朱的针砭，也成为王夫之对程朱的修正之处。嵇文甫认为，程朱理学经过陆王心学的攻击之后，其弱点已经明显暴露，所以明朝中期以后的罗钦顺等程朱学者对于本派学者也有所修正。王夫之尽管反对陆王，但他对程朱理学缺陷的认识，在无形之中已经受到了陆王心学的影响。而在王夫之的时代，陆王心学的兴盛期已经过去，其弱点也暴露出来，王学批判思潮正在高涨。当时的著名学者中，颜元、李塨对程朱陆王一概反对，陆世仪、张履祥则反陆王而回归程朱，孙奇逢、李颙、黄宗羲则对陆王加以修正，顾炎武反对陆王，但仍和程朱保持相当的关联。而王夫之，则反对陆王，修正程朱，另宗张载而创立新的学说。从辩证法的角度看，程朱理学是正，陆王心学是反，清初学者是合。陆王扬弃程朱，清初学者又扬弃陆王，从而构成了否定之否定。王夫之在这个合的潮流中，虽极力反对陆王以扶持道学正统，但正统道学在王夫之却呈现出新的面貌，打上了新时代的烙印。王夫之关于天人、理势、博约等问题，一方面接近陆王心学的自由解放意味，一方面又显出道学的正统性，必须辩证地认识才能加以理解和把握。

二 揭示王夫之本体论的人本主义与科学性

嵇文甫揭示王夫之思想的人本精神与科学性。嵇文甫认为，王夫之将"人之天"从"天之天""物之天"中区别开来。他言天而不离人，这正是儒家人本主义的观点。他既对星命术数妄测天意予以抨击，也对纯任自然之徒的僭越于天、甘于物化加以贬斥。王夫之反对天人感应论。王夫之生当西洋历法输入中国的历法大明之际，因此有这种科学见解。王夫之认为超然于人为之上而直接用天，则是僭越于天之天，夷然忘却人的本质属性而用物，则是对物之天的泛滥。总之纯任自然，不符合人道，王夫之和陆世仪的天即理、心即天的见解相似。自程朱理学以后，天即理、性即理的观念已经普遍流行，陆王心学强调心即理，使天、理更接近现实人生。王夫之虽然对陆王心学极力贬斥，但与陆王一样有将天理心化的倾向。天在人心中，心安即理得，灵活变通，并无一成之轨，这就是王夫之的天人合一之学。王夫之认为人心情伪万变，人心所向未必合乎天理。由人心可以窥测天理，同时也要用天理来审查人心，可见心和理有联系，但也有区别。

嵇文甫认为王夫之的体用论、动静论、常变论均持辩证的观点，其重用主动与时代精神一致，而其贞常明体仍不出儒家矩度。嵇文甫认为，王夫之以天地本动，无动亦无诚，因此强调即用言体，用上见体，佛道二氏离用言体，体成空虚，最终无体起用，进退失据，其病症全在体用分离。王夫之重用主动与当时的时代精神一致。但王夫之并不抛弃体，仍要从大用流行中来认识体，因此仍不出儒家矩矱，在常变论上也有相似的看法。王夫之认为常在变中显现，持无常不变、无变非常的辩证观点。如果机械地认为有常而无变，则会导致虚静、僵死；如果呆板地强调有变无常，则会导致是非混乱、真理缺失。因此变中自有其常。嵇文甫认为"参万岁而一成纯"是王夫之立身处世最得力之处，严守儒者立场，通万变而守其贞。王夫之认为"易"的卦爻虽然时位不同，但各有其贞，应当精于此义、穷于此理。

三 揭示王夫之心性论的实质与贡献

1. 理欲论

嵇文甫首次将王夫之与胡宏的理欲论进行关联考察，并揭示王夫之理欲调和的公平性与经常性原则及其对程朱理欲论的修正。嵇文甫认为，王夫之严辨理欲，并不把人心一概当作天理。胡宏的"天理人欲同行而异情"之说，被朱熹所极力抨击，但却为王夫之所认同，王夫之认为天理在人欲之中，教人在人欲中作复礼的工夫，并不等到克己后才去复礼。王夫之强调即人欲而见天理，若绝欲为理，则会毁弃人道，遁入佛老。王夫之既反对绝欲，也不主张寡欲。王夫之高扬欲的价值和其严辨理欲的说法正相反对。这一矛盾如何解决？在嵇文甫看来，可能王夫之虽然认为天理离不开人欲，但并不把一切人欲当作天理。饮食男女并非都是天理，其所贞才是天理。怎样才能将人欲与天理相合得其所贞？在嵇文甫看来，王夫之认为人欲具有公平性和经常性这两种性质才是合乎天理的。关于公平性，王夫之会通各欲立出矩来，以整齐好恶而平施之。王夫之注重大公至正的矩，此矩是由斟酌调剂各方之欲而来，并不迁就逢迎私欲。这种絜矩论纯用理智的态度，以格物致知为归宿，与戴震的以情絜情不同。王夫之把以情絜情的恕道和絜矩加以区分，比戴震剖析得更为精密。但王夫之亦然从道学立场讲天理，因此也有些地方不如戴震那样彻底。但王夫之所讲的天理实质上是具有公平性的人欲。关于经常性，王夫之认为旋起旋灭的瞬间人欲并不是天理，必须是可以持久、具有经常性的人欲才算天理。总而言之，天理是公平而经常的人欲，并不是一人和一时的人欲。天人不离、理欲不离，而又严辨理欲，宋明理学的正宗见解由此被王夫之修正而继承下来。

2. 性命论

嵇文甫指出王夫之性命论的杰出贡献。嵇文甫认为命日受、性日生是王夫之关于性命问题的一个精卓独到之见，论述极为精彩，向来的人性论认为性具有固定性、初生性，因而这种理论中性与学、天与人、先天和后天截然分开。王夫之则不然，他将性与命、天与人看成是息息相关、变化活动的，时刻都在受命成性。虽然他仍然主张性善论，但这种活动发展的性善论，却是从未有过的创见。王夫之把性、命看作活动的，因此善也是活动的，这和其思想体系有着密切关联。王夫之最推崇张载，张载的天人合一论较之宋明诸儒更为紧切有力，这对王夫之也有相当的影响。张载的继善成性论与程颐和朱熹颇有不同，王夫之也可能受到张载的一些启发。但把命日受、性日生这个理论鲜明充分地展开，则是王夫之的特殊贡献。王夫之阐述天人合一、生生不息也非常紧切有力，而且纯从义理上说明，与术数家的天人感应论迥然不同。王夫之看重人之道，着重日新之命，认为这是人与禽兽的区别所在。如果只用其天赋初命，则与禽兽相近。王夫之反对生知，认为人异于禽兽的地方在于知觉有渐，待感而通。人应当利用其日新之命，自取自用，奋发有为。不可纯任自然天赋，否则与禽兽无异。

四 揭示王夫之认识论的辩证调和性

嵇文甫揭示王夫之认识论的辩证性并对王夫之的密辨论进行拓荒性的阐释。他认为，陋儒知辨而不知密，支离破碎，流于机械主义；而庄子则知密而不知辨，汗漫恍惚，则陷于诡辩的神秘主义。王夫之强调大辨与至密的统一和交互，这是其一案两破的一贯策略。

嵇文甫揭示王夫之博约论的贡献及其受陆王心学影响的方面。他认为王夫之把博文与约礼，即将多学而识与一贯统一起来，也是精卓之见，可以调和会通程朱理学和陆王心学。王夫之认为专务博文则会玩物丧志，不可将约礼视为博文后的另一阶段，而应将博文和约礼视为一体，在博文中约礼。博文中做约礼的工夫与泛览博文者不同。根据同一思路，王夫之将多学而识与一贯沟通统一起来。一般的观点都将一贯视为效果，而只有王夫之将一贯当作工夫，王夫之教人在多学而识中做一贯的工夫，在初学阶段就要讲求一贯，并不是多学而识之后才讲求一贯。王夫之的这种讲法与朱熹不同，因此王夫之对朱熹弟子的观点予以抨击，只是没有直接攻击朱熹而已。嵇文甫认为，王夫之的这些观点可能受到了陆王心学的影响。王夫之虽然对陆王心学极力批判，但却有一些和陆王心学较为相似之处。

五 揭示王夫之历史哲学的逻辑理路与基本面相

对王夫之历史哲学进行研究,是嵇文甫的重要开拓。

嵇文甫揭示了王夫之历史哲学与宇宙本体论和根本思想的逻辑关联,并对王夫之的理势论与理几论进行探讨,揭示其辩证合一性,及其在王夫之历史哲学中的重要地位。嵇文甫认为,天人合一、生生不息是王夫之的根本思想。依据其逻辑理路,则理势合一、常变合一、动静合一、体用合一、博约合一等等成为一贯的体系。王夫之在理势、常变等问题上有其独特见解。以往的儒者与英雄豪杰多将理、势割裂开来,儒者多重理轻势而陷于空虚迂腐,英雄豪杰多重势而轻理而流于纵横权诈,王夫之则主张理势合一,将二者统一起来。与英雄豪杰不同,王夫之把势字看得精微,使势合乎理;与迂拘儒生不同,王夫之把理字看得广大,使理包乎势。得理自然成势,又于势之必然处见理,融合理势,总而名之曰天。势之当然者即理、即天。嵇文甫认为王夫之把理字讲活了,这也是其天人合一、生生不息论的必然结论。由于王夫之看重势字,有时并不排斥功利。王夫之为晋文公侵曹伐卫作辩护,为齐桓公和管仲洗刷辨白,简直大谈功利。王夫之认为《大学》之格物、所致之知与权谋术数之所格、所知并非背道而驰,嵇文甫认为这与王阳明的口吻相似,也甚接近陈亮,但王夫之对陈亮评价并不高。王夫之对子张予以贬斥,认为最为粗疏,不得圣人条理,日闻圣教而习气不除,必须脱胎换骨。王夫之将陈亮和子张相类比,可见其对陈亮之学的不认同。王夫之反对陈亮的原因在于,其虽然也重势,并不讳言功利、权谋,但自有其正轨,而未流入实用功利的霸道之途。天理人欲同行异情,二者在毫厘之间。如果正心诚意,立足天理,则权谋术数皆可为天理自然之妙用,势化之为理。若究心利欲,则是陈亮之学,与天理毫无干系。嵇文甫认为,体用论、常变论与理势论为一个相关系列的问题。重理轻势者往往有体无用,知常昧变,其所谓体、常实际上也终成虚废,而重势轻理者则有用无体、知变昧常,其所谓用、变则陷入利欲歧途，与圣贤通权达变之妙用截然不同。王夫之注重理势合一，因此也将体用、常变统一起来。由于体用合一、常变合一，他的理势合一论也更为圆满。嵇文甫认为，黄老之徒识几远害而不处其贞，而儒者要在相乘之几中体认贞一之理，贞一之理与相乘之几在王夫之的历史哲学中极为重要。

嵇文甫还结合具体的历史问题展开王夫之的历史哲学阐释。他从古今因革、朝代兴亡、华夷文野三方面对王夫之的历史哲学加以剖析，指出王夫之思想的卓荦处，并与黑格尔进行比较。

嵇文甫指出王夫之古今制度因革论的演化眼光与理几常变辩证观，他认为古今制度因革论是王夫之最值得注意的卓越历史见解。王夫之认为三代的社会情势与后世根本不同，各种社会制度并非孤立而是互相联系的，在因时变革的制度中也有其一定的演进过程和发展趋势。他根据这种见解论述古代的各种制度，绽放出耀眼的光芒。王夫之的理势合一论与黑格尔所说"一切存在的都是合理的，一切合理的都是存在的"非常相似。通贯古今，通贯各种社会制度，乃是贞一之理。至于因时张弛，随事伸屈，却须应着相乘之几。大常之中而有极变，极变之中而有大常，这是王夫之始终一贯的宗旨。

嵇文甫赞赏王夫之朝代兴亡论所体现出来的辩证融通眼光。他认为，王夫之善于在制度兴废和朝代兴亡中看出天意、天理，其所谓的天理或天意在人情时势上表现出来。王夫之把天理、人情、时势融会贯通起来，推究历代治乱兴亡之缘由，形成一种独特的历史哲学。王夫之在纷乱的历史现象中看出其革故鼎新的际会缘由和发展趋势。机是一种动向和趋势，乱几和治几都是逐渐积累和发展的，无论治乱，并非一蹴而就。个人的力量虽非万能，但依然可以有所作为，产生实际效应。因此王夫之既不取极端的唯心主义，也不认同定命的宿命主义，而是辩证地看待个人在历史中的地位和作用。

嵇文甫认识到王夫之华夷文野论的强烈民族主义色彩。认为王夫之天人合一论、理势合一论、常变合一论贯穿整个思想，既用以论古今因革、历代兴亡，也用以论华夷文野。王夫之的民族思想最为强烈，嵇文甫认为王夫之的"仁以自爱其类""不可使异类间之""信义非施以异类"之类的话是最极端的民族主义。王夫之以统治阶级一家一姓之兴亡为轻，而以民族之盛衰荣辱为重。宁可失位于贼臣，不可卖国于异族。如果不能自保其族类，则仁义道德则如空中楼阁，无从谈起。王夫之以夷夏大防为天经地义，不容混淆。

嵇文甫将王夫之的历史观定位为新天理史观，并与黑格尔进行比较，揭示其价值得失。嵇文甫认为，王夫之的历史观是一种天理史观，与《诗》《书》的神意史观，庄子、王充的气数史观不同。朱熹的天理史观认为唐虞三代是天理流行的时代，而三代以后，天地人心都是架漏过时、牵补度日，偶有成就，也只是暗合天理。事功自是事功，天理自是天理。这样的天理，不免枯寂空洞，缺乏历史的时间性。但王夫之则不然，依据其天人合一论、理势合一论，他把理、势、情三者打成一片，用鲜活的现实历史来充实内容，因此王夫之的天理是具体的、活动的，是一种新的天理史观。最精妙之处在于贞一之理与相乘之几的互动，从不同的历史条件中（相乘之几），贞一之理逐步实现，形成其发展历程上的各个阶段，这和黑格尔的宇宙精神论相似，黑格尔的宇宙精神也是通过不同历史时期来显示不同的原理。黑格尔认为历史里面也有一个神，黑格尔的历史观也可以说是一种天理史观。他明确提出神来，可以看出天理史观和神意史观的关联。王夫之一方面认为天即理，另一方面，又将天和理区分，认为天为理之来源，从而把天推尊到理之上，结合王夫之所论宋太祖受天命之说，可见天理史观并未完全脱离神意史观的羁绊。

嵇文甫对王夫之注重历史的发展性、联系性、整体性、客观性、必然性颇加肯定。他认为，王夫之确实有很多精辟独到的见解，即使从现代历史哲学来看，也值得称赞。其一，王夫之注意从发展过程上看历史现象。其二，强调社会制度的相关性、整体性。其三，王夫之认识到独立于主观意识之外的客观势力之存在，历史并不能由人任意创造，而是受到外在的势力支配，按照一定的步骤前进。王夫之重视的是历史发展的客观过程，而非圣贤豪杰的个人意志。其四，王夫之认识到偶然中显现必然。天借助个人之私心私欲而实现其大公意志，因其罪而成其大公，假手于偶然之人事，而实现其必然之趋势，这些都是非常富于启示性的。

第四节 吕振羽、谭丕模：物与德

吕振羽和谭丕模均将王夫之视为唯物论者，强调其与宋明理学的对峙性，对其本体论、认识论和伦理道德观进行探讨。均注意到了本质与现象的因果关系，由现象以达到本质的认识；并认识到物质环境对于道德伦理的决定性影响。吕振羽强调了王夫之思想的战斗性，而谭丕模注意到了王夫之思想较之宋明理学的进步性。

吕振羽的《中国政治思想史》1936年整理完成，1937年上海黎明书局出版，1939年改订，由桂林文化供应社出版。1943年加以增订，1947年由生活书店出版。吕振羽以《尚书引义》《读通鉴论》《诗广传》《俟解》为分析材料，对王夫之的本体论、认识论与伦理观进行探讨。

吕振羽以《读通鉴论》《诗广传》《周易外传》《尚书引义》为王夫之思想的代表作，认为其哲学较之黄宗羲更有大的进步。

吕振羽将王夫之定位为唯物论者，并从本体论与认识论方面进行分析。他认为，王夫之以一切事物都是客观存在的实体，呈现在我们眼中的是物的现象，而非物的本质。王夫之认为本质与现象有其因果关系。认识本质要从分析现象着手，但从现象之部分着眼，则不能达到本质之认识。王夫之在逻辑上主张用分析和归纳的方法，由现象以达到本质的认识，要从全体上由分析以达到归纳，并不能从部分的现象去认识本质，所认识的物的统一性是相对的，而非绝对。王夫之指出同类物的一般性与特殊性，认为不仅物的本质的变化会引起现象的变化，而且部分的变化会影响全部的变化,本质既然是变动的,那么现象也是变动的。

吕振羽对王夫之的道德伦理观进行探讨,认为王夫之认识到环境对道德的决定性,肯定了物欲的合理性,具有反封建的意义。王夫之以心之神明散为五官,人能认识现象在于人能以感官摄取现象。王夫之由此达到其环境决定论的理解,认为环境决定人的意志,而意志支配人的行为。王夫之认为,只有改良环境,才能养成善良的国民。现实生活的环境决定人的思想意识和行为,只要生活环境得当,没有圣人天资之人,也会形成和圣人相似的思想意识。因此,要改造人们的思想意识,首先在于改造其生活环境,人类生存斗争的目的在于争取现实生活的利益和适合其要求的环境。由于思想意识的差异,这种具体的要求也不一样。违反这种现实要求,则管理教化无从下手。人的思想意识虽有差异,但为丰衣足食的物欲而奋斗,却是共同的。若无物欲,则无生理。若违反物欲,而加以不当地遏抑,便违反自然的发展,丧失人生的意义。宋明理学作为封建统治阶级的代言人,着重教导人们从精神方面找出路,而不追求现实生活的物质利益。王夫之反对这种欺骗宣传,具有战斗性的内容。

《清代思想史纲》是谭丕模 1935 年在北平民国学院教授清代学术思想时所用的讲义,1940 年由开明书店出版。谭丕模将王夫之与黄宗羲、顾炎武视为开明的地主思想流派,依据《尚书引义》《读四书大全说》《诗广传》,对王夫之的认识论、人性论进行阐发。

谭丕模揭示王夫之哲学的唯物主义倾向,并对其本体论和认识论进行分析。谭丕模认为,王夫之以一切物都是客观存在的实体,呈现在我们眼中的都是物的现象而非本质。本质与现象有其因果关系,认识本质要从分析现象入手。但只从部分现象着眼,忽略现象的全面,则无法达到本质的认识。王夫之主张兼用分析与归纳,由现象达到本质的认识。所认识事物的同一性是相对的,不是绝对的。

谭丕模揭示了王夫之理欲合一论的进步性。谭丕模认为,王夫之把天理人欲统一起来,确立了理欲合一的原则。王夫之严斥佛老的绝欲寡欲,以为废弃人伦，绝天地之德，大胆主张求天理于人欲之中，见解相当平易。王夫之虽主张求天理于人欲，并不把人欲都当天理，以所贞作为人欲的准则，所贞是天理，而离开人欲则不能空谈贞。王夫之确定了所贞的人欲标准，以期合乎天理，王夫之所谓矩是对各方之欲的斟酌调剂，这种欲大公至正，合乎天理，较之宋明理学的无欲论，有所进步。

谭丕模指出王夫之认识到环境对人性道德的重要影响。王夫之以为环境决定人的意志，意志支配人的行为，养成良善的意识，要先改善环境，先造成一种良善的环境自然会产生良善的伦理。

第七章 民国中期的船山哲学阐释（三）：辩证唯物主义视域

民国前期，李石岑倡导超人哲学，张岱年则对逻辑实证主义情有独钟。民国中期，二人均转向唯物主义，并运用辩证唯物论对船山哲学进行审视，取得突出的成果。

第一节 李石岑：有与动

民国前期，李石岑《人生哲学》（商务印书馆 1926 年版）对王夫之的理欲论有所提及，认为王夫之的理欲合一是大胆的宣言，体现出从宋明到清代哲学从本体天理到实用欲望转变的共同趋向。民国前期李石岑受当时思想潮流的影响，将戴震视为清代的最大思想家。故在《人生哲学》一书中提及王夫之，仅寥寥数语。可见当时戴学流行之状以及科学主义思潮的影响。

民国中期，李石岑对王夫之的哲学地位和思想学说有了更为深刻地认识。其《中国哲学十讲》专辟一章来阐说王夫之的哲学，享受这一待遇的仅有少数几位哲学家，可见其对王夫之的重视。李石岑用"体用一源"来定位王夫之的哲学。李石岑认为，清代哲学和宋明哲学完全不同，王夫之的哲学史地位比朱熹、王阳明要高，比颜元、戴震等人更为重要。就清代哲学而言，他是第一人，可惜研究理解的人很少。

李石岑以《张子正蒙注》《思问录》《俟解》《船山经义》为分析材料，对王夫之的宇宙本体论与心性论等方面进行探讨。其中对《张子正蒙注》进行了较为深入的阐释，并首次对《船山经义》进行分析。体用一源由程颐率先提出，朱熹和王阳明等人也多有阐释发挥。李石岑以体用一源作为王夫之哲学的根本特征，别开生面，颇具启发性。李石岑善于揭示王夫之思想的逻辑脉络和内在系统性，并指出王夫之哲学基本范畴的思想和现实针对性。李石岑还敏锐地认识到王夫之思想哲学的复杂性，认为王夫之的思想既富于唯物性，同时也具有强烈的唯心倾向。李石岑对船山哲学对戴震哲学的影响进行了分析，深受梁启超判断的影响，而进一步深入，并进行思理的阐释。他注意到了王夫之与戴震哲学某些论断表面差异所反映的逻辑一致性——因其分别体现了历史的阶段性与逻辑的环节性。

一 揭示王夫之宇宙本体论的逻辑脉络与现实针对性

1. 体用论

李石岑揭示出"体用一源"在王夫之思想哲学中的关键地位，并对体用之别进行了分析。李石岑认为，体用一源是王夫之的中心思想，他认为宇宙万事万物的消长变化都是体用在发生作用，人之所以能超出动物之上，在于体灵用广。王夫之认清了体用一源，但他对体和用有不同的看法，认为变和不变是用和体不同的地方，也是宇宙事物推演生长的关键。从中可以看出王夫之思想的体系。

李石岑对王夫之体用论之意涵予以揭示。他认为，王夫之的体用有其独特的含义。体是指大自然的本体，而用则促使一切事物得以产生。有用无体，则无从发生，有体无用则不能显现其存在。体用是统一的，不能分离的。用是从体发生的，有体定要发生用。用不仅从体发生，以显现体的存在，而且还从用的关系里产生出一个新的体，如此推演下来，而产生万物。

李石岑以王夫之的太和论为例来揭示其体用关系的同一性。他认为，王夫之对太和的解释，正是说明体用关系。未有形器之先，是指浑沦无间的大自然，就是太极。有了大自然的本体，于是因体而产生用，因用而产生万事万物的新体。这些万事万物的兴起，各有其体用，合同而不悖害，因此叫作太和。可见体之为体在于错综成象的关系，因此无定体可言。体虽无定，但可以从用的关系上确立体的关系。王夫之以用若废，则体亦无实。因此可知，由体生用，废用无体。可以从用的关系来认识体的关系，这就是体者所以用，用者用其体。不仅体者所以用，用者即用其体，而且用就是体的本身，由于用之显而然可知体之存。无体则用无从发生，无用则体亦不能存在。体用不能分离，实际上是同一的，王夫之称之为体用一源。

2. 有无论

李石岑从体用论出发阐释王夫之的有无论并揭示其理论意涵与思想针对性。李石岑认为，王夫之从体用一源这一中心思想推演出他的全部哲学。从体的观点他看重有，从用的角度他看重动，有和动是王夫之思想的两大支柱。王夫之提出有是为了反对佛教的无，提出动是为了反对道家的静。王夫之所言的体是指实体，他从体的层面看重有，有是指实事实物。气并非空虚的名词，而是指实物的气体，太虚表面看空无一物，实际上充满了无量数的实物，即气体。充满宇宙间的尽是实物，没有无的关系存在的余地，无是人们的一种错觉。王夫之认为，常人以聚、见、明的关系遂谓之有，因为散、不见、幽为称之为无。实际上，有聚有散，聚非常存，散非消灭，散而复聚。以聚散为有无，是囿于闻见的狭隘。以耳目所及的狭小范围来衡定事物之有无，显然难以做到正确。言无者，是拘泥于耳目之见的缘故。以无知为无，留给人以逃避虚托的余地，这是无所以能存在的原因，也是大家相信无的原因。远则佛教，近则陆王心学，均以无来作护身符、保护伞。

李石岑指出王夫之揭示了佛教与陆王心学持无的观念之缘由及其谬

误。李石岑认为，王夫之以佛教和心学之人之所以有无的观念，是由于寻求不得，以见闻觉知所不及者谓之无。实际上他们所谓的无，只不过将实际存在的事物置之于不见不闻的境地而已。实际存在的事物并不会因为他们的不见不闻而失去存在的地位，实际上他们以有为无，视真为幻。所以他们认为气是从幻而起，造成无量数的恶因，最终他们陷入了梦幻人世的错觉歧途。一种学说要成立需要有建构这种学说的理由存在，不可抱着寻求而不得遂谓之无的偷惰态度，更不应当采用置若罔闻的逃避办法。"言有必有所立而后其说成"，是王夫之攻击事实最有力量的话语，也是其建构实有主张的基础。如果言而无所立，则主张所建立的基础就不牢固，这种话语就近乎无聊。因此言龟不当说到毛，言兔不当说到角。如果说到毛、角，则说的意境不是龟、兔，而是犬和麋了。释氏发生虚无这种错误思想的原因在于他们执着于生灭关系，既然宇宙中有所所谓消灭的关系存在，那么就要发生无的思想。不过就释氏自身的实际而言，他们不可能彻底做到消灭的境地，因此王夫之认为他们是灭之而终不可灭，乃至于坊肆成为佛道的遁词，而这种遁词正说明释氏主张的无、灭是不能成立的错误思想。

李石岑揭示王夫之崇有和佛教贵无的关键在于，王夫之并不以感官见闻和主观认识的局限而否定宇宙事物的客观存在。李石岑认为，王夫之以宇宙万物都是聚散屈伸的关系，根本不存在生灭。聚散屈伸的意义完全不同于生灭的意义，前者是隐显关系，后者是有无关系。无中不能生有，有亦不能消灭为无。隐显之说与生灭之说迥然不同。显是指对于事物能见能闻，隐是指对于事物不能见闻。由于我们见闻与否，有隐显关系，但事物本身永远存于宇宙之间，并不因我们的不见不闻而消灭。王夫之认为不能因为感官见闻和主观认识的局限，而否定其他宇宙事物的客观存在。这是王夫之和释氏的一个重大思想分野，这也是其崇有而释氏贵无的关键所在。王夫之认为，散虽然不可见，只是隐，而非消灭；聚而可见，是显，并非幻化而成。王夫之反复说明聚散屈伸关系，而不言生灭，由此可知王夫之重有以及其反对释氏贵无的原因。

3. 动静论

李石岑揭示了王夫之动静论的类型及其含义。李石岑认为，王夫之把动静关系分为三种类型：动之动、动之静、废然之静。王夫之认为宇宙变动不息，所谓静只是动的一种特殊形态，实质上是动之静。如果真的停息不动，不应叫作静，应称之为息。废然之静就是停止不动的息。静和废然之静完全不同，静是动的另一种方式，而废然之静是停止不动的息，息与动是对立的，无法并存。宇宙变化不息，若宇宙不动，则生机断绝，作用全失，不成其宇宙，因此王夫之认为庄子所言为废然之静。老子主静重朴，王夫之对此则异常反对。王夫之认为，木未伐时之生机盎然，木之已伐而裁之以用，都是动、用的缘故，而朴则是指停息不动的已伐之木而未裁之以用，只是生理已绝不成于用的废物。因此王夫之称朴为速死，终乎无用。静指体而言，动指用而言。体静而用动是就动静本身而言，若以动静对体的关系而言则又不同，所谓动静无端，动静相对于体都是用的关系。王夫之认为动是动之动，静是动之静，正是这个原因。动静得以发生是由于阴阳二气的作用。

李石岑揭示王夫之与道家在动静阴阳关系论上的思想分野。李石岑指出，王夫之以为就体而言，阴阳二气充满太虚，就用而言，散入无形得气之体，聚为有形不失其常。因其有体用关系，所以发生阴阳动静的作用。静以凝止以阴为性，动以流行以阳为性。由于动静关系，于是阴阳二气发生感遇作用。阴阳相感，形成象著，阴阳相遇形滋象命。这种成形、著象、滋形、明象的感遇作用，完全由于阴阳二气的动静关系。须知，动静就是阴阳二气的动静，并非在阴阳二气之外另有一种动静关系存在。王夫之认为老氏那种本无二气而动静生阴阳的说法是倒果为因的谬见，这也是王夫之与老氏思想的一大分野。

李石岑揭示王夫之体用动静关系论的含义及其在王夫之思想体系中的位置。李石岑认为，王夫之阐明了体用动静的关系，认为"一之体立而两之用行"。阴阳发生动静作用，就呈现出变化不息、日新不已的状态。宇宙万物都在日新变化，由于我们的感觉只能觉察到今而日知事物的变化，对于那些远而难察的事物以为永恒不变。实际上，宇宙万事万物都在日新变化之中，无论易知易察的事物还是难知难察的事物都在变迁当中。因为只要有象，其本身当中就存在着与之相对相反的关系而发生一种相仇的作用，最终产生一种"和而解"的结果。相仇相反的恶和相和相解的爱正是说明宇宙万物日新不已、变动不息的法则，由此王夫之的体用一源思想得到圆满有力地完成。

二 揭示王夫之心性论的思想基础与相互关系

1. 性情论

李石岑揭示王夫之性论的思想基础。李石岑认为，王夫之的性论建立在理气一源的基础上，而其理气一源是从其根本思想体用一源引申而来。性命理气看似不同，实际上都是宇宙自然之体生出来的不同用。因此王夫之说物我皆为气聚理行，气有聚散变化，有时有迹可见，有时无迹可寻，但离不开体用关系。我们未生之时，所谓理寄存在太虚中，可以称之为天的体性；我们已生之后，我们的本身也有一个形体存在，于是理聚于我们的形体之中，称之为人之性。及至我们死后，形体又归于消灭，而理气依然返于太虚之中。形体虽然有聚散的变迁，而理、气则永存于宇宙之间，没有损益和杂乱。因此，王夫之认为理气一源。

李石岑揭示了王夫之性、形、气之关系。李石岑认为，王夫之认为理气一源。名虽多而理则一，理气同是一源。船山说性，不是一种唯心的空洞的说法，他认为性和形和气，都有连贯的关系，尤其是他说性的产生，是有一种客观的关系存在。性、气、形三者虽不同，但都脱离不了阴阳动静的作用。性在气中，形为气之所凝，亦是性之所合。王夫之以性是人之所独，人禽之别在于性。草木有质而无性，动物仅有情才而无性，禽兽无道而人类有道，人和禽兽草木的分别，是在于性，因为性是人类所独有的。

李石岑对王夫之所论才、性、情之关系进行探讨。他认为，王夫之以才与性不同。性为善之藏，而才为善之用，性静而才动。关于情性的关系，王夫之以性有原则，情有变化，性为根本，情须节制。情本性而动，而性因情而成。王夫之虽有时情才并举，但认为情才并不相同。王夫之对于才，强调竭而济之以诚，对于情，强调推而济之以理。这是王夫之情才观的另一看法。王夫之认为性为体，而情才为用。有了性之体，才有了情才之用。静之时，情才之用不显，而性之体藏于五官形相之中；而动之时，由性之体而发生情才之用，更由情才之用，而彰显性之存在。因此王夫之论情性时，认为情动而性成、发乎性而止乎情。而王夫之在论才情时，认为性静才动、性藏才用。这是因为情才与性的关系，正是用与体的关系。王夫之认为情才虽均为性之用，但情、才相互之间也有所不同。王夫之认为情由内而发，才由外而成。情发之于内，所以看重推。这种发于心而推于外的情，是始于理而终于理。才成之于外，才有匮竭之时，因此提出一个竭字，作为补救之法。情法之于内，无有不足，因而尽善，才成之于外，有时可竭，未必尽善。这其中有全和偏之别，才不但未必尽善，有时足为性之累。王夫之一方面认为，才有不善为性之累，另一方面认为才为性之役，才全不足以为善，才偏亦不足以为害。才与习相狎，则性不可得而复见。若要矫习复性，则必先矫正其才，使之不偏而后可，否则虽善而隘。于此我们知道王夫之的才性观，同时也可以明晰情才之不同。

2. 理欲论

李石岑揭示了王夫之理欲论的思想基础与阐说步骤。李石岑认为，王夫之的思想立足于由体生用、即用显体的基础之上，认为一切关系都是建立在实际存在的事物之上，离开了实存的事物，则无关系可言，他对理欲关系也持类似的看法。王夫之所谓理是指物理，因舍物则无理可言，其所谓欲是指物欲，舍物亦无欲可言。物因气之凝聚而成形，形显于外而性含于中，初无所谓理欲关系。尽物之理，就是尽物之性，因感于物而生情，卒归于物欲。有物而后有性，有性而后才有理欲关系的发生。若无物，则性无所存,也无所谓理欲。因此我们称理为物理,欲为物欲,这是王夫之理气一源的看法。王夫之对理欲的说明,分为两个步骤。第一步,谈理、公,不谈欲、私,王夫之认为天理流行,必须私欲净尽。这里的欲是就私和蔽而言。尽力说明私和蔽的害处,让我们知道去私去蔽的重要性。第二步,说明理欲一元,理在欲中,舍欲无理。这里的欲是指物欲之欲,理是指物理之理。理欲虽然名称不同,但都产生于同一对象的物的关系,所谓理欲实际上是同一物的两面,所以王夫之认为舍欲无理,理在欲中。

李石岑揭示王夫之所论蔽、习的危害性。李石岑认为,王夫之以理和私是对立的,理属于公、明的一面,私属已、蔽的一面。若能以理临照,则私无所存于心,对客观事物能了如指掌。若以私存于心,则非天理之自然,对事物的观察不能明了正确,无法判断顺逆美恶的关系。私的发生是由于蔽和习,蔽起于意,而习由于才。王夫之对蔽和习的害处予以说明。我们的用若为私情遮蔽之时,往往会将一己之利害看成天地之得丧,导致天理的窒碍,无法认识到客观事物的真相。我们的性虽无有不善,但有被私情遮蔽的可能,一旦被遮蔽,则失去正确的作用。因此要时刻留意,谨小慎微。这是王夫之对于蔽的危害性的说明。习气对人影响甚大,往往会被习气熏染而与之同化,等到发觉,却浸染已深,难以自拔。习气暗中于心,由于旧时的爱憎或外物的攻取,由于我们困于形中,拘囿于耳目之知,性已经失去主持之权,习得以反操主持之实。王夫之认为习为心之累,祸患极大。这是王夫之对习的害处的说明。

李石岑揭示王夫之所论蔽、意之关系。他认为,王夫之对蔽和意的关系进行了说明。王夫之所谓的意基于一时见闻之感动而产生的一己之私意,并非天理自然之诚。若以私意为成心,就成为凿了。而且必、固、我皆缘于意而成。如果执着于意必固我,则会陷入狂妄臆断的境地。意必固我蒙蔽我们,使我们失去真实确切的见闻能力。

李石岑揭示了王夫之所论习才之关系。他认为,王夫之对习和才的关系作出了解释。王夫之认为,人有才之有无和才之偏全的区别,无论多么不才，他也知道穿窬为盗为羞耻之事。与习气相染以后，才会逐渐远离本性之善，成为堕入习气而不可移之人。当积习未深之时，要先矫正才，才能矫习以复性。习气暗中于人心，难以遏抑，遂为心之累，是由于才习相狎的缘故。当陷溺未深之时，性屈才伸。但若习气已重之时，则屈性且屈才。

李石岑揭示了王夫之对私的抨击以及对诚的肯定。李石岑认为，了解了蔽、意和习、才的关系，又知道由于蔽、习而发生私欲私念，就必须对私予以抨击。王夫之此处所言的公欲是指一己之私和习气之妄，如果将一己之私和习气之妄视为天下人之公欲，不仅在事实上不可能，而且会发生弊害，其所谓公实际上不过是私，因此王夫之说以其欲而公诸人未有能公者。王夫之认为一切恶因的发生都由于私的关系，可以用诚来矫正。诚和私是相反对立的，诚则无私，私则不诚。诚是就天的关系而言，无私是就人的关系而言，其实是一体两面。天本有至理存在，并非变幻无恒。但普通人以私意计度，则天遂不可测。天其实并非不可测，只有测之以诚，才是测天之法。诚和无私虽然是同一的，但其所指示的关系显示两种不同的方向。诚体其所以然，无私尽其能然。所以然是就体的关系而言，而能然是就用的层面而言。所以然是体，体不容易用言语说明，故不可以言显，能然指用，用变幻无穷，故言所不能尽。只能秉持至德之诚的感通，而万物才能受其裁成。因此只有诚才能把握万物，只有尽诚于己，才不会固执己见。我是指私意私欲，也就是无意勿必勿固勿我中的我。张载认为必须忘却意必固我，才能体天成德。当有私意私欲之时，则当然不通天地之变，尽万物之理，这是因为我们徇于闻见、固守于理的缘故。要达到德全于心的境地，必须先要无我。只有无我才能断绝私意私欲，进而达到诚的境地。王夫之还用诚说明顺则吉、逆则凶的关系。王夫之认为诚是长久保持、不会止息的，因其不息，所以广大公正。

三 揭示王夫之认识论的实践性

李石岑对知行论进行探讨，揭示了王夫之强调行动对于认识的根本地位。李石岑认为，王夫之以行为在前，从行为当中产生言语，才能指定事物的名称。要知道事物的意义，必须知道它的名称，要知道事物的名称，则首先要与它相接触。如果不与事物相接触，纵然心中藏有理，但依旧不能言名，不能成事。因此说儿童的无知在于精神智力尚未开窍，而愚蒙的无知在于不接触体察事物。王夫之认为只有对事物有深入地了解、熟练地把握，才能物为我用。见闻之知非真知，只有在行为实践当中，我们才能求知、明知，才能证实所知的程度。王夫之对行看得极其重要，认为认识在行动实践当中，离开行动无法获得真正的知识。王夫之的思想从体用一源出发，而以行为归宿，这是其一贯的思想。

四 揭示王夫之的思想局限

李石岑揭示了王夫之对佛道的误解及其重心重我的唯心主义倾向。李石岑认为，对王夫之的思想至少有两点需要加以批评。其一，是王夫之对佛道的攻击，王夫之对释老的攻击实际上误解释老，佛教所谓真空不能认为是无，所谓寂灭也非废用。道家对体用关系也很重视，而且非常精警透彻。王夫之对佛道的攻击并不妥当。其二，王夫之自身的重心重我倾向。李石岑认为王夫之虽然注重体、气、形，但仍有重心的倾向。王夫之虽主张毋我，主张物我同源，但仍有重我的倾向。而王夫之重我的倾向，又是从其重心倾向发展而来。因此王夫之的思想具有一定的矛盾性，这很可能是受时代环境的限制。李石岑认为王夫之物我同源待我而成的观点，重我的倾向非常明显；而王夫之尽性极吾心之良能的观点，重心的倾向也异常明显。因其重我，所以王夫之称物自我成；因其重心，所以王夫之有大其心、存心合理、知象本心之论。从心者天之具体也可以看出王夫之是十足的唯心主义者。就西方哲学的发展情形而言，唯我论者必然是唯心论者，而唯心论者则不一定是唯我论者。王夫之则二者兼有，而其唯心的倾向强于唯我的倾向。王夫之虽从体用一源出发，崇有主动，也能说出变化法则的至理，但他的归趣依然指向唯心主义。这是应当注意的第二个方面。

五 揭示王夫之的思想渊源、地位及影响

李石岑提出王夫之黜明崇宋的思想倾向，以为体现了时代共性。他认为，王夫之对阳明心学极力抨击，对宋儒则比较推崇，尤其是景仰张载。王夫之的思想是阳明心学的反动，是时代环境的必然趋势。

李石岑揭示了王夫之在思想史中的杰出地位及其对戴震思想的影响。李石岑认为，王夫之虽然推尊宋儒，归依孔孟，但其思想体系之伟大实超出孔孟原典儒学和宋明理学的范围。王夫之在思想上重用、主动、崇欲、尊行，而其重动、重欲、重行思想是从其重用思想推演而来。重欲思想是清儒的共同趋势，是对宋明重理思想的反动。之后颜元的实践精神与王夫之的重行思想大体相似，而戴震重生的哲学则由王夫之主动的象推演而成。因此王夫之是中国哲学史上值得称扬的伟大思想家。戴震在清代思想史的地位仅次于王夫之，但思想体系不如王夫之博大。戴震思想深受王夫之和颜元的影响，是反对宋明理学最激烈的人之一。王夫之虽然抨击陆王心学，但对宋儒相当推崇，而戴震则对宋明理学均加以攻击。颜元的思想处处重事以针对宋明之学的空疏，而戴震则处处重欲对宋明理学加以根本的打击，这是戴震思想值得注意的地方。

李石岑揭示了王夫之主动思想对戴震重生思想的深刻影响。他认为王夫之重用主动，颜元重事贵行，戴震重生崇欲，都是社会环境的产物。戴震的思想颇受王夫之、颜元思想的影响。具体而言，王夫之的主动思想对戴震影响最大。王夫之的哲学站在体用一源的立场上，看重宇宙万物的变动，这是王夫之思想的特色。体用相生、日新之化都说明王夫之强调动。王夫之从体用一源的观点出发，说明体用关系，也处处说明变动的关系，这是值得注意的地方。王夫之动的观点对戴震影响极大，戴震最重一个

生,甚为宇宙万物都可以归结为生,可以看到戴震与王夫之在思想上的关联。戴震所言的生生就是王夫之所言的用;戴震所谓的条理就是王夫之所言的由用而生的新体;戴震所言的生生之呈其条理,就是王夫之所言的由用发生新体的关系;戴震的惟条理是以生生,就是王夫之所言的由新体更生新用的作用。可见,戴震生的哲学是从王夫之动的哲学而来。戴震和王夫之对息的解释略有不同。王夫之认为息是废然之静,是不动。而戴震将息与生对立,将息视为生的另一种作用。王夫之对于废然之静,也就是不动的息加以攻击,以说明不动的现象是不存在的。而戴震连不动的观念都消去了,他把息和生对立,认为息是化之息,戴震所言之息,相当于王夫之所言之静,戴震所言的化之息,相当于王夫之的动之静。王夫之言静,而戴震言息,看法一致。他们处处说明变动的关系,可见清代哲学与宋明理学不同而呈现出另一种风貌。

李石岑揭示了王夫之、颜元、戴震在重欲思想上的一致性及其与宋明理学的对立性。李石岑认为,清儒在理欲问题上,似乎都持理欲同一的观点。这种重欲的思想,是王夫之、颜元、戴震的一致看法,也是清儒思想的一大特色。可以看出,清代哲学和宋明哲学处于对立相反的地位。王夫之认为动静是阴阳之动静,而戴震认为气化是阴阳之气化,二者看法一致。

李石岑揭示王夫之重行与戴震重知并不冲突,体现出王夫之、颜元、戴震知行观的一贯性,可以互相发明,而戴震的重知与宋明儒的重知则迥然不同。李石岑认为,戴震的思想重条理、必然,因而重学、重知是其思想的当然结论。不过戴震受王夫之的思想影响极大,王夫之的知行观偏于重行。戴震重知,王夫之重行,二人的观点是否冲突,这是值得注意的第一点。戴震反对宋儒,而戴震重知与宋儒重知,是否相同,这是应当注意的第二点。程朱理学重知偏于求知,陆王心学强调明心见性,即使王阳明主张知行合一,实际上还是在重知的立场上。不过程朱强调从读书入手,而陆王强调从心性入手。这种宋明儒的重知思想,到了清初发生强烈的反动。王夫之鲜明地主张重行，清初诸大师是民族反抗运动的行动者，深感空谈知识的误事，欲以行以矫正。这种重行到了颜元达到顶点，其弟子李塨对其师说予以适度修正。到戴震之时，知行的看法臻于圆融成熟。从表面上看，戴震的重知与王夫之、颜元的重行似乎冲突，但实际上并非如此。王夫之处在宋明以后的重知氛围中，只有简捷标出行字，才能打破大家的成见。颜元极力说明所以重行之意，因为在行动中才能证实理论，所以主张见理于事，这是对王夫之思想的补充。戴震在颜元的基础上又进一步，认为在行动之先须有正确的认识，以免盲动。可见王、颜、戴三家的知行观是一贯的思想，是逐步发展的。一方面，理论只有在行动中才能证实，离开行动无所谓理论。另一方面，若无理论的准备，则行动会沦为盲动。知行的问题，到清儒手里得到相当地解决。王夫之创其始，颜元扩而大之，戴震加以完成。王夫之和戴震对于知行问题的解说不但没有冲突，反而互相发明。而宋明儒之重知与戴震迥然不同，因为宋明儒是站在静的立场上，清儒是站在动的立场上，不能相提并论。当然清儒的行，还只是个人的实践而非社会的实践，这是历史时代的局限。

第二节　张岱年：形与事

民国中期是张岱年思想创构与学术研究的高峰时期，其船山哲学研究也成就斐然，主要体现在《中国哲学大纲》《秦以后哲学的辩证法》《中国知论大要》等论著当中。

《中国哲学大纲》是张岱年的代表作。1935 年开始撰写，1937 年完成初稿，1943 年曾在北平私立中国大学印为讲义，1958 年由商务印书馆正式出版。1982 年中国社会科学出版社修订出版。

在《中国哲学大纲》中，张岱年对船山哲学的贡献和地位予以高度评价。张岱年认为，王夫之在清初大儒中，最有哲学贡献。他反对陆王，同情朱熹，服膺张载，张载的唯气哲学到王夫之才得到较圆满的发挥。张岱年将《周易外传》《尚书引义》《张子正蒙注》《思问录》视为王夫之的主要哲学著作。张岱年对王夫之的本体论、人生论予以探讨，认为王夫之道器合一，道在器中，具有鲜明的唯物主义色彩，而且王夫之崇有主动，强调有为。其《秦以后哲学中的辩证法》（1932）、《中国知论大要》（1934）二文，则分别对王夫之的辩证法、认识论进行探讨。

张岱年确立了船山哲学研究的范式，这体现在几个方面。其一，从系统的范畴角度对船山哲学思想进行了全面地审视，更具学理性和规范性，并与先秦诸子、宋明理学家与清代思想家进行多方面的分析比较。由于张岱年对新实在论、唯物论以及中国哲学史非常熟悉，其相关的哲学探讨往往条分缕析，切中肯綮。其二，张岱年对王夫之的人生论与知识论，既有基本的定性与定位，而且将其分解为诸多具体的问题加以观照，较之前人更为系统、丰富。尤其是对认识的限度、认识方法论的探讨具有开拓性。其三，首次明确指出王夫之辩证法的杰出贡献，并对王夫之的辩证法进行开拓性的研究与阐释。其四，首次明确将王夫之与张载、颜元、戴震共同构建为宋明理学的三系之一，并命名为事学或气学或践形派，与程朱理学、陆王心学并峙。并揭示王夫之思想的现代价值及其未来发展空间。其五，张岱年不仅认识到王夫之思想的现代价值，而且还吸收船山思想，建立自己的新唯物论（新气学）的哲学体系。其相关研究成果对侯外庐、冯友兰（后期）、任继愈、冯契、陈荣捷、萧萐父、李泽厚、张立文、陈来等人均产生了影响。

一 揭示王夫之宇宙本根论的创造性与遗憾

在宇宙本根论方面，张岱年指出王夫之唯气论的合一性，并揭示其思想渊源与理论针对性。张岱年认为，王夫之是唯气论者，以气为宇宙之根本，无气则无理。宇宙只是一气流行，理在气中，不能独立自存，理为秩序，即气之秩序，理气是统一的，不是分离的。王夫之的唯气哲学是张载思想的发挥，以救陆王心学之失。

　　张岱年揭示王夫之惟器论的唯物性与创造性，并与程朱进行比较分析。张岱年认为，王夫之在唯气的基础上持唯器论，以器为根本，道并非根本。王夫之所言的道与程朱意思一致，都是指天地人物之通理，但王夫之与程朱的不同在于他认为理并非本根。王夫之认为宇宙之间唯器，道乃器之道，并非独立自存于器外。道在器中，有其器乃有其道，无其器则无其道。有事物乃有理则，未有事物，则无其理则，与朱熹的观点正好相反。张岱年认为，王夫之是气论最彻底的发挥，气是无形的物质，器为有形之物，王夫之天下惟器论是最鲜明的唯物论。宇宙只是气之流行，其隐而不显者为道，其显而具体者为器，道、器是统一的，并非判离之二物。气论到王夫之得到了大的发展，而天下惟器论更是王夫之的创见，在中国哲学史所鲜有。王夫之的宇宙论有许多未通透之处，且未以惟器论为中心观念予以充分发挥，最为可惜。

　　形上形下论方面，张岱年揭示王夫之肯定形的根本性与基础性。张岱年认为，王夫之以器比道更为根本，形较之形而上也更为根本。以为有形而后有形而上，形而上乃是以形而基础的。

　　在大化论方面，张岱年称赏王夫之的主动论与变化日新论。他认为王夫之在宋以后的哲学家中最善于言变。王夫之以动为根本，只有动中之静，而无纯然绝对的静，宇宙动而无息，万物都变化日新，即使在形式上似乎不变，但在内容方面，随时都在变化创新，今日之物在形式上虽与昨日之物相同，而内容已经发生变化。

　　在有无问题上，张岱年肯定王夫之的崇有论、体用胥有论、物质不灭论，并进行比较分析。张岱年认为王夫之的有无论阐发较为详细，王夫之根据张载的观点，认为并无所谓无。王夫之与《墨经》的观点相反，认为无均有待于有，一切的无都是有之无，有于彼而无于此，有是第一位的，无是第二位的，相对的。所谓的无都并非真正的无，只是相对于有而言的无，真正的无因其无可指称，又不可谓之无。王夫之根据张载的观点，认为一切事物只有幽明之别,而无有无之别。所谓的无,只是因为主体未能见闻未能辨识且不深求,遂谓之无,实则深求之,则知其仍是有。王夫之又有体用胥有之论,用固然是有,则此用之体亦是有。用之所以有其功效(用),体之所以有其性情(体)都在于有。张岱年认为王夫之的这一观点与裴頠的崇有论比较接近。王夫之持物质不灭的观点,认为物质只有往来聚散,而无生灭。有是永恒的,并非由无而产生,亦不能化为无。张岱年认为,有无问题的探讨始于老子而终于王夫之。王夫之的观点与老子正好相反,老子以无为根本,而王夫之则以有为根本,彻底否定无之存在,认为世界其实无所谓无。

二 揭示王夫之辩证法的杰出贡献

张岱年1932年在《大公报》发表《秦以后哲学中的辩证法》一文肯定了王夫之对于中国辩证法思想的杰出贡献。他认为,王夫之的思想蕴含有比较丰富的辩证法思想,提出了一些关于辩证现象的新见解。他强调对立统一,注意到了对立双方的相互依存与不平衡性。如动静论方面,动是根本,而静只是动的一种状态。王夫之以后,主要的思想家都没有突出的辩证法思想,在西方哲学的辩证法输入以前,王夫之的相关思想在传统中国是首屈一指的。

在《中国哲学大纲》一书中,张岱年对王夫之的反复论、两一论、终始论进行了探讨。

在反复问题上,张岱年指出,王夫之认识到对立元素的互涵性与发展性。并不认同物极方反的观点,对立的元素实相蕴含,事物在发展中,所蕴含的对立物即逐渐成长、出现,不必待极而反。一切事物中均含有对立元素,首先处于潜伏状态,之后逐渐显现,对立之互相转化无端,并非待其极至才转为对立面。

在两一问题上,张岱年指出王夫之注重对待之交参互涵,认为一切对立并非绝对的对立,其实是互相渗透、蕴含的,并不可截然判析。一切对待皆有其统一性，截然分离而不相通之对待并不存在。张岱年还揭示王夫之密辨论所蕴含的对立统一思想。他认为，王夫之以大辨与至密说对待关系，至密是指对立双方的同一性、联系性、不可或缺性，而大辨是指对立双方的区分性、差异性、特殊性。因此大辨而至密是一切对待对立双方的相互联系。对立双方相互依赖、交参互涵之关系，并非于二者之外用另一事物强行合并，王夫之此言可以祛除很多的误解。

在终始问题上，张岱年指出王夫之持天地无终始的论调，并指出其思想针对性与历史总结地位。张岱年认为，王夫之主张无终始，认为大化迁流不息，日新不已，今日便是天地之终始，除此外天地别无终始。王夫之反对邵雍的天地终始论。张岱年认为，天地终始的讨论始于老子，至王夫之作出总结。王夫之的观点与老子相反，老子认为有始，王夫之认为天地无始终可说。

三 揭示王夫之人生论的继承性与独创性

在天人关系论方面，张岱年认为王夫之论天人相通，最为明晰。

在人性论方面，张岱年称扬王夫之性日生论的独创贡献，并认识到其宇宙论与人性论的关联性。张岱年认为，性日生论是王夫之的创见，是人性论中别开生面的新学说。王夫之认为性并非一成不变，而是日生日成。性并非仅是初生时所具有的，既生之后，日日可新其初生本无之性。张岱年揭示王夫之性日生日成论与气化日新论的逻辑关联。王夫之反对以天生本能为性，将气化日新的观念应用于人性论，性是日新的，生来即有和后来养成的都是性，性常在改变创新当中。

张岱年揭示王夫之心论的思想渊源与注重身心一体的方面。他认为，王夫之注重身心的同一性，揭示了心的物质基础。王夫之的心论大体与张载相似，而最注重心之凭借感官。王夫之认为心之特质为觉，心之觉以感官为凭借，感官未尝感觉者，心即不能想象之，缺少某项感官，则心亦缺乏某项知觉。

在人生理想论上，张岱年揭示王夫之注重形体事物，强调思勉推扬人道的方面，并进行多方的比较分析。张岱年将王夫之、颜元、戴震视为践形派，认为这一派与理学家注重致知穷理和心学家注重发明本心不同，特别注重形体和事物，其人生论的中心观念在于注重形体之发展。张岱年认为，王夫之的人生论以存人道与践形为中心观念，人生尽量发展人性，避免沦为禽兽。"人之独"即是人之所以为人的特点，人生来之善性，属于在人之天道，尚非人之所以为人者，人生应当以人道引领天道，以人为领导自然，不当待自然之动而后行。人之所以为人，在于能思勉。与大多数哲学家不同，王夫之推扬思勉，而不看重自然，这是其思想的一大特色。以人道引领天道的结果在于驾驭自然而能达到新的天人合一的境界。张岱年揭示王夫之的珍生务义论与践形思想的关联。王夫之既重人为，更重生。王夫之认为人作为生物，应当珍视其生命，保持生性，遂其生机。王夫之认为生命固然珍贵，但必须符合道义，贵生但也可为道义而牺牲生命，这是儒家人生思想的特色。王夫之因为贵生，因此也重视形，并以践形为人生之准则。践形有两方面的意义，其一为发展完善形体各方面的机能，其二使形体各部分合于道理。换言之，王夫之认为形体各部分皆有其当然之则，而应当充分发展使之合于其当然之则。世俗之人，沉溺于声色活力，重形体之感官享受，但不合于道理，既已有违道理，形体最终必然受到戕害，而庄释之徒则鄙视形体，离形而求道，但其所求之道不过是虚幻之物。践形之说，认为形体与道具有统一性、相关性，应当即形体以行道。此义在原典儒家已有，由于宋明理学受佛道思想的影响，对于此义不甚注重，王夫之因此特重此种含义。践形就是即身而道在，践形乃践形而下，非践形而上，应当即物以践之，内而发展自身之机能，外而使事物各得其所，社会秩序各得其正。王夫之十分重视正德、利用、厚生，之后稍迟的颜元亦重此三事，与船山接近。王夫之认为可以利用形体机能，使天下万物各尽其用，各循其则，成就主体之德行。道德不应脱离外物，而应当以外物为凭借。王夫之认为人不当绝物，也不可绝物，绝物必然导致自我的违害。王夫之认利厚生利用、人伦道德为物，与之后的颜元以六艺、德行为事物比较相似。王夫之认为德其实是依赖、利用食色货利而使其各当其则，后来戴震的思想即以此为宗旨而加以着重发挥。王夫之注重形体，因此不主张无我。人不能脱离身体而存在，因此言无我不免自我违逆。王夫之主张刚健以存生理，主动以顺生几，因此十分反对柔静。王夫之认为生命的本质是刚健活动的，而柔静违背生命的本质。王夫之认为重知（认识）不如重能（实践）。张岱年认为重心则必然重视认识，而重形则必然强调实践。但王夫之并非不注重认识，只是认为不能离开实践而孤立地谈认识，王夫之其实非常注重知物、知天。王夫之认为只有对外物有所认识才能利用外物，缺乏认识则无法运用。荀子重利用外物，而对认识外物较为轻视，而王夫之的观点足以解除荀子这一观点的偏蔽。可惜的是王夫之对于这一点未能充分地加以发挥。

张岱年对王夫之人生论的社会历史背景进行考察，认为王夫之在明清之际，经历亡国之痛，深切体会到一味虚静养心之无益，因此强调人为，注重形体，阐发德行与身物的统一性，德行并非外于身物，在此基础上他还提出了容忍之说。王夫之强调超乎常人的容忍，以守其坚贞之节，保持人性的尊严，这是王夫之伟大坚毅人格的写照。张岱年将王夫之的人生论定位为人本有为哲学，将其与荀子、颜元、戴震进行比较。王夫之主张发挥人的本质特征，认为这种本质特性不在于人的自然倾向，而在于思勉。这点与荀子颇为接近。王夫之更认为人应当发挥人的本质力量，当凭借形体以发挥之，与之后颜元、戴震的思想大体一致。总之，王夫之的人生论是具有唯物倾向的人本有为哲学。颜元的人生论与王夫之比较接近，但对于宋明理学，王夫之抨击陆王心学，不太反对程朱理学，颜元对于程朱理学和陆王心学一起反对，主张返回孔孟，试图荡涤后来儒家吸收的佛道思想。

人生问题论上，张岱年指出了王夫之在义利论、力命论、损益论、动静论、理欲论、生死观等方面的杰出贡献，并与先秦、宋明、清代思想家进行比较分析，指出其异同。张岱年认为王夫之与颜元、戴震对人生问题的探讨既精湛又切实。王夫之的义利论极为警切以为离开义则无利可言。这里的利专指私利，人之私利往往相冲突，一味求利必然陷于害，只有遵循义而行，才能远害而受益。违背义则必然遭遇损害，而世俗之人欲违背义而谋取利益，可见其不智。这一观点与程颐颇为接近。关于力命，王夫之认为人可以为天下造命，而不能为个人造命。圣人能赞天地之化育，造民物之命，而个人之命则只有受之，且有其顺受之道。王夫之十分注重人为，认为人应当尽人道，发挥人的本质力量，若听任自然，则与禽兽没有什么区别。应当注意人道，而不应讲求自然。不要有求利的人为，不能没有求义的人为。人在利面前顺其自然，对于义则应当奋发有为。在张岱年看来，与道家崇尚无知无为迥然不同的是，王夫之极重有知有为，在秦汉之后的儒者中是最崇尚人为的。王夫之、戴震都注重天人合一，他们虽注重人为，但不主张制天胜天。他们的人为论是来自孔孟而非荀子。宋明理学家，大多从孔孟出发，较偏于自然，而张载、王夫之、戴震是从孔孟出发，较偏于人为的。在损益问题上，老庄主损，孔孟荀主益，程朱陆王均主损，而清代的王夫之、戴震则主益。王夫之反对道家主损之说。王夫之认为，对于忿、欲虽然可用损，但须慎用之，不可惩忿窒欲。对忿欲且不可专用损，人生其他方面更不当用损了。在动静问题上，张岱年认为王夫之与颜元都主动，与宋明理学的主静论和动静合一论均不同。张岱年认为，佛道都讲静，周敦颐兼采佛道，确立主静论，对宋明理学影响深远。程朱理学和陆王心学均知主静之流弊，讲求动静合一，但都偏于静。清初，王夫之首倡主动思想，在宇宙论上主张有动无静，在人生论上动是德行之根本，静有违生理。王夫之认为善基于能动，安于静，则丧其纯良之德。王夫之认为，天地万物动无止息，动才可体天知化，而道德应以动为枢纽，不动则无法实践、推行德善，因此人生当主动。若静而不动只有如块土，但人并非块土，因此不得不动。张岱年认为，王夫之、颜元的主动论是道家和宋明理学主静论的反动，与先秦儒家较为接近。在理欲问题上，张岱年认为王夫之非常注重理欲的统一，王夫之认为天理人欲不可看成对立的，二者有统一性。王夫之认为，天理在人欲之中，绝人欲则亦无天理。天理是人欲之当然准则，而非戕害人欲的，但人欲并不就是天理，而且有可能损害天理。在张岱年看来，王夫之认为理是普遍合理的欲望（公欲）。张岱年认为，王夫之的理欲论有一个变化过程。在人死与不朽问题上，王夫之认为生、死均得其正：生而有死，是大化日新之必然。然而死可悲伤而不必忧虑，因对死的悲感乃表示珍生而悯亡之意，若对死的担心恐惧则是不知新陈代谢的自然之理了。儒道对待死亡的态度不同，儒家认为死虽不必患而实当哀，道家认为死不必患亦不必哀，可见王夫之对儒道的生死观进行了综合。

四　对王夫之知识论的类型阐释和比较分析

张岱年于1934年在《清华学报》发表《中国知论大要》一文，对王夫之的知识论进行探讨，认为王夫之认识到外物的客观存在，强调知识来源于外在的见闻、经验，与墨子、荀子、张载、朱熹、颜元、戴震相似。在《中国哲学大纲》中，张岱年对王夫之的知识来源论、知行观、认识限度论、方法论进行了系统地探讨。

1. 知之性质与来源

张岱年指出王夫之在知识性质与来源问题上的主客交参与内外兼重。张岱年认为，战国以来的知识性质与来源论，有三种类型：荀子、颜元、戴震重外在的客观性，程颢、陆九渊、王阳明注重内在的主观性，《墨经》、张载、程颐、朱熹、王夫之内外兼重、主客交参。

在知之性质与来源问题上，张岱年从王夫之的能所论、色声味论指出王夫之对外物客观独立性的肯定与思想针对性。王夫之肯定外物的客观独立性，反对陆王心学，以为物之存在不倚于心，外界是独立的。外在之环境为"所"，内在之所用为"能"。"所"必实有其体，"能"必实有其用。而主观唯心论乃消"所"以入"能"，以存在即受知觉，其实是错误的。

"所"是外在的,"能"是内在的,不得援"所"归内,不得推"能"于外。对于对象而有活动,不得认为活动即是对象,所知者物,不得以知为物。色声味乃实存于天下,故古今天下之人之所感觉者皆相同,人心不同,而所感觉之色声味则大体相同,可见色声味非心所造。我虽不知之,实无损于外物之自存,而外物实非我心之所作为。物之存在与否,实与心之知之与否,并无关系。

张岱年指出王夫之明确地认识到知觉之来源在于外物、感官、心神三者的接触和结合,知识的发生源于外界的刺激而产生见闻。王夫之认为,感官、心神、外物,三者相接而产生知觉,三者中心神尤为枢纽。感官与外物合则有知,但其所以合,实心神为之。若心不在焉,外物虽有刺激,感官亦不起反应。知识非生而固有,而是后来发生的。知识之发生,乃资于见闻;见闻所得,基于外界之刺激与人心之所先得。人心之所先得,即所已知,亦即过去的经验。气化之良能,日有所命于人,亦即自然环境日日要求人有新的适应,故人由无知而有知。

张岱年对王夫之的格物致知论进行探讨,揭示王夫之对知识类型的区分及其对程朱陆王观点的折中处理。张岱年认为,王夫之以道德知识不从感官经验得来。对于外物的知识,资于感官经验;关于道德当然的知识,则生而即有之,乃心所固有,而无待于格物。所以当分致知与格物为二事,致知是致心中固有的道德意识;格物则是所以得到关于事物的知识的。程朱认为一切知识必待格物方能致之,陆王则以一切知识我心自有之,王夫之则认为大部分知识有待于格物,而亦有不由格物而得者。程朱的观点本是知出于心与知源于物之一种折中,而王夫之又是一种新的折中说。

2. 知行论

张岱年揭示王夫之知行观的对立统一性与实践品格。肯定其对王阳明知行合一论的批评。张岱年认为,王夫之反对王阳明的知行合一说,建立新的知行关系论。王夫之认为知行关系密切,行是知的基础,知行有所区别，不可混为一谈。张岱年认为王夫之对王阳明知行合一的批评颇为中肯，王阳明的知行与一般不同，其知是一念之知，其行是一念之行。其知尚属一般认为的知的范围内，而其行则是以知为行，与一般所谓的行不同。王夫之认为知行二者相辅相成、相互依赖、不可或缺，但二者是有区别的，并非同一的。王阳明只见到了知行的同一性，而忽视了二者的对立性，其实真正的知行二者是对立统一的。知行相资为用，但二者中行是根本。认识可以行动实践为手段，而实践不能以认识为手段，通过行动实践可获得认识，而有认识未必能有效地行动。行动实践是基础，不能抽离行动实践而谈认识。张岱年将王夫之置于重行的认识论思想谱系。张岱年认为，以行为知之基础，离行则无知，这是墨家、王夫之、颜元的观点。

3. 知的限度

关于认识的限度，张岱年指出王夫之以感官有限制而心之所知无界限。王夫之认为感官与言语皆有其限度，但感官与言语的限度并非知识的限度。感官和言语皆有其局限性，而心之所知并无限制，尽思可知一切之理。王夫之的意指在于感官虽有限制，而认识、知识没有界限。

4. 方法论

张岱年对王夫之的本体层面的方法论与一般方面的方法论进行探讨，并予以高度评价。

张岱年称赏王夫之由用得体、即器明道的本体论。张岱年认为，王夫之强调由用得体，沿流探源，即事明理，即器明道，不能离开事物现象求其理则究竟。这种观点是卓荦精辟之见。

一般方法论方面，张岱年对王夫之的格物法与致知法的性质、范围及其相互关系进行探讨，并与程朱、陆王进行比较分析。张岱年认为，王夫之在方法论上有卓越的创见，王夫之有格物和致知两种方法。程朱、陆王两派均以格物致知为一事，王夫之则不同，将格物与致知予以区分，他认为格物是求之于外的方法，致知是求之于内的方法，二者不同而可相济。

王夫之所言的格物是验事得理，相当于归纳法，其所言的致知是用思穷理，相当于演绎法。王夫之认为如果不用致知法，则万物无所界定裁断；如果不用格物法，则知识无法应用于外界。在张岱年看来，王夫之论演绎法与归纳法之异同及其相互关系甚为精湛。归纳法以经验为主，而演绎法则以思辨为主。王夫之强调格物与致知二者的相济，不应忽视感官闻见，只依赖心灵之思辨，耳目感官的经验意识当受理性思辨的范导。因理而体其所以然，即思辨法，物至而以闻见者证之，即经验法，前者用演绎，后者用归纳。如果专用演绎法则虽知其名而却不知其实，专用归纳法，则知其实而不知其名。但知其实而不知其名，最终可得其名；知其名而不知其实，则无法得其实。

张岱年揭示王夫之格物法与致知法对程朱陆王的综合及其差异。张岱年认为，王夫之将格物与致知加以区分，对程朱理学和陆王心学予以辩证的综合，但实际上与程朱、陆王均不同者，即王夫之所谓的格物与致知均非直觉。他所言的格物是以观察为主的，他所谓的致知是以思辨为主的，王夫之对惝然之见、惝怳之悟的直觉是颇为贬抑的。王夫之对佛道以及陆王的直觉法予以反驳，透彻至极。王夫之最反对佛道与陆王离物求觉以虚空之见为知，对于张载、程朱理学的直觉法则并未批评。张岱年指出王夫之与张载在方法论上的联系。他认为，王夫之注重观察和思辨，实际上继承了张载的思想。

张岱年指出王夫之与颜元、戴震在方法论上的异同。张岱年认为，王夫之与颜元均非常重视致知与道德实践的联系，只有戴震只注重道德的知识基础，而不甚注重知识的道德基础。张岱年认为，宋代以后的哲学方法，王夫之、颜元、戴震均反对直觉，又有所差异：王夫之既重视观察和思辨，又重视实践；颜元最重视实践，也强调观察；戴震则专重辨析。

五 揭示王夫之哲学的现代价值

张岱年对王夫之哲学的现代价值有着深刻的认识。他认为，王夫之、颜元、戴震在学理的圆融精密上不如朱熹和王阳明，但开启了一个新的发展方向，比较符合现代价值，是现代思想的先驱。他将新儒家哲学分为三系：程朱理学派，陆王心学派，以王夫之、颜元、戴震为代表的气学派或事学派。张岱年认为，王夫之、颜元、戴震的事学与现代思想最为接近，其宇宙论和人生论均比较正确，他们尽管在学说的系统上还不够成熟，但方向正确；王夫之哲学系统上比较宏伟，但内容上比较驳杂；颜元特色鲜明，而偏畸太甚；戴震格局不大，又欠深微。但事学可以称为将来新哲学的先驱。

第八章 天道与历史：民国后期的船山哲学阐释（一）

相对于民国前中期，民国后期的船山哲学接受的历史感、文化感明显加强，注意哲学与历史文化语境的对接，将思想史、社会史的视域与方法运用到哲学分析与阐释当中。在船山哲学的学术渊源、历史哲学、文化哲学及其思想史意义的探讨与评估方面取得了突出的成就，影响至今。其中萧萐父、贺麟对天道与历史的关联阐释，钱穆、唐君毅对心性与文化的有机考察，嵇文甫、侯外庐对思想与社会的互动剖析尤为典型。

第一节 民国后期船山哲学接受的文化学转向

从七七事变爆发到国民党在大陆的退亡，是为民国后期（1937—1949）。这一时期的船山学研究依然是人文主义与唯物主义二水分流的局面。

相对于民国中期，人文主义船山学研究在深度和力度上有了较大的提高，熊十力、贺麟、唐君毅等学者均在这一时期做出了杰出贡献，其船山哲学研究成果具有典范性，最终形成了船山哲学研究的现代新儒家范式。这一时期的接受传播方式有期刊论文（贺麟、萧萐父、钱穆、唐君毅）、讲座（钱穆）、研究专著（熊十力《读经示要》、钱穆《清儒学案》）、区域学术史（《湘学略》《近百年湖南学风》）。而期刊论文成为民国后期人文主义船山研究最重要的传播方式。（钱穆、唐君毅、熊十力）、昆明（萧厚德、贺麟）成为船山哲学的传播重镇，长沙、益阳、香港、北京等地也颇有贡献。而传播主体为高校学者，与西南联大、中央大学、北大关系密切，就学者的籍贯而言，四川（贺麟、唐君毅）、江苏（钱穆、钱基博）、湖北（熊十力）、湖南（李肖聃）占据重要地位。这一时期人文主义船山哲学研究多注意揭示王夫之思想的特征，并对其思想各部分之逻辑、脉络、理路加以系统地把握。多注意王夫之与陆王心学的深层关联，不流于表面的对立。认识比较辩证而深入。熊十力对王夫之的哲学精神进行了深刻地把握，以明有、尊生、主动、率性为王夫之哲学的基本观念和根本精神，为现代人生开一路向，与西方思想相通。对王夫之思想的得失有相当认识，指出王夫之的哲学缺陷在于本体论上有二元论之嫌，不知坤元即乾元，而在心性论上妄分天道心性之层级。虽不无可议，但启人心智。与民国中期注重哲学创构不同，民国后期的熊十力更偏向于学术史研究。贺麟和萧厚德对王夫之哲学思想进行了辩证综合的认识与把握，尤其注意到王夫之与陆王心学之内在关联。对王夫之的历史哲学进行深入地阐发，与黑格尔进行比较分析。唐君毅对王夫之哲学进行系统阐释，注意在中国思想史脉络里去揭示王夫之与先秦、汉代、宋明、清代思想家之异同，甚至同中之异、异中之同，代表了现代新儒家船山哲学研究的最高成就，对当代中国哲学史研究产生了深远影响。钱穆揭示出王夫之哲学区别于宋明理学的两大特征，并对王夫之《张子正蒙注》的得失进行了深入探讨，分析其得横渠奥旨之处，也揭示其以周敦颐、程颐、朱熹的理路来附会、遮蔽横渠学的方面，并对王夫之的庄学予以高度评价且予以采录吸纳。

民国后期，唯物主义船山哲学研究虽不如民国中期那样繁荣，但依然取得了可观的成绩，重庆和开封是这一时期唯物主义船山哲学的研究重镇，接受方式主要有期刊论文（嵇文甫）、研究专著（侯外庐）。其贡献在于以下两个方面：其一，对王夫之的思想学术渊源进行了较为深入的探讨。都认识到王夫之与时代、张载、佛道思想的关联，并有另外的发现。嵇文甫在揭示王夫之与晚明考证学、质测之学以及东林派的关联方面具有开拓意义，而侯外庐则在揭示出王夫之与外来文明、王充的思想关联方面具有开拓性。在具体论证方面，侯外庐更为深入细致，尤其是在佛道、老庄思想方面。其二，嵇文甫偏于客观学术性研究，而侯外庐则更注意揭示王夫之思想的现代性，其构建的启蒙话语对当代中国哲学史研究影响深远。

第二节　贺麟：心与理的融通

民国后期贺麟船山哲学研究的主要成果体现在其 1946 年 10 月刊于《哲学评论》第 10 卷第 1 期的论文《王船山的历史哲学》上。

贺麟对船山的知行观、心物论、辩证法、历史观、史学方法论有十分深入的认识，尤其是注意到了王夫之与阳明心学之内在关联。贺麟对王夫之历史哲学的探讨，不仅代表了这一领域的最高成就，而且影响了陈赟等一大批学者。贺麟对于船山学的研究也具有范式意义，主要体现在以下几个方面。其一，对船山哲学的历史地位予以揭示，加以高度肯定。对船山的本体论、认识论等思想进行简要地分析，并对其伦理思想予以继承发展。其二，深刻地认识到船山思想的辩证综合特征（道器合一、心物合一、理气合一、理欲合一、理势合一、天人合一等等），并对船山哲学中的辩证法进行了最高的肯定。其三，注意揭示船山哲学的历史语境与现实针对性，注意从整体上进行把握，揭示王夫之与阳明心学之内在关联，深刻地认识到王夫之成功地化解了程朱理学与陆王心学的矛盾，对二者进行了辩证的综合。其四，对船山的历史哲学进行了前所未有的深入分析，影响至今（对陈赟等人影响深远），且未有人超越。首次较为系统地揭示了船山历史哲学研究的方法,将船山历史哲学的"天假其私以行其大公"与黑格尔的"理性机巧"进行了精彩地比较。对船山历史观的多样性进行了初步的类型分析,并对船山历史哲学与哲学的关系进行了阐发。这一时期也是贺麟船山哲学研究的高峰,之后虽有对王夫之知行观的探讨以及论王夫之政治历史思想的零星片段,但都不如民国后期系统深入。

一 揭示船山哲学的思想特征与历史地位

贺麟对王夫之的哲学地位予以评估定位,揭示其集大成、融通性。他认为王夫之是王阳明之后的中国哲学第一人,其哲学地位远高于同时的顾炎武和黄宗羲。贺麟认为虽然王夫之在思想创颖简易方面可能不如王阳明,但在体系的博大平实上则超过王阳明,其思想集陆王心学和程朱理学之大成。他道问学以尊德性,格物穷理以明心见性,从表面来看宗仰张载,与程朱气脉相近,但在本质上解除了心学和理学的对立,消融了程朱理学和陆王心学之间的矛盾。贺麟的这一看法非常深刻,至今无人超越。

贺麟褒扬了王夫之对历史哲学、辩证法的杰出贡献。贺麟认为,王夫之是中国最伟大的历史哲学家,也是最富于辩证法思想的学者。

贺麟对王夫之的基本思想进行了探讨,揭示其合一性与对理学、心学的融通,他认为王夫之是不偏于一面的一元论或合一论者。他注重对立双方的不可或缺和统一性。王夫之的一元论,并非孤立的单一的,而是谐和调解对立、体用兼备的全体论或合一论。他的合一论有其体用主从之别,而非无所区分的混一论或同一论。总体而言,王夫之的思想是理体物用的理学,也是心体物用、知主行从的心学。

贺麟将王夫之视为合一论者,这一概括非常准确。贺麟对王夫之思想的某些判断(如以理为体,物为用的理学、以心为体、以物为用,知为主、行为从的心学来界定船山思想)表面来看似乎并不准确,但根据王夫之道在器中的本体论,即用得体的方法论,可以推出理在物中。理相当于道、体,物相当于器、用。而且王夫之也有"即物事而得理""格物以穷理"的提法,可以确证这一点。知为主,行为从,似乎与王夫之"行可兼知"的观点相对立,但仔细分析,王夫之强调"知之尽,则实践之而已",则似乎知主行从也能成立。更何况王夫之在重行的同时,其尚知的倾向也十分明显。

二 揭示船山本体论与认识论的合一性

贺麟揭示了道器论的合一性及其思想针对性。贺麟认为,王夫之是道器合一论者。他既承认无其道则无其器,又十分重视无其器则无其道之说,来补救陆王心学末流之失。认为王夫之道器合一,不可分离。相当于对时下冯友兰等人离器言道予以了贬斥。王夫之的重点在于道器合一,既不可离器言道,陷入空寂之弊,也不可离道而言器,从而没有根基。钱穆将王夫之视为惟器论者,相当于说王夫之只知用而不知体,这种看法并不能有效说明王夫之思想的根本立场。就王夫之的时代而言,因处王学末流泛滥之时,若离器言道,则会以水济水,陷于空寂,为了补偏救弊,他注重即器明道、器外无道之说,有其现实情境的考量,但王夫之始终都是道器合一论者。贺麟的这一判断准确深刻,注意到了王夫之思想的整体系统以及历史情境,其道器合一论的提法较之惟器论更为准确,更能抓住船山思想的本质。

贺麟揭示王夫之体用论与道器论的逻辑关联,他认为王夫之的体用论与其道器论是一致的。其道器合一,在体用论上也是体用合一,道即体,器即用,王夫之用"体用胥有""相需以实"阐发体用合一之理甚为精辟。是指体有用则体真,用有体而用实,若体用分离,则两者皆虚妄不实,王夫之的"即用得体""从用知体之有",即是强调从现象中去探求本体,不可于现象之外妄立本体,王夫之的"观化得原"即是强调从演化流行中去探求本体源头,而"执子孙问其祖考"也是现象中求本体的现象学方法的妙用。因为现象学方法以体用合一原则为前提,其本质在于即用求体。

贺麟揭示王夫之天道论的特点与贡献。他认为,王夫之的天道具有理则性、道德性、自然性、内在性、必然性五个特点，这些与儒家天道观大体一致。值得注意的是，王夫之的天道观有两个贡献，其一为天道不外吾心、理不在心外，这是一个集程朱理学和陆王心学之大成的观点；其二为天道的矛盾进展或辩证性，与黑格尔历史观中"理性的机巧"有着高度的契合。

贺麟揭示王夫之天与事物关系论和朱熹的关联，以及天与心关系论和陆王心学的相似性。贺麟认为，王夫之在《读通鉴论》中对天与事物、天与心的关系有精要地阐发，并明显地应用了"即用求体"的方法，即事物而求天。王夫之经由事物而认识的天并不在心外，心即是天的法则。王夫之此处即事物知天的观点与朱熹"即物穷理"相似："天者，理也"的观点则秉承了宋儒的一贯看法。王夫之"拂于理则违于天"，"在天者即为理"的观点是典型的理学说法，而王夫之"人之所同然者即为天"则又符合陆王心学的趋向。值得注意的是，根据知分须知全，知人须知人之本源的原则，历史哲学欲知人事，也须进而认识天道；可用即用知体的现象学方法，于事物之理、人之所同然者、民意民心民情、理性等知天；天不在外，天人不二，又体现出心学的倾向。

贺麟揭示了王夫之《宋论》中天道论的心学意味，肯定其对理学与心学的集成融通。贺麟认为《宋论》中的天道论心学意味更为浓厚，程颢尚将心和天予以析分，而王夫之却超出程颢，合心天为一，明确宣称天在人之心中，心之所安即道之所在，只有于陆王心学深得者方敢出此语。可以看出，王夫之即理言天，即物明理，处处不离程朱理学矩矱。但他又即心言理，即心言天，又鞭辟入里以陆王心学为宗。王夫之虽然注重格物穷理的程朱理学以补救阳明心学的偏失，但他仍能返本于阳明心学，即心而言理、天、道。因此，王夫之是理学与心学的集大成者。王夫之以格物穷理矫正心学之空寂，归返本心来补救理学之支离。由于其父受学于江右王门之邹守益，江右王学代表王学中最平正一派，最能调解程朱理学与陆王心学之矛盾。王夫之秉承家学，亦得王学学脉，因此王夫之最能由程朱理学发展到阳明心学，也能由阳明心学回复程朱理学。贺麟的这一看法非常深刻，首次系统地揭示了王夫之从思想理路到学脉渊源与阳明心学的联系。

贺麟揭示王夫之心物论与体用论的逻辑关联。认为王夫之因其在本体论上持体用合一论，而心为体，物为用，因此在心物论上也持心物合一说，并引《尚书引义》两条以证王夫之的心物合一论无可怀疑。

贺麟揭示王夫之身心合一论的杰出贡献，并与斯宾诺莎相比较。贺麟认为王夫之的身心合一之理，与斯宾诺莎的身心平行论有可比之处。在中国哲学中讨论身心问题有如此见解，实在是新颖可喜，足以引起生理学、心理学研究的兴趣，可惜王夫之未能加以详细阐发。

贺麟揭示王夫之物我论与心物论的逻辑关联。贺麟认为，王夫之持物我合一论，并根据经验加以切实发挥，与一般中国哲学研究者将物我一体视为神秘境界不同。王夫之强调物中有己、己中有物，这种物我合一论，与其心物合一论相贯通。准此，则心中有物，物中有心，格物即可明心，用物即可尽知，饰外即可养内。王夫之一方面保持合一论的根本观点，一方面采用的即用求体、下学上达的平实方法。

贺麟揭示王夫之知行观、知能论与其本体论之逻辑关联及其思想语境。他认为，王夫之持知行合一论。王夫之身处阳明学流行之世，因此不免受到王阳明知行合一说的影响。王夫之持心物合一论、心身合一说，而知属心、行属身属物，因此王夫之也持知行合一说、知能合一说，认为知不可废能，以行、能为知之迹象，可以看出，王夫之认为，知是体，行是用，知是主，能是从。但为了补救王学末流之失，王夫之特别强调即用求体，重能以求知。原则上王夫之仍然赞成知行合一、知行不可分离，为了矫正阳明心学尊知贱能、重知轻行的流弊，王夫之特别注重即行以求知、不行不能知之说，带有美国实用主义色彩，而与阳明之说相反。王阳明以知是行之始，行是知之成，王夫之则认为行是知之始，知是行之成。王阳明以真知、良知包括行，而王夫之认为行可兼知，而知不可兼行。

三 对船山历史哲学的阐发

贺麟揭示了王夫之历史哲学与其哲学的的有机关联。贺麟认为，王夫之的历史哲学是其纯粹哲学的应用发挥，是其对中国历史哲学的空前贡献。《读通鉴论》《宋论》是王夫之晚年思想成熟时的著作，他遵循某一中心思想来评衡历史人物和实践，从历史中见出道理，使人人入哲学之门。彰显出其对于民族文化和思想传统予以捍卫和呵护的信念，建立了历史哲学、政治哲学、文化哲学，揭示出道德修养的规范，为有志于圣贤和大政治家的人提供借鉴和启示。王夫之通过钻研经学得出其哲学原则，然后将之运用于历史方面，建构起历史哲学。

贺麟揭示王夫之的历史哲学方法论的类型。他认为王夫之的历史哲学方法论有三种类型：其一，以理驭事实的方法；其二，现象学的方法；其三，体验的方法。

贺麟揭示了王夫之历史哲学的特色，认为王夫之历史哲学的特色在于表现对立统一、相反相成的辩证观，不偏一面的宏量和持中的道理，将玄远的老子式的辩证观平实化、儒家化，与黑格尔"理性的机巧"若合符契。贺麟认为，王夫之在历史哲学上的独特贡献在于其辩证的历史观，善于从历史中发现对立统一、相反相成的原则。

此外，贺麟对王夫之的历史观的类型有所触及，涉及道德史观、礼乐史观、民族史观，可惜未能展开。

第三节 萧厚德：理想与现实的合一

萧厚德1946年在《湖南建设月刊》发表《王船山的思想》，此文系其西南联大联大教书时之讲义。他对王夫之的宇宙论、历史哲学、人性论均进行了探讨。他与贺麟同时对王夫之的历史哲学进行了深入地阐释，指出王夫之敏锐地意识到情欲成了理性实现其目的的工具，与黑格尔"理性的机巧"相吻合。萧厚德认为王夫之是理想实在论者，与黑格尔一样强调理想性与现实性的合一。他首次揭示王夫之实有观念的思想史界碑意义，认为是宋明理学与现代思想的分界线，是清代朴学的起点。他还注意揭示王夫之与程颢、阳明的思想关联，认为在道器论、理气论、心物论、理欲论等方面王夫之均吸收了程颢、阳明的相关思想。对王夫之的人性论与理想人格论进行探讨，认为王夫之的人性论肯定教育的价值，注意到了环境习惯的影响，同时具有劝善改过的作用，以理欲合一的恕道境界为王夫之所追求的理想人格。

一 揭示王夫之宇宙论的界碑意义与历史继承性

萧厚德揭示了王夫之宇宙论的实有性及其思想史界碑意义，并与黑格尔进行比较分析。萧厚德认为，王夫之论宇宙万物的发生，肯定万有的实在。实有的观念是宋明理学与中国现代思想的分界标识，是清代朴学的起点，诚即实有观念的表征，诚有生生不已之意，一切事物都在演化。王夫之认为具体事物之外无道或理之存在，道或理是事物所蕴含的，理在气中，王夫之从这个基本的观点来批判佛道，萧厚德认为王夫之体现了一个理想实在论者的态度，黑格尔认为理想性与实在性合一，与王夫之的见解相合。

萧厚德揭示王夫之本体论的合一性及其与程颢和陆王心学之关联，认为王夫之以理想与实在不可分离。离物而言理想，则虚妄不实，离理想而言实在，则无所依据，而陆王心学的理气一元论即持相同的意见，王夫之是对陆王心学相关观点的继承。萧厚德认为王夫之在《读四书大全说》《周易外传》中的器道相须、理气合一的观点，吸收了程颢与王阳明的观点。王夫之认为，心理合一，而心物亦是合一的。

二 揭示王夫之历史哲学的辩证理性

萧厚德揭示王夫之历史哲学的辩证理性及其与黑格尔的相似性。萧厚德认为，王夫之的历史哲学与黑格尔一致，都认为理性是历史发展的法则，历史是理性进展的节奏，理性善于伪装，让浅见的人作了理性实现其目的的工具。王夫之的历史哲学与黑格尔之"理性的机巧"相似，都认为理性在现实情欲之中实现其目的。从历史来看，天理即在人欲之中，无人欲则天理亦不可见。这一点也为戴震所发挥，从而理欲由宋明理学的对立在清代找到了和谐的理论依据。

三 揭示王夫之人性论的教育导向

萧厚德揭示王夫之所论恶的来源及其可塑造性。萧厚德认为，王夫之以人是阴阳两气之具体表现，气无不善，则人性当为善。但现实中的恶产生有两个原因，一则在于阴阳二气施受不齐，导致五行之偏塞；二则是不良环境的习染，导致偏离人的本性。人格差异含有先天禀赋和后天习得两个决定因素，前者不易控制，后者则事在人为，这正是教育的价值所在。

萧厚德揭示王夫之人性论的教育价值。萧厚德认为王夫之的性日生日成、未成可成、已成可革理论有劝善改过的作用，给人重新做人的勇气。王夫之在骨子里肯定人性是善的，其所谓性，是指先天的气禀，而非行为显示的意义。若性包含行为的价值，则性可善可不善，性之能可善可不善，在于习惯及环境的影响。

萧厚德对王夫之的理想人格论进行了探讨，他认为，王夫之以理欲合一的恕道境界是最圆满的人格表征，人能在取予之间，顾及人我的应有分寸，则尽人性得天理了。

第九章 心性与文化：民国后期的船山哲学阐释（二）

第一节 钱穆：理气与历史

民国后期钱穆的船山哲学研究成果主要体现在其《清儒学案》《正蒙大义发微》《庄子纂笺》等论著当中，此外其在成都、重庆、南京、杭州、香港发表的一些演讲和论文也与船山哲学相关。

一 揭示王夫之的思想渊源与精神特质

钱穆对王夫之的思想渊源与精神气质予以揭示。除了张载之外，钱穆注意到了王夫之与江右王学的密切联系，并认识到佛道思想对王夫之心性论、宇宙论的影响。其《清儒学案》写于1942年对日作战时期，完稿后，交国立编译馆，未及付排，胜利来临，于复员迁徙中，装稿箱沉落江中，仅存一序。其1942年发表于《四川省立图书馆图书集刊》第三期的《清儒学案序目》一文提到，王夫之长于绝剔心隐，动人肺腑，精神血脉与江右王学相近，与邹守益、罗洪先尤为相似，并从此转手，得北宋张载《正蒙》之神髓，善言性道理气、阴阳宇宙之变。其心性论融汇佛释，而旁治法相宗。宇宙论会通老庄，而兼探图纬。

二 在清代思想史视域中审视王夫之思想的时代共性与自身个性

钱穆注意在明清思想史视域中揭示王夫之思想的时代共性与个性价值，将王夫之与顾炎武、黄宗羲、颜元进行比较分析。1943年，钱穆在重庆党政高级训练班讲演，题为《晚明诸儒之学术及其精神》，发表于同年《中央训练团团刊》第183期。钱穆认为，晚明诸老皆学有专长，黄宗羲是史学家，顾炎武是社会学家，颜元是教育家，而王夫之善言天人心性，是一个哲学家。他们都能就自己才性而成就绝特造诣，并能探大道本源处。晚明诸老博学知耻，与当前学界的风尚相反，值得我们反省。钱穆认为，王夫之与颜元对宋明理学的偏蔽之处颇有纠正之功，王夫之从心性精微处，颜元从事物粗大处，各有发挥，是晚明理学家功臣。

1944年钱穆在重庆中央训练团党政高级训练班发表演讲，后题名为《中国固有哲学与革命哲学》，对晚明诸儒的哲学进行了阐发。钱穆认为在中国固有哲学中特别要注意晚明诸儒，有两个原因：一则晚明诸儒处在国家民族生死绝续之时而艰苦卓绝，笃实刚毅，做到修学与为人合一，学术与时代合一，传统与革命合一之境界，有体有用，内圣外王。二则晚明诸儒是中国哲学之殿军，对中国已往传统文化学术流变作过一番历史的反省，又能运用哲学的综合，举凡伦常日用之身心修养、国家社会之民物康济，都能贡献他们具体切实的意见与方案，好作我们今天的参考。晚明学风有一种摧陷廓清、探源洗发之精神，由汉唐宋明重返先秦之精神。晚明诸儒在政治和学术两方面同为继承王学对中国历史传统加以清洗剥落之工作，黄宗羲论政，颜元论学具极大之勇气，顾炎武、王夫之有极精之工夫。今后政治学术要开新风气，创新生命，需要极大的勇气和极精的工夫，而晚明诸儒堪称模范，今人要于晚明诸儒得其途辙与规模。钱穆对王夫之与颜元的学术进行比较分析，指出其异同。他认为王夫之与颜元的学术正相对立，王夫之论学长于心性，根心见事，由内及外，由精达粗；颜元论学偏于事行,即事证心,由外而内,由粗返精。王夫之乃儒中之道,而颜元乃儒中之墨。共同之处在于,王颜两家对传统哲学弊病多有抉发。王夫之抨击释老,颜元痛斥程朱。两家对于宋明理学的静、敬工夫均有透彻深刻的批评。学派上皆从阳明转手而来,两家均力斥阳明,乃就阳明末流而言。其学术宗旨精神所在,则与阳明相接近。

钱穆揭示王夫之思想的特色及其与宋明理学主流的差异。1946年,钱穆在南京《中央周刊》8卷第45期发表《晚明学术》一文,其中对船山思想也有不少阐述。钱穆认为王夫之是明末清初一绝大思想家,虽然当时声名湮晦,但亦可看出时代潮流之共同趋向。王夫之主张以外在言心,以后天言性,他们对心性的看法与宋明诸儒不同。王夫之强调道在器中,在现象中求道,不承认现象界之前之外有本体之道。这是对宋明理学的二元本体论的抗议。体用论上,王夫之主张即用见体,不主张由体求用,与黄宗羲"心无本体,工夫所至即其本体"之说大体相近。现在学风思潮要求由虚静走向实动,由神秘走向共证,在心性论、宇宙本体论上莫不如此。这是时代的共趋,王夫之发挥此种理论最为透辟,代表了时代呼声,开辟了新路。1949年,钱穆在香港大学演讲《明清学术思想》,第五讲为王船山与颜李学派。钱穆认为,顾炎武为经学家,黄宗羲为史学家,王夫之则是哲学家,其贡献主要在思想方面。王夫之的思想中心主要来自张载《正蒙》。张载《正蒙》讲理气较多,心性较少。宇宙论多于人生论,实非宋学之正统。直到王夫之亦讲理气多,心性少,其思想系统遥承张载。与程朱、陆王皆不同,王夫之多讲理气,因此注重治国平天下,侧重外王一边,较少讲如何作圣。这是王夫之与宋明理学主流相异的第一点。宋明理学偏重四书,王夫之更看重五经。张载、王夫之是宋明理学偏重向外一条路的,重礼重气,过于重仁,属社会大群者多,这是王夫之与宋明理学主流相异之第二点。《读通鉴论》在清末影响很广,其评论历史之侧重点,与《日知录》《明夷待访录》不同,王夫之喜讲时代风气、时代人心,与偏重制度经济者不同。《宋论》则特别表示王夫之的民族观念,特重民族思想以反映他的时代。王夫之由人心来讲历史，着眼从一个时代来讲，而非个人，偏向在外。王夫之注重历史，主张事中辨理。程朱"性即理"，陆王"心即理"，其理为宇宙间最高之理，超乎事外、出乎气上。而王夫之所讲之理，则为气中求理，事上求理，每一事有其理，每一时代莫不各有其理，与朱子"格物穷理"不同，王夫之转向从历史事变中求理，理为动的、变的，就是史学了。因此王夫之的《读通鉴论》在宋明理学中成为一种新的趋向。王夫之主张气内求理，事上求理，其心性论亦从事上讲，从历史治乱兴亡大节目处将，讲世道人心，不再讲如何做圣人。王夫之思想的特点融会释道。因老庄讲宇宙论，偏重在气，佛教亦多讲宇宙，王夫之虽是儒家传统，但转而象外，其书中多参有佛道二家之说，思想系统极为广大。宋明诸儒喜讲格物致知、诚意正心，而晚明诸儒转而讲修身齐家治国平天下，向外落实到事上，不悬空在理上，这是晚明三大儒的共同点，可见学风已经变化。

三 揭示王夫之《正蒙》阐释的得与失

钱穆对船山哲学与宋明理学进行还原性考察，揭示王夫之对张载《正蒙》阐释的创获与偏离。他在 1947 年《思想与时代》第 48 期发表的《正蒙大义发微》一文认为，王夫之在给张载《正蒙》作注时，虽得横渠奥旨，但亦有照周、程、朱理路来阐释张载之处，与张载本旨不同。王夫之独宗张载，作《张子正蒙注》辨程颐与张载之异，但又以张载《正蒙》比附于周敦颐之《太极图说》。朱熹曾辨析《正蒙》与《太极图说》之不同，认为《正蒙》说道体只是说气，说聚散，其流是个大轮回，不如周敦颐说"无极而太极"。而王夫之却以《正蒙》《太极图说》陈义相同，但仍未出朱熹之樊篱，因此牵附《太极图说》，对于《正蒙》之独特处未能加以洗发，转而歧误。钱穆对王夫之的《张子正蒙注》的阐释也有肯定，如其认为王夫之的阐释以太和有一实，甚为正确。合虚与气，即天人合一，惟人能之，为物不能。物者气而已，不复合虚，这是张载不同庄老之处。王夫之据此辨析张载、程颐之异，极为有见。认为王夫之的阐释较朱熹更为允当，朱熹专本性即理而言，而王夫之据"率性之为道"而言，两者自有区别。王夫之的阐释极为明晰。张载《正蒙》只论幽明，而不论有无。幽明属于知识论的范围，有无属于本体论的范畴。人所不见，只可称之为幽，而不可谓之无。《正蒙》从未推论天地未生之前，这是《正蒙》的独特之处。王夫之的阐释可与张载《正蒙》本义相发明，心与耳目口体之别，也相当于全体与部分之别。王夫之以孟子尽心为尽性实功来阐释，也是对的。而朱熹注《孟子》却倒说，以尽性而后能知心，这是程朱与张载见解不同之处。钱穆也指出王夫之对于张载《正蒙》的误解之处。王夫之以张载此条以阐明道所自出、物所自生，与周敦颐《太极图说》之旨同，实误。王夫之论学虽得横渠奥旨，但亦有误解者。王夫之以理、太极来阐释道，并不恰当，均非张载本旨，认为阴阳絪缊于太虚之中，亦有语病。王夫之颇得现代科学物质不灭之精义，"质"相当于张载所言之"气"，但"能"却与张载所言之"虚"不同。庄老以"天无万物实无前因，忽然而有，故曰自然"，此即周敦颐"无极而太极"之本义。陆九渊与朱熹辨《太极图说》，坚持认为"无极"一语来源于老氏，确有依据。而王夫之因朱熹推尊《太极图说》遂曲相弥缝，以张载《正蒙》、周敦颐《太极图说》混成一说，而对于"无极"二字避而不论，可见其破绽。张载以性死而不亡，指性合太虚与气而成，言其太虚之体，则未尝亡，然张载此义近于佛教，朱熹辨之极是。张载论性与程朱异，与孔孟亦不同。王夫之的辨析，既有彰显张载之处，也有误解之处。王夫之谓命之戕性，盖谓由偏害全，然张载此等处，本与孔孟不同，孔孟未尝言性通乎气之外。王夫之辨析张载、程颐气质之性不同，辨才性之异，剖析甚微，但亦不完全正确。王夫之以张载、程颐言性不同，这是正确的，但辨刚柔缓急非气质之性，则非。张载之意以天地之性为全，气质之性为偏，然舍偏无以见全。王夫之仍有程朱理气之意梗于胸中而不自知。王夫之辨才性，乃程颐之意，其实才性之辨如理气之辨，为程朱论学之大条目，张载《理窟》之

《气质篇》与《义理篇》皆言变化气质。张载认为气质之性落于偏，非太和中正，故须变化，若性不待移，则张载何必屡言成性。张载言"太和""万物一体"，王夫之则言"太始""万物同源"，王夫之以万物同出一理，这些都是程朱义，而非张载之义，因此王夫之以"太极"来阐说张载之"太虚"。合内外之德，由耳目闻见启之，故曰"合虚与气""合性与知觉"，张载并不蔑弃气与知觉，王夫之牵搭朱子格物穷理为说，大非横渠原义。王夫之牵搭无极、太极阐说，与张载原义显然不同，而误以"散而之无"与"聚而成有"者同为末，其实散即太虚，实乃本。这方面，张载的原文极为明显，而王夫之将周张程朱牵搭在一线，难免指说不分明。王夫之认为"当大其心以体物"固然正确，而"体身"则不伦不类，王夫之对张载"万物一体"之旨，似乎始终未加领会。

四 对王夫之庄学的价值揭示与思想吸收

钱穆对王夫之庄学研究的价值予以高度肯定，并加以借鉴吸收。钱穆的《庄子纂笺》1948年12月草创，1949年2月完成。1951年初版于香港。引用书目中就有王夫之的《庄子解义》（即王夫之的《庄子解》），钱穆认为王夫之论老庄颇具创见，而义趣宏深。较之阮籍、邵雍，可以增长智慧，识别流变，阮籍得庄之放旷，邵雍得庄之通达，而王夫之得庄之深微。由阮籍而邵雍而王夫之，可以登堂入室。钱穆的《庄子纂笺》的外篇、杂篇之总论均引王夫之的观点，以说明其真伪旨趣。各篇题解多采用王夫之的阐释。内篇之《养生主》《人间世》《应帝王》，外篇之《马蹄》《胠箧》《在宥》《天地》《天道》《天运》《刻意》《缮性》《秋水》《至乐》《达生》《山木》《知北游》，杂篇之《徐无鬼》《寓言》《则阳》《天下》之题解均采用王夫之的阐释。此外，在文中也有对王夫之观点的引用。

五 民国后期钱穆船山哲学研究的特点与价值

民国后期钱穆更注重从中国思想史的脉络去阐释、揭示王夫之哲学的地位与价值，善用比较分析方法，进行历时比较和共时比较。既有类比，也有对比，既能揭示其异，又能标出其同，并能探讨其同中之异、异中之同。尤其是与颜元的思想比较具有开拓性，注意对船山的思想渊源进行分析。除了对张载的关注外，还对王夫之与老庄、孟荀进行关联性考察。注意脉络层次分析（内在理路），揭示王夫之思想的特色、地位，以及与宋明理学、清代思想的联系与区别。并指出王夫之对张载《正蒙》阐释的洞见与偏失。钱穆的船山哲学研究具有历史的观念，辩证的态度，能提要钩玄，揭示时代趋向与思想个性，平实之中不乏精彩。

第二节　唐君毅：性道与文化

　　民国后期唐君毅的船山哲学研究成果体现在其1947—1949年在《学原》发表的《王船山之性与天道论通释》（上中下）《王船山之人道论通释》《王船山之文化论》等论文当中，后收入《中国哲学原论·原教篇》一书。唐君毅对船山哲学进行了系统深入地研究，认识到船山思想的体系性，注意寻绎船山思想学术各方面的逻辑脉络，克服了唯心论与唯物论视域船山哲学研究的机械偏失。尤其是揭示了王夫之内圣之学与外王之学的逻辑联系，即其宇宙本体论与人生论、文化论的有机关联。涉及的船山文献非常丰富，基本贯穿了船山的主要著作，尤其对《读四书大全说》做出了最为深入细腻地解读与阐释。唐君毅的船山哲学研究视域宏阔，辨析精微，注意在宋明思想视域中全面审视船山哲学与濂溪之学、横渠之学、程朱理学、陆王心学的联系与区别，分析深入透辟。同时注意揭示王夫之与先秦两汉学术思想（墨、孟、庄、荀以及汉儒等）之异同，并对王夫之与黑格尔进行比较分析。在比较分析中，注意揭示其同中之异和异中之同，既体现出思理的绵密，又可看出格局的阔大与识见的超卓。唐君毅在熊十力框架的基础上更加深入细化，且在本体论与文化论的探讨方面有所超越。尤其是在王夫之的文化论方面进行了深入地分析，具有开拓性。唐君毅的船山哲学研究虽然开展较晚，但其成就代表了现代新儒家船山哲学研究的最高水平。虽然在认识论方面，不免有所忽视，但对曾昭旭、林安梧等当代船山研究学者产生了深远的影响。

一 揭示王夫之的思想旨趣与历史地位

唐君毅认为，王夫之在明末清初思想家中哲学成就最高，且能承续宋明理学重内圣之精神而及于外王，实现了性道与治化的贯通。王夫之旨在矫正阳明心学的流弊，故对王阳明极力抨击，对程颐、朱熹、邵雍皆有所不满，而对张载最为认同。

唐君毅揭示王夫之哲学的思维进路，并与汉儒、宋儒、明儒进行比较。唐君毅认为，《周易内传》《周易外传》《读四书大全说》《诗广传》《尚书引义》《思问录》《张子正蒙注》《读通鉴论》《宋论》是王夫之最重要的著作。其哲学取客观现实的宇宙论进路，对张载的气论加以吸收，而去除其太虚之义。在以气为实方面与汉儒相近，而理气兼重，理为气之主，则与宋儒相近。认为离气无理，理为气之理方面则与明儒相通。王夫之即器以言气，并不追溯气之源头，则与明儒大不相同。其言气言二气之化，以太极为阴阳二气之化之浑合，与先儒二气原于一气之说迥异。

唐君毅揭示王夫之心性论与理气论的关联。认为王夫之本气以确立性善之义，重人与物性之差别，严辨人禽之异，不任心而尊性，不宠情以配性，而主张以性治情。情之不善源于气质与物相感应之际，气质善而不可说恶，与宋儒归恶于气不同。在修养工夫上，立养气践形之功。

唐君毅揭示王夫之心性论对文化论的影响，认为王夫之根据性即气之性阐发性善气亦善之义。恶在情不在气，善在性而不在心，即情、任心、舍气均不足以见性，与明儒之即情知性，即心见性不同，也与程朱之舍气言性迥异。即情言性不免流于浮荡，舍气言性则流于枯寂。在王夫之看来，这两者都是宋明思想中接近佛释的方面，必须加以剔除，才能严儒佛之壁垒，并由此论中国历史文化，精彩绝伦，非宋明诸儒所能及。

二 揭示王夫之天道论的意蕴

1. 道的含义

唐君毅阐明王夫之道论的独特意蕴及其与朱子、阳明之异同。他认为王夫之的道器论持"道即器之道"的观点，王夫之统合形上形下，即形器以明道，即事明理，即用见体，与王阳明相似，与朱熹严分形上形下、严分体用截然不同。但王阳明以人道摄天道，并无独立之宇宙论，而王夫之即器明道、即用见体，既据以明人道，也据以明天道，而有独立之宇宙论。王夫之即形器以明道，以形器之概念为首出，可知其先肯定现实存在的真实性，先肯定个体事物的真实性。王夫之认为任何形器之体皆为用所凝成，而复化其体以呈用于他者，因此宇宙形器之全体即一大用之流行。此用之流行具有历程性，因此由肯定一个体事物之真实转而肯定此用之流行中所显示之道亦为真实。王夫之认为一方面即形器而明道，可言无形器无道，另一方面形器皆在此用之流行中，而用之流行必有道，因此无道亦无器。因此道器本无先后可言，只是器之真实为日常生活所先肯定，由肯定器之真实乃知道之真实。实际上道与器实为一体两面。

唐君毅揭示王夫之由器与气之真实以说明理之真实的逻辑进路，并与程朱理学进行比较。他认为，王夫之本于先肯定器之真实乃能肯定道之真实，而程朱则本于理先气后就理之真实以说气之真实者。王夫之则就一形器之物皆依靠天地阴阳之二气为其成形器之物的根据，以气之真实为器之所以为真实之根据。器之理即阴阳之气之理，器为真实，其理亦为真实。理为器或气之理，而有真实义。王夫之由器与气之真实，以说明理之真实，与程朱以理之真实说气与器之真实不同。一切形器皆为阴阳二气所凝成，为阴阳二气自用其体所成。王夫之认为动静为阴阳之动静，与朱子以动静先于阴阳之说不同。阴阳二气自用其体以成物。王夫之认为无离用之体，二气之体必自用而有化育流行之道。气之道体物不遗。

唐君毅揭示王夫之所言道之主持调剂阴阳二气义。唐君毅认为，王夫之以道为气之道，道为气自用其体之方式，道主持调剂阴阳二气。道是阴阳相继或转易之方式，在阴阳二气之用之流行中见之，不在其上其外。

2. 太极、乾坤与阴阳之关系

唐君毅揭示王夫之太极论、乾坤论、阴阳论之交参互含关系。他认为，王夫之以太极含阴阳之气，复含阴阳之理。太极为理气之所充凝，与朱子"太极只是个理字"不同。太极与道不在乾坤天地万物之先。天地之体道而变化，乃合同而化，化而复分，分而复合。太极或道即在气化之流行之中，气化之流行即太极之昭布。太极呈其用于气化流行之中，太极之体为天地万物所自生之名所以立，正以其后天地万物之生而立。

唐君毅称赏王夫之乾坤并建论的独创贡献。他认为，王夫之以太极为乾坤之合撰、阴阳之浑合，太极不先于乾坤、阴阳，有乾坤阴阳之合同而化乃见太极。因此王夫之主"乾坤并建"，乾坤阴阳自始即相待而有，与汉儒、宋儒不同。乾坤与易相为保合，因由乾坤之道而后有易，有易而后见乾坤之道之真实，为器物之蕴。动静往来屈伸无穷，而知乾坤至健而至顺，以通于天下无穷无尽之理，使相续具体实现于气化流行，以成天下之物之无穷无尽，以见乾坤之盛德，乾坤知能易简之义，王夫之论之最为精当，为古人所未有。

3. 现实宇宙之动而无息、真实不虚与变不失常

唐君毅揭示王夫之动静论、虚实论、常变论的辩证复合性。他认为，王夫之的宇宙论虽重动、尚实、明变兼具"于两见一"的辩证性。唐君毅指出王夫之动静论的交互性与可持续性。宇宙动而无息，为一绝对之流行，一绝对之动，相对之动静即涵于此绝对之动中，以成就此绝对之动。王夫之重动之言，实具动静相涵，惟动静相涵，动乃不息。动静阖辟相涵，往来不息，相反相成。唐君毅指出王夫之虚实有无论与动静论之内在关联。大化之流行统为一绝对之动，故宇宙为绝对之真实无妄，无所谓空无，而是一流行之生，一永恒之有。王夫之所谓虚，乃虚于此而实于彼，

动若实而静若虚，静所以成动，虚所以成实。王夫之循客观宇宙论的思想方向而进，实在动用之形器相继迭成，于其中见阴阳气理流行之道，而于此阴阳气理在此流行中之相保合为一全体处，言太极之真实，虚所以成实，静所以启动，以成此大化流行之实。船山观客观宇宙，动实静虚，聚实散虚，聚明散幽。其散其虚，并非虚无，为形之化为气。气可散、可幽、可静而幽，而又能聚、能明、能动而实，虚实、动静、聚散、幽明皆相待而不二，于两见一。宇宙并非虚无，故言往来屈伸聚散幽明，而不言生灭。宇宙是有，日新而不断，无纯粹之太虚，无绝对之空无。散可聚，幽可明，二气之化育流行不息，宇宙真实不妄。唐君毅指出王夫之常变论与动静论的逻辑联系。二气流行不息，动静往来屈伸不穷，故天地有其至变与至常，而变不失常。道至变而日新，至常而恒贞，其本在于两一相成，两以明变，变立而见一。

三 揭示王夫之所论性命天道之关系

1. 性命之意义

唐君毅揭示王夫之人性论阐释的逻辑进路及其性命论的独特含义，并与周张、程朱、陆王进行比较分析。唐君毅认为，王夫之以气言天，有天道，人乃分宇宙之气，以受理于天。有天道而后有命与性，人受理而智能知此理，力能行此理，以启宇宙之化，则为人道。人与物皆天道之气化所凝成。人分于天道以成性，而能知性，尽性而有。人之性善，而物之性不必善，此乃船山言天道、人道、人性、物性之辨之细密处。王夫之的人性阐释采用的是客观宇宙论的进路，与周敦颐、张载较为相似，而与陆王心学迥然有别，也与程朱理学有所不同。王夫之人性论与程朱理学不同之处在于王夫之注重区别人性与物性，而严于人禽之辨。王夫之以气言天，善在天人授受之际，性成而善凝，乃可谓人性、人之理为善，天道本身为善之所从出，不可言善。惟天授其理以成人之性之授上，乃有天之善。物虽本天道之善以生，但天道之善不凝于其性，因此不得言性善。

2. 天道、善、性之关系

唐君毅对王夫之所论天道、善、性之关系进行阐发，揭示王夫之此论的具体含义及其思想指向，并予以高度评价。唐君毅认为，天道与善与性之关系是王夫之思想最具特色的方面之一，王夫之以道大善小，而善大性小，以尊道、尊善、尊性，独出机杼。道大善小，善大性小。道大以尊天，性专而为人所独有，以尊人；尊天之善之继于人。道大自外延而言，性专自内涵而言。道大源于气化无不循道，气循道而化以成器、成物、成人而有所成，有成则有继而有善。善之义狭，惟可用于气化之相继以成物成人成器，而道之义则广，气有其道，不得不化，道为善之条件，而无不善之天道。道可成物而亦可未成，当有善而未善，必当继而尚未继，故道大而善小。王夫之认为，人物之不善不可归罪天道。天道本身不涵善义，但天道为天有其善之根据，天道毕竟无不善。万物之生皆继天而生，物皆天之自继其化育之事而生。化育之事对所化育之人物为善，故人物之生皆源于善。天之生物无过，凡所有生之处，皆善所流行之处。不善在人物既生之后，不善之所由成，皆在人物成性之后不能继天，阴阳二气变合之差误不当为不善之源。王夫之以当然之理为物、气所自具，物之相害关系亦可转移，亦无时不在转移中。物物间之并育并存关系亦无时不可有，凡物相阻害之关系可转移而成并育并存之关系，此亦道大而善小的缘由。对人物为不善者，非必对天之气化为不善，不合理者皆可转移而成合理。王夫之所言善大性小之依据在于物性不善，人则或不能尽其性，物性之善由其不能凝此天之仁、凝此气化之善，以为其性。天之善周流于众物，而人、物皆用天之善以成其生，然物不能凝此天之善以为性，而人能凝善而成人性之善。故物只用善而不凝善，小于天之善，人性虽能凝善亦小于天之善，故可言善大而性小。人性凝天之善即凝天之气化之善，能尽性顺理，则阴阳二气迭用常和，则善相继而不相害，由此成己成物，以人合天，尽性至命而立人道。此王夫之所以尊人之性。王夫之既尊天之道、天之善，而复尊人之性，天道与人性不可分离而说。天道博而不亲，离性言道，则博大无归。必通天道人性而合之，由天之能继善以生人生物，乃知天之善，由人之能凝天之善，而能以人道继天，乃知人性之善。合天地人性而后知善。言善，则天道人性皆不能外，而得天人合一之理。此王夫之所以尊善。

四 揭示王夫之人性论的渊源与内涵

1. 性命论

唐君毅对王夫之的性善气善论、性日生日成论、气质之性论进行探讨，揭示其内在逻辑，并与程朱进行比较。唐君毅认为，王夫之持性善气亦善的观点，因为王夫之言天以其理授气于人为命，人以其气受理于天为性，人受于天之理为善，而所受于天之气者亦善。王夫之在性善气善，性不离气的基础上，又有命日降、性日生之论，强调人性的日生日成，日新不已，反对人之性受于人之初生之际。命日降，性日生，纵然习之不善，依然有复善之可能，同时尽性并非复性，而是成性，与禅宗不同。王夫之根据孟子夜气、平旦之气阐发命日受性日生之说颇为深切。王夫之言性注重发挥孔子的性相近之义，王夫之认为性不离气，人受气于天以成性，虽同此善，但生后所受之气异，受气所成之形质有异，因而性并不完全相同，所以王夫之只说性相近，与程朱以气质之性为异不同。王夫之认为气性不离，性善气亦善，人性之偏原于质，而质之偏其本身亦非不善，质之扁亦由气化所成，可由气之顺性日生者，日以成其善习，而改易其偏。因此气质之性，并非定然不善。

唐君毅揭示王夫之的受命在人之义，以天命无不正、无非理，而命之正否在人之受命。他认为，王夫之言人受命于天，分于天之气，以成其为人，而有其性，既成为人，则所分之气在人而不在天，以申受命在人之义。人既分于天以生，而成其为人，自后之行为，便直接以人为主体，功罪不可归之于天。天于人生以后，有所予夺，命固在天，而受命在人。知予夺在天，无命可恃，则致力在我。无所予夺，则无所谓命。天无予夺，则无所命。因此天无所予夺之处，皆是人当致力之地。若一切委之于命，则人为尽废。能受命以正，则天之顺逆之命于我者无不正。命之正否在人之受命，知天命无不正、无非理。

2. 心与性与理

唐君毅揭示王夫之所论心、性、理之相互关系及其思想渊源。他认为，王夫之的心论采用张载的"心统性情"之说，以气载天理而为心，气所具理为性，气具理而知之为思，显此理于外为情，思、行此理以显此理之能为才。性为体，心为用，理之具于心，为心所知所行，而呈其用于心，心之如何如何知行，皆必循理，皆所以著理。心性不可二，但性为理，而心为气之载理，二者并不同。不可言心即性，心即理，心固可不存理，而有未合理之心。由于人之心能与理一、与性一，但亦可不一，王夫之认为心有人心、道心之分。心与性、理一，为道心；心与性、理不一，则为人心。人心可为道心所用，亦可不为道心所用，故人心可善可不善，人性可言善，而人心不可径言善。心有道心之善与人心之可不善之异，但不可因此疑天之生新之理之善与性之善，道心能奉性，能循理而生，道心之善所以继天而本于天；人心可不奉性，而乃由其不循理，不奉性，不继天，而有不善。其不善由于不继天，非所本于天。因此道心有本，而人心之不善者无本。道心人心本为一心，其分乃就其尽性奉性与否而言。凝善以成人性，奉性穷理而为道心，以见人之性。不奉性穷理，则为人心之不善。物不凝善以成性，仍为物，性不奉性，亦为心。人不能凝善以成性，则人性同于物性；心不能奉性，则人心同于物心。心不思而徒以耳目口鼻之知觉运动为事，则有不善之恶几，心官思以奉性尽理则善矣。

3. 情、才、欲之关系及不善之来源

唐君毅对王夫之所论情、才、欲之关系予以探讨。他认为，王夫之以心既具性而统性，又显性统情。情才皆源于性，皆统于心，皆出于气。性情才之关系上，才以给情，情以御才。才本当显性、尽性，必以情御之，而后能尽才以尽性。才显性而有功于性，动而有为，效成乎事，故才以就功,功以致效。情生于性,欲生于情,情生而性藏,欲生而情藏。

唐君毅揭示王夫之所论不善之来源。他认为,王夫之以才、情、欲本身非不善,人心之未善在于情未能显性,才未能尽性,欲未能合理,人心之有不善,非性之过,乃性不奉性之过。不善之源在于显性之才未有。才之不善,由于不尽其才,则才本身无不善。情之可以为不善,在于才之不尽,才不尽而可尽,则情可以为不善,亦可以为善。欲由情生,欲亦可以为善,为不善,而非必不善。欲非不善,若非此欲,则不可以行仁,欲虽尽去,亦不得为善。天之生人而有欲,有其所以有欲之理,贵在尽理而遂人之欲。王夫之认为欲并非不善。天生人而有欲以遂其生,而使人有欲之理,乃善之流行。理欲相反而实相成。欲可合理显性而为善,则欲本身无所谓不善,欲亦可不合理、不显性而不善,亦不可谓欲上即有善。

唐君毅揭示王夫之所论不善之来源的价值,并与程朱、陆王进行比较分析。唐君毅认为,王夫之以人心有不善,由于才、情、欲之失当,然才、情、性皆可使之尽善。将不善溯源于气禀与外物感应之际,而后有不尽之才、不善之情、不当之欲,这是王夫之的创见。人之不善只可归之于物我交感之动以及由此而成之习,这是不善之情欲所产生的缘由。不善之源在外物与气禀情欲交感之际所构成的不当关系之中,情为吾心之动几与物之动几相合而生,不善之源在于物之来几与吾之往几不相应以正。不善之情习由于遇物感而不当,感后而知其不当,已往而不及收,则情留而成习。阴阳之变合可生出不善之物性,但无碍于天地之善,阴阳亦无不善。外物与气禀之往来,生出不善之情习,但无碍于人性之善、才之善。心不思,则不自知其性而不知理,思为心之才,心不思,则心不尽才以知性知理。心可不尽才,可不思以知性知理,而心未尝无才,而能思而知性知理,亦能知几审位而感得其当,若心尽才而知已审位,则物我皆能各正性命,则物我之形色本身皆非不善。性情才欲本皆无不善,但才不尽则情不正,情不正则情为不善,情之为善在心能奉性。心奉性,为道心,为善,心不奉性,则人心有不善。情才欲本身无不善而不可贱,但情不可宠,才不可奖，欲不可纵，而当尽心尊性。情才欲，皆人与禽兽所同，而性为人之所独。尽心尊性而人禽之辨乃严。王夫之的天道论与张载相似，人道论与程朱相似。心可有非理之心，心必尽心知性，心乃合于理，此与阳明心学不同。阳明心学专指道心，而王夫之所谓性乃包括道心、人心而言，王夫之尽心而不任心。

五 揭示王夫之人道论之途辙与归趣

1. 人道之尊

唐君毅揭示王夫之人道论的天人并尊、天人合一之旨。他认为，王夫之言心性情才虽本于天道论，但人分天之气化，凝善以成人，则人自为人，人不尽属于天。物不能凝善以为性，而人独能凝善以为性，故人性异于物性而独尊，人性善而有人道，为人所独有以继天道。人与禽兽之异几希，须忧勤惕厉，以尽心存性正情继善，不可迷其所同，而失其所异，以自同于物。人禽根本之异在于人能存性之善，人虽同于禽兽之情欲，但能存其性，则人与禽兽似同而迥异。人尽心存性以立人道，上继天道而辅天道之所不足。人固由天生，然人既生之后，则自为其人，性固原天命，而尽心存性则属于人。人生以后，惟有以人承天，不可以天治人。人生以后，人之承天凝理见于人自著其功之事上。理为当然之则，若不求心之所安，则不能显性而凝理，得之凝之在人，而后天命之理以显，其工夫全在心之思。而思全是人道之事，人道尽而天理乃显。人可以补天道之不足，人显理以合天大之大，天道赖人道以继，天道赖人道以成。天之生人生物，皆善之流行，然亦有阴阳变合之差而不当，致生物之性不能皆善。人性虽善，若所遇之物非其时，不当其位，则情才亦有不善。人性善而情才有不善，而不得谓天化不当理。天化固有其理，道固无不善。天之化有未当其理之处，致其所生之物之性有不善，人之情才中有不善，天能善人物之始，而不能善人物之终。人能凝善为性，尽心存性，居仁由义，以裁成天地。循理而立人道，以辅天道之不足，而善万物之终。人道能辅天道，仍本于天道之大，而天之生人，使之可立人道以自辅，以完成天道。圣人存性尽心以立人道。天道无心无忧，善始不求善终；圣人有忧，以求止于至善。天地赖圣人以贞。天道善万物之始，人道善万物之终，以成天道之善始。天能生人，所生之人能成圣，亦未尝不能善其终。天道大而人道尊，人道之尊在能尊天道，人道尊而天道亦尊，天道大在于能生人以成圣，而人道亦大。此即王夫之天人合一之微旨，其重人道即重天道。

2. 思诚

唐君毅指出王夫之修为论的思想渊源、工夫与目标，并与程朱理学、陆王心学进行比较。他认为，王夫之的修为论在如何作圣贤，本于张载"性道合一存乎诚"之义与"心之用在思"之义，以《中庸》之思诚、《易》之存诚为教。天地惟诚，而无心立教。圣人知性本于天之诚，知性在乎思诚，而以诚立教。天道之善于人物，人性之能凝天道之善，皆本于诚。人不可不存其诚，发其诚，著其诚，而实有其诚，立真诚之人道，以继天道。天道实诚以其日生日成，太虚皆为一实，而天道为诚。王夫之以道观物，与佛老不同，王夫之以道为真实为诚，而物无不真实、诚。天道、人、物皆为一诚之所充周。人物生自天，故充周于物之诚，皆天道之诚。天道流行，本其诚以生物，而物不能凝天命以为性，人能率性存诚，以成己成物，此人之思诚之功以立人道而合天道。思诚为心之事，人竭思之功，以知理行善，知行皆实，皆为一诚之所充周，而心与理皆得，此思诚之人道以合天人物我。思诚之工夫在于竭心之思，以知理行善，与王阳明主"心即理"不同，也与朱熹即物穷理有异。王阳明之即心即理，未必能分无理之心与有理之心，朱熹之即物穷理，则或滥物理为人心之理。王夫之主竭心之思，以知理行理，以立人道之正。心竭其思，可以知理以辨是非，知合理与不合理之别。不合理之心乃由有性之理反照出，故竭思之功，则由心之不合理之所在，反照出理之所在，可以存诚而发诚。王夫之重理似程朱理学，由思以显理，兼于非理中反照出理，与王阳明由良知之是是非非，以见良知之至善颇为相似。但王夫之主竭心以显理，竭思以识理，乃心之工夫，非理能自显，与王阳明即心即理、即本体即工夫之论不同。徒知理之是非，不足以尽善，必行而后尽善。王夫之虽承认知中有行，行中有知，但亦言知行可得而分功。知行有先后之序，而可交相为功。但行可统知，而知不可统行，则行重于知，以矫阳明后学以知摄行、重知轻行之弊。由明而诚，存人之诚，即存天之诚，而天人合一。至诚而知不待致，行不待力，而即知即性，自修养之果而言，王夫之同于王阳明。圣人由明而诚，率性以成己，圣人由诚而明，则修道以成物。王夫之以修养之工夫在于思诚。思诚有人之明诚以合天道之诚。人道之善，在于凝天之善，以成人性之善，故人道之善在天人之际。王夫之以仁义礼智四德配于元亨利贞，为人之四种善，与朱熹同。但朱熹将诚亦列为善之一目，与王夫之不同。王夫之以知仁勇为善之用，为昔贤所未有。勇始于知耻，知耻始于对不义无礼而耻焉，而终于对不仁不智而耻焉。耻不义无礼，则能宁死不弃义，造次不违礼，此即勇之所以兼成义礼。在三德之中，王夫之特发挥知耻尚勇之重要。

3. 持志养气与正心诚意、忠恕之道

唐君毅揭示王夫之志气论的相互关系及其关键所在。他认为，王夫之以明善始乎好学，成善始乎力行，求无不善，始乎知耻。思诚始乎好学力行知耻，而终归于知仁勇，以尽仁义礼智道。气以帅志，志则始而定向于成终之心。王夫之以心定向于道为有志。心非一时有定向之思，志为规定心思使有定向，不仅规定当下一时之心思，且规定今后之心思。王夫之言志以志为心所常存，而主乎视听言动，与一般言志者不同。王夫之以志为心之所存而能主者，志为内在，且能主宰、规定今后之心思使定向于道。心有所向而动，只是一时之意，而非志。王夫之以规定主宰心思以定向乎道为志。在王夫之看来，阳明心学徒保心之虚灵，以致良知为事者未能识志。朱子以立趋向为志，徒有一理为心思之趋向，尚不能必其能主宰规定以后心思，仍不免宽泛。在唐君毅看来，王夫之以志之关键在于发挥知耻尚勇之义。王夫之兼重持志与养气，心气不离，理气不离。心能知理行理，本于气，无气则不能知理行理。故养气更能知理行理，更能持志。王夫之发挥孟子养气之义，将养气与持志并言，由持志以言养气。持志与养气互为根据。持志而后能集义，能集义则得以养气；养气则更能知理行理以集义，以持志。持志集义可以节情，使情合理而显性，养气可以辅性。持志与养气互为基础，持志可以成浩然之气，养气乃能成志，成己成物。养气唯在集义，期于配义与道，使之盛大流行，不在静坐存夜气与驯伏调御之工夫。

唐君毅指出王夫之志气论与心意论之关联，并对诚意与正心之关系与主辅进行考察，与朱熹、王阳明、刘宗周进行比较分析。唐君毅认为，王夫之言工夫特重言志，以合乎天道之诚，言正心诚意之实功，紧扣持志之义。王夫之虽承认格物致知正心诚意之序，但不如朱子之严格。王夫之以行统知，知不统行，重诚意正心，与朱熹重格物致知、王阳明重良知不同。王夫之重诚意，与刘宗周相近，但王夫之不以意为心之所存，以意为心之所发，与心之所存主之志相对。王夫之所谓志乃内在而恒存者，与刘宗周所言之意颇为相似。但刘宗周所言之意为先天本体意义之意，王夫之之志为后天所立所持。王夫之以持志为正心之工夫。正心与诚意以工夫言交相为用，互为根据。持志为其枢纽，贯乎正心诚意。王夫之反对心如太虚为正心之说，湛然虚明之心显非心正之心。正心诚意互为根据，正心即存养，为静中之工夫，诚意为省察，为动中之工夫。一方面正心诚意互为基础，另一方面，存养先于省察。诚意以正心，省察而存养乃纯一，可见正心诚意（存养省察）互为基础。王夫之特重持志正心之义。

唐君毅揭示王夫之忠恕论之含义与相互关系。他认为，王夫之就应事接物之修养工夫上，阐发忠恕之义甚善。忠为尽己之道，恕为推己之道，由忠而性行于情，由恕而理行于欲。交勘合一，则成己成物之道具。圣人理欲合一，忠恕一贯。

4. 论无欲、主静、身物、功利、富贵

唐君毅揭示王夫之内圣外王、体用兼备的思想特色。他认为，王夫之以理气皆尊，德才并重，心身俱贵，理欲同行，以说明功业不可废，经世济民之重要。此为王夫之学说之重要特色。

唐君毅认为王夫之不以主静无欲为教，对身物均予以重视，并指出王夫之贵才的本体论依据，与宋明理学进行比较分析。王夫之言持志养气、忠恕之道皆为积极之修养工夫，不以虚明主静、无情无欲为教。情虽可为不善，但无情则不能显性。功罪一归于情，见性须在情上用功。人能持志养气，自能使欲当于理。若情欲净尽，则不能寓理显性，过于惩欲，则反摧其正情、绝其正感。王夫之认为，纵欲之病在于驰而不返，纵于此而遏于彼。不善之原在遏，诚能无往而不纵，则情欲充畅，皆合乎理，无不善之可言。王夫之不以主静无欲为教，反对喜怒哀乐未发之中为寂体，以中为在中之善性，本于李侗，与朱熹颇为相近。但朱熹以由性体之发为时中之中，只是用，王夫之则以此时中之中亦用亦体。在王夫之看来，喜怒哀乐未发时之工夫，非一念不发之主静工夫，而是专心致志以存善可征者，可见王夫之不以主静为教。王夫之重养气，而身由气成，五官小体皆心之神明所寄托，故反对孤持一心而贱身之说。王夫之对身与物均予以重视。王夫之认为道无所不在，德无所不凝。才不可贱，功利无可讳，富贵非不可欲，与宋明理学末流不同。王夫之贵才源于其贵理亦贵气之说。才出于气，贵气则贵才。有德则才不掩德，无才反见德之不优。反对阳明才德分说之论，有才则能有功。大才大功者，未必合于道而有德，然有大道大德而无才，则不能有功，其道不全。王夫之认为利当其则，即为义，立功业不讳言利。欲立功业使利当其则，则君子当得位，贵富以利民。在王夫之看来，天下无不善之物。

5. 止于至善与圣贤不朽

唐君毅对王夫之止于至善论的意涵进行阐发。他认为，王夫之重持志养气之积极修养工夫，无物不善。物有不善，在于德有未凝。一切罪恶，源于物有所不足与缺乏，而非原于多余。一切恶只是不善。世间无过于善之不善，而惟有不及于善之不善。中行乃进取而极至，狂狷只是不及。王夫之以至善中庸为皇极，善无不及，合天之太极。王夫之认为万物皆备，以我备物，于其相接者，以天理通之，其义至精。凡有未善，皆继之以善，以善继未善，则极于善，而无不善。善不可穷，无可息，息于不息，而善可言穷，善可言止，此即王夫之止于至善之微意。

唐君毅对王夫之圣贤不朽论的逻辑脉络与思想旨趣进行分析，并揭示其与程朱理学、陆王心学之异同。他认为，王夫之以宇宙为一真实无妄之诚，无始无终。人生之道由思诚而至于一真不妄，不息不已于善。一生中皆生生相续，唯不生时，方为死耳。依其意，物死则化，为气以生他物，则终而复始，生生相续。死为生之大造。据王夫之气化流行不息之说，则虚无寂灭之观念安顿不上。王夫之就天地万物所由形成之气本身生生不息，以言宇宙之化育流行不息。程朱自理上言人物不朽，王阳明与王畿自心上言，王夫之自气上言。大化有往来，个体无轮回。个体之气并不丧失，人之身体由气所凝，人之精神亦属于气，人之理想为气之理。气不化而入无，人之精神亦不化而如无，圣贤虽殁，精神亦往来宇宙间，而延于后起之人。唐君毅揭示王夫之圣贤不朽论与佛教轮回果报说之区别。他认为，王夫之论圣贤精神不朽，不求个体精神之长存，因圣贤本无私吝之心，则其清明之气，公诸来世与群生，而佛家言轮回果报仍不免固守个体之私心，轮回之说足以怙私崇利。而王夫之言气化往来不穷，则圣贤可延清纪于无穷，无断灭、寂灭之可忧可惧。圣人至诚无息之道，乃长存以贞天地，体现出以人道赞天之旨。

六　揭示王夫之文化论的本体论关联与现实价值

唐君毅揭示王夫之善言历史文化之本体论原因。唐君毅认为，王夫之对宋明理学入乎其中，出乎其外，对张载之重气独有会于性。知重此浩然之气塞乎两间，以实现此理此心于行事，以成人文之大盛。王夫之通过理、心以言气，为真能重气者，善引申发挥气之观念各方面含义，说明历史文化之形成。

唐君毅揭示王夫之善言历史文化之关键及其所体现出来的时代趋向，将其与黄宗羲、顾炎武、黑格尔相比较，对科学主义和唯物思潮深表不满。唐君毅认为，王夫之同时之黄宗羲、顾炎武均善论历史文化，与王夫之同表现一时代之哲学精神，但黄宗羲宋学之功不深，而顾炎武多言明儒之病，又门生故旧满天下，因交游而泄露精神。唯有王夫之既知明学之弊，亦知宋学之长，磅礴之思见诸文字，为结束宋明理学之大哲，与黑格尔综合理性主义、经验主义相似。黑格尔、王夫之言气言存在，重精神、文化之存在，阐说历史能紧扣民族精神之发展而言，以昭苏国魂为己任，复乎不可及。西方哲学自黑格尔之后，流于重生存、重物质，中国思想自船山之后，亦重功利实用，使气与存在之义局狭而猥琐，今人受清代功利考证之风与西方唯物论思潮影响，居然将王夫之下比于颜元、戴震与西方唯物论者，简直有辱先哲，昧于哲学进退。当今之世，西方欲救唯物思想以言历史文化之弊当由黑格尔而上溯，而中国欲救清儒考证功利之风，以建立民族文化之全体大用，则须复兴船山之精神。

1. 船山善论历史文化之关键在于重气

唐君毅彰显王夫之的历史文化意识，并揭示其善论历史文化之关键，将其与朱熹、王阳明相比较，指出王夫之的卓绝贡献。唐君毅认为，王夫之发挥张载思想，论天人性命，归趣在于存中华民族历史文化之统绪，对中国学术文化之各方面皆有论述，尤为邃力于六经的训释。王夫之精神所涵蕴者在中国历史文化之全体，朱子以外，无与伦比。朱熹、王夫之以我注六经，上承下开，守先待后，精神充实弥纶于历史文化之长流，此其精神所以为大。陆王徒以"六经注我"，终不能致广大。然朱子之学以理为本，论性道可曲尽其致，然论文化历史，则仍嫌不足。道德与文化历史虽一贯，但毕竟不同，朱子直接以道德上之原理应用于文化历史，对于文化历史之价值意义不能有充分之了解。论历史文化与道德不必全然一致，朱子言理，阳明之言心，于论道德为足，而论文化历史则未必足。朱子与阳明虽含文艺欣赏之态度，但其念念在成德，重理重心不重气，不重才情，不重文艺上之表现。气在朱熹阳明哲学中分量轻,则礼之分量亦轻,理学末流至忽略社会政治经济。朱子以道德理性论历史,不能就史事之结果论历史文化之全体价值。王夫之外观之功多,而内观之功少,言理言心多不及朱子阳明之精微。然王夫之在言心与理外,复重言气,王夫之言心理与生命物质之气,而复重此精神上之气,此即王夫之善论文化历史之关键。

2. 船山之历史文化意识

唐君毅揭示王夫之的历史文化意识与其重气思想之内在关联,而气之特殊化与浑含性实为关键。他认为,在历史学与历史哲学中,以事为首出之概念,而气也必为首出之概念。重气之哲学趋于重视历史。气为宇宙人生存在流行之特殊化原则,理为宇宙人生之普遍化原则。朱子阳明重言理一、心之理同,不甚重视个体人物气之异。成吾身心之气必有其外,有万物之气,有他人之气,有父母祖先圣贤之气,则我不得恃其心之大而无限,恃此心之具万理,而忘其气之有限,而自知其个体身心之气乃包裹于千万人与万物之气中而胎息、滋长,我之气得浑合天地古今之气,使我为此特殊个体之精神与天地其他特殊个体之精神融凝为一,使我之精神真成不自限之精神,成真正具体之普遍者,王夫之深知这一含义,而朱熹、阳明则尚未具有。

唐君毅指出王夫之善论历史文化之在于其重气因而重历史的具体性、特殊性,注重历史影响之社会文化价值,并不只注重道德价值。他认为,王夫之善论历史,由于其能重气,重观史事之特殊性,于事中见理。王夫之论历史,重论史事之时势,亦必重观史事之特殊之理,重观时异而势异,势异而理亦异,故能得史之曲折与精髓。王夫之长于论史事所由成之时势之理,史事影响之价值结果及社会文化变迁,不乐道古,以为过情之誉,亦不执古,以为后世之衡,并论及文化之演化,以观世运,并留意华夷之关系。王夫之真能知历史之所以为历史,得其含义之全以论之。王夫之独能做到这一点在于其以文化为客观精神之表现,与道德不同,个人之外,尚有其他古往今来之个人,合为大社会大民族之义,我虽具天地万物之理，心可涵盖古今六合，但我之气含蕴于天地、社会、民族之气运中，惟有承此大运，察此历史中气运之兴衰，以复兴起衰，以开来世，担负历史文化之重任。王夫之重观时势，其论历史，不只重人之动机善恶之评论，而重论史事所由成之时势之不得不然，以见理之不得不然，而重论一事影响之社会价值与文化历史价值，事之记过或有超乎人之动机，而合乎天下之公理者。王夫之认为，史事的产生及其价值，须由整个历史以观其时势之不得不然以及其对整个历史之价值，史事之价值非个人主观动机所得而知，乃在千万世，可见论史事之历史价值不同于论史事之动机之道德价值。王夫之论史亦重心，然其重心乃在以此心知一时之情势，审一事成败之结果，以求举措之宜，并非只重在动机纯正与否。王夫之论历史富于文化意识，重观文化流嬗、世运升降，重观史事与民族历史文化存亡绝续之关系。除了《读通鉴论》《宋论》外，在《黄书》《思问录》中亦有体现。

　　唐君毅指出王夫之重礼、乐、诗与其重气有着密切关联。他认为，非王夫之重气，则无以发诗、礼、乐之致。不重形色之气，则礼之分量不得而重，古代儒者重礼者皆重气。王夫之宗仰之张载亦宋儒中重礼重气者，汉儒重礼亦重气，荀子重礼亦重气。谓礼为理，为恭敬辞让之心，则只为主观精神，不能成客观共同精神之表现，而非社会文化。王夫之扣紧气之表现以言礼，故礼在内外之合，己物之相得，天性见于形色之身，显为天下人共见之际，如此则礼为客观精神之表现于文化之意始无遗漏。肯定身物形色之气之真实，为王夫之善言礼之根据。诗之意义韵律与乐之节奏，皆表现吾心之理，然徒有理，不足以成诗而成乐，须显理达情，方有诗乐。才情运而诗乐成，心性之理乃显于形色。形色固气，才情皆由气生，言诗乐，须扣气始能言。王夫之言诗不仅以言志达情为说，且贵余情。心之志气系道，乃有余情。人有余情，乃所以异于禽兽。达情之诗所以可贵，正在其能表现人之所以异于禽兽者之余情也。阳明心学以虚灵说心，程朱理学以理制情，不足说明达情之诗之价值所在。王夫之言诗能达情，且言诗之大用，使人情相感通而仁，使情达而顺，并贯通形上形下，为诗之大用。达情而使情达而顺是诗之达情之大用。诗之大用尤在贯通形上形下，通神与人，此则王夫之所言"诗为幽明之际"之义。王夫之言乐亦以达情为言，音容感人，虽资具象，属气上事，乃超意识而纯为天合，忘心忘理，而通于鬼神，贯通形下形上，立礼而归于成乐之义于此确立。王夫之阐发音容之大用，重在明乐，兼明礼之本所以重在容。先儒言礼，归极于容之盛，德充于外，气一循理，此全气皆心、全气皆理之境界，音容有度，斯达天德之超意识境界，可以彻乎幽明而通鬼神。王夫之言礼乐之极者，治之于视听之中，得之于形声之外，即形下见形上之谓。

唐君毅揭示王夫之的民族意识与重气论之关联，指出王夫之以保文化必当同时保民族，而只保文化是不得已之第二义。唐君毅认为，民族的每一个体虽有特殊性和差异性，但有共同的文化习性与精神内容。共同的文化将民族中的个人凝聚成一整体的民族。有共同的文化予以维系，则民族有精神的凝聚力，民族的文化程度越高，历史越悠久，则其民族的凝合就越牢固。如果民族丧失或忘记自己的历史文化，将会走向瓦解。这就是保文化以保民族之义。精神内容亦可普遍化于他人，并非限于我之同民族之人。当我之民族不足承受此文化，而其他民族能承受之。当我之民族为其他民族所灭亡，而承受我之文化，则与我民族之承受此文化并无大异。这就是离民族之保存而言文化之保存之说。每当夷狄乱中国之际，常有这种言论，亦有其合理性。但王夫之不取此说，原因在于此说纯就精神内容之普遍化而言，纯就文化形成之理的普遍继续表现而言，但未结合民族文化与精神内容的具体性和特殊性，未能扣紧形成这种独特文化之气，若能扣紧，则显然保文化必当同时保民族。保文化兼保民族为正常之要义，而不得保民族，而只保文化，乃不得已之第二义。

唐君毅指出王夫之兼保历史文化与保卫民族之含义及其现代启示。他认为，吾之保民族以保文化之事，只当义不容辞，且亦将信中国民族不亡，文教终能光大，而来者之必胜于今。此即船山之所兼言保历史文化与保卫民族之义。船山保民族之言甚多，其辨有文化之华夏与无文化之夷狄之别之言亦甚多。船山最痛心于宋明之亡，其《黄书》论华夏之立国建制之道，重功力以自固，法禁以为措，以保华夏，而不乱于夷狄。船山以惩于宋之亡于异族，源于不分兵民，北方无藩辅，故主保华夏，证其重民族大义、夷夏之辨，与保卫民族以保文化之意。王夫之言华夷之辨及夷狄与商贾相因之义，至今仍具有启发意义。王夫之在《宋论》中论中国历代之患皆在北方，主匿武北方，以保中夏文化，宋重文而猜防武人割据，未能于边塞置武臣为之守，以至于亡。可见其重保文化之深义。

3. 船山之宗教意识

唐君毅揭示王夫之对天地虔敬的宗教意识与其重气哲学之逻辑关联。唐君毅认为，先秦儒家宗教意识较浓，非汉唐宋明之儒者可及。尤以宋明理学受佛学影响，敬天敬祖、敬功德之人的宗教意识转趋淡薄。但王夫之不仅敬心敬理，而特重敬天，屡斥人妄同于天为僭天，其说本于张载《西铭》。张载、王夫之这种对天地之虔敬，正为一种宗教意识，为其重气哲学之必然结果。以吾人之气与天地万物之气相较，吾终不能无藐然之感。王夫之所谓天地并非只是气，而是含藏一切生物、与人类之性气之全，具一切生物与人类的物质性、生命性、精神性与善性于其中。唐君毅揭示王夫之敬天地之精神与西方宗教之异同。他认为，王夫之言敬天地为敬吾人身心生命精神与一切善之本源，天地亘古长存，天地不与圣人同忧，则其天地之义与宗教家上帝之义相距不远。不同在于，西方宗教爱上帝过于爱父母，而王夫之敬天地之精神由敬父母之精神以透入之。王夫之以天地固大而吾亦不小，承天之道，而尊人之道，其宗教意识超升与道德意识合一，不失儒家精神本色。王夫之在《周易外传》中对人祀天中应有之宗教意识有精当的阐发，人之宗教性祭祀，当兼有天地、亲、君、师之祭，而与西方宗教不同。王夫之重祭祀之宗教意识，与人之气死而不亡有密切关系。王夫之肯定客观实有之天地鬼神之气，方可言祭祀之宗教意识，并斥佛教为月教。

4. 船山之政治意识

唐君毅揭示王夫之的政治意识与重气哲学之关联，并运用比较视域，揭示王夫之政治思想的价值。唐君毅认为，政治经济以立功为目的，不可只欲成仁，不以成功为念。政治经济皆须以肯定人之与我为特殊独立之个体观念为首出，亦以气之观念为首出。政治经济之制度在调理诸特殊个体之关系，虽依理而建立，但具有客观的普遍性，而立制度在为天下之民。制度重在行，违于民志，即不得不变。行制度者气，使制度不行，失其所以为制度，亦气。因此言政治之目的与政治之制度，皆须以气为首出之观念，与言道德以理为首出之观念不同。求政治观念在客观社会之实现，则气必为首出观念。是以宋明以来重政治之思想家，无不重气，王夫之也不例外。王夫之言政治与宋明以降重气重功利之思想家不同，在于其以政治之本在道德与文化，并斥衣食足而后礼乐兴为邪说。唐君毅揭示王夫之重民思想的价值意涵及其与西方民主思想之区别。他认为，王夫之以政治之目的在于安顿民生，非为君主一人之计。反对申韩之残民与黄老之诈术，言君主当以人民为贵。君主虽尊，亦与一切人民为特殊之个体，同禀仁义礼智之性，人格之价值原自平等；同属于一宇宙，天之意志，不只表现君主之个人意志，而表现全体人民之意志，君当以治民为任，本天理以体全民之意志。此王夫之认识之深刻处。当然，王夫之重民与今之民主政治不同。王夫之尊重民之意志，不同于今之民主政治之往顺民意多数表决，乃重在居上位者，以天理与民之意志交勘，伸民志之正者，归于贤者政治之论，王夫之兼综天人理气而言，其义甚精。王夫之认为为政当重行，不贵议论，为政重得人，政治人物德才兼优，使特殊之才有特殊之用，既知理之当然，应知时势之实然，是其哲学的必然结论。唐君毅对王夫之的政治制度的论评价颇高，以为"精义纷呈"，可惜未能展开论述。

第十章　思想与社会：民国后期的
　　　　　船山哲学阐释（三）

第一节　嵇文甫：渊源与方法

民国后期，嵇文甫对王夫之的学术渊源予以梳理，系统地揭示王夫之与张载的具体思想关联，与程朱理学划清界限。在王夫之与晚明考证学、质测之学以及东林派的关联考察上更是具有开拓意义。此外，嵇文甫首次对王夫之的易学方法进行探赜，揭示其人文取向与辩证色彩。

一　揭示王夫之的思想学术渊源

嵇文甫在《王船山的学术渊源》（1949）一文中对王夫之的学术渊源进行探讨，重点考察了王夫之与张载、东林派、庄释各家、晚明考证与质测之学的关系。嵇文甫对王夫之的思想地位予以高度评估，认为王夫之是一个自成哲学体系的深刻学者，不仅超越侪辈，而且在整个中国思想史也不多见。

嵇文甫揭示王夫之对张载哲学的发挥与超越，王夫之认识到张载与程朱的差异，与程朱理学划清界限。嵇文甫认为，王夫之奉张载为圣学正宗、道统真传，对其推崇备至。王夫之特别地将张载突出，剖析出张载思想的精义，并每于张载与程朱有歧异的地方，常站在张载一方，指出张载的独到之处，剖析入微，与程朱划清界限，与向来讲道学与理学正统者不同。王夫之明显指出张载与程朱为学程序之不同，王夫之撇开程朱理学与阳明心学两派，另走张载知理成性、变化气质的道路，对张载学说进行特别的发挥，无人能及。而在自然、社会历史的认识上与具体的政治主张上，王夫之有很多开明之处，非张载所能及。

嵇文甫揭示王夫之与东林派的学术渊源与思想差异。嵇文甫认为，王夫之受东林派的影响，极力驳斥无善无恶之说，反对"天泉证道"式的单传密授，斥阳明心学为邪说。推尊顾宪成，称扬东林派的卫道之功。王夫之曾受知于高攀龙的儿子高世泰，事以师礼。王夫之不仅在学风上砥砺节行，反对王学，和东林派气味相近，而且确实有师友渊源关系。与东林派的不同在于，他不特别抬出周敦颐，而是标举张载，并在哲学、史学、经世之学方面都超越了东林派。

嵇文甫揭示王夫之对庄释思想的吸收和改造。嵇文甫认为，王夫之抨击王学，是因为它近乎禅。王夫之辟佛有其家学渊源，他的确研究过佛学，并撰有《相宗络索》一书，其善于辨析名理，似乎得力于佛家不少。他研究相宗，在当时就很特出。他运用佛家的分析方法，对佛家的世界观加以颠覆。王夫之善于辨析名理，更受老庄诸子的影响。他对诸子学有广泛的研究，他深入探讨老庄思想，确有独到之见。实事求是，予以剖析评估，运用"因而通之"的方法，加以批判改造，从老庄诸子中汲取丰富的思想资料，锻炼了辨析名理的能力。

嵇文甫揭示晚明考证和质测之学对王夫之的影响。嵇文甫认为，王夫之受晚明考证学风的影响，与方以智关系密切，学风相互影响，注意名物训诂的考证工夫，且考证不限于书本，而且还注意实事实物的考察，都很重视自然科学（质测之学）。

此外，嵇文甫还认识到王夫之与王学的思想关联。嵇文甫认为，王夫之的父亲受学于邹德溥,与江右王学有关系。王夫之虽然强烈反对王学,但其批评朱子学的方面,受王学的影响不小。

二 揭示王夫之的易学方法

嵇文甫在《王船山的易学方法论》(1946)一文中对王夫之的易学方法进行了探讨。嵇文甫指出王夫之易学的宋学路径与人文取向。他认为,王夫之最深于易学,其在方法上走的是宋人的路径,归宗于张载。王夫之坚持儒者人文主义传统,把《周易》看成立身处世崇德广业之书,看成做人的艺术之书。嵇文甫揭示了王夫之易学的研究方法与辩证色彩,认为乾坤并建、错综合一、占学一理、即象以见理,即占以示学是王夫之易学的方法论。王夫之把相对和绝对统一起来,从相对中看出绝对,把握变易而又不易的活真理。

第二节 侯外庐:生化与启蒙

民国后期侯外庐的船山学研究成果主要集中在《船山学案》一书(后收入《中国思想通史》第五卷)。侯外庐对船山哲学进行全面地资料梳理,引证丰富周详,涉及的船山文献多达二十余种,剖析阐释达到空前的高度。侯外庐对王夫之的宇宙论、知识论、人性论进行了深入的阐发,强调王夫之思想的科学性甚至唯物性,也指出其唯心主义的某些局限。视域开阔,善用比较分析,不仅有古今比较,更有中西比较,如将王夫之与黑格尔、费尔巴哈、洛克等西方思想家进行比较,或类比,或对比,或指出其同中之异与异中之同。注重社会史与思想史的有机结合。在进行范畴的理论分析同时,注意揭示王夫之思想的现实语境与社会历史意义。其通过对船山哲学的启蒙性阐释,强调王夫之对于宋明理学的突破性,或指出其与宋明理学的根本不同,或揭示其表面相似下的深层差异,极力张扬王夫之思想的现代性与反封建意义，开启了船山哲学研究的范式转换，对后世产生了深远影响。尤其是对老庄、佛教、王充与王夫之思想关联的考察方面取得了前所未有的成就，具有深刻的启发意义。

侯外庐揭示王夫之思想的现代性，并与黑格尔、费尔巴哈比较。他认为王夫之的学术路线与黄宗羲、顾炎武不同，他以哲学思想开启了中国近代的思维活动。他的哲学思想既有形式性的优点，也有形式性的缺点，这方面与黑格尔相似。他在湖南瑶洞里著述，取得卓越的成就，可以与费尔巴哈孤处乡村著书立说遥相辉映，并峙千秋。侯外庐认为，王夫之的唯物论表现出让人惊讶的崭新内容，超过先秦诸子和乾嘉学者，是明清之际哲学的重要收获。他的唯物论倾向，是过往学者不能比拟的。

一 揭示王夫之思想哲学的社会历史因素

1. 时代因素

侯外庐揭示王夫之思想形成的社会历史因素。侯外庐认为，王夫之所处的明末清初，是中国历史的转折期，经济上出现了资本主义萌芽，社会意识上产生了个人自觉的近代人文主义。王夫之的思想蕴含有反封建精神。他认为封建制度的超经济剥削，走到了"民之有生理"的反面。王夫之主张减轻富民的负担（纾富民），一方面抨击大族的法外豪夺，另一方面指出富民的重要性。王夫之强调严惩贪墨之吏，纾解富民之困，他的主张基于国民富裕的观点，认为巨商富民是国家的命脉，因其自由从事产业活动，具有生产性，故家大族应该转型成为商人，而官吏的超经济剥削是违背自然之道的。王夫之同情民众，主张兴利源，厚民生。王夫之以贤能廉洁之人得志，也可移风易俗，侯外庐认为这是个人自觉的人文主义思想。王夫之曾实践这一宗旨，告诫子孙勿作吏胥，士、医、农、工、商、贾，各惟其力，侯外庐认为这是对封建社会摧残压抑个性的控诉。王夫之和明清之际的学者一样在意识上有了觉醒，但明末农民起义只对他们产生了惊惧作用，并未使他们付诸革命的行动。

2. 西方文明与近代科学的影响

侯外庐揭示了西方文明和近代科学对王夫之思想的影响。侯外庐认为，王夫之总体接受科学，反对迷信，对传统学术进行批判反省，具有解放意义。晚明时期欧洲的传教士传入了天文历算等科学，对当时的学者产生了深远的影响。近代的科学知识与泛神论有着紧密的关联，王夫之的泛神论易学以及具有科学色彩的思维，也受到了西方文明的影响，他和利玛窦对意志神有过辩论，他视天（上帝）为人类的理性。王夫之的天论是根据自然法则来审视的，他反对迷信和宗教礼拜。侯外庐认为，王夫之总体是接受科学的，他曾称赞从事科学研究的方以智，而且以质测为真正的格物。他反对星命数术，以为迷信邪说。王夫之的"名从实起"，受到了近代科学的影响，对中古社会的性命独断论（魏晋玄学、宋明理学）予以冲击，具有思想解放意义。王夫之论学强调征实可信，因此其对于思想传统的发展堪称"勇于德者"。侯外庐认为，王夫之的学问淹博，对六经皆有传注，会通陆王心学和程朱理学，对程朱理学与陆王心学皆有批判，对朱熹为否定式的修正，对王阳明是肯定式的扬弃，中国传统学术大多经过了其思考反省而得到了发展。王夫之采用的是批判的方法，这是一种进步的治学方法，也符合其所处的明末清初的时代精神。他对宋明理学的独断予以批判，认识到历史发展的辩证性，强调主体的自觉。

二 揭示佛道与王充对王夫之思想的深刻影响

侯外庐揭示王夫之思想的方法论渊源与理论渊源，称赏王夫之的唯物主义与创新精神，与宋明理学分道扬镳。侯外庐认为，王夫之直接的思想渊源已经不是宋明理学，虽然其也发展了张载的进步成分，影响其学说的人并不完全是张载。王夫之在方法论上深受老庄和法相宗的影响，其理论上的渊源则是东汉的唯物主义者王充。侯外庐认为，王夫之知识广博又思辨精深，反对宋明理学的空想。王夫之对于中国传统学术深求其未尽之理，裁成未可据之道，深具怀疑精神与创新精神。

1. 王夫之与佛道

侯外庐指出佛道对王夫之思想的影响在于方法论、知识论的吸收与世界观的否定。侯外庐认为，王夫之极力抨击佛道的世界观，却吸收了其方法论。他的《老子衍》《庄子解》《庄子通》《相宗络索》对佛道进行虚心的研究，且多有卓见，超出了宋明理学家的偏见和旧路，在知识论上丰富了自己。王夫之明显地吸收了老庄思想和法相宗知识论中的心理分析成分，尤其是庄子，如王夫之将庄子的"万物皆种也，以不同形相禅"进行改造，认为万物日生，以不同类相禅而富，克服了庄子哲学的幻变性，实现了向现实客观性的转化。

侯外庐揭示王夫之对庄子思想加以融通、修正、发展，坚持了唯物主义立场。侯外庐认为，王夫之对庄子颇为称许，认为庄子之说可以通君子之道，能自成一说，他对于庄子之学主张"因而通之"。王夫之在先天、后天、虚实、有无、体用等宇宙本体论方面对老子、朱熹予以尖锐抨击，以为狂妄，这是对宋明理学表面为儒实则为道的苦心批判，但他也有对庄子的直接批评，且能中其肯綮，如其认为庄子以意志测物，而不穷物理。王夫之非常欣赏庄子的"参万岁而一成纯"之语，但他反对以意知之，主张以近知远，取乎见闻之征。王夫之把庄子恶无限形式理论，修正为通过具体特殊而达到一般抽象，王夫之变化哲学中的诸如昼夜、东西、往来、寒暑等相对观念是其对庄子学说的吸收、融通与发展。王夫之思想中成为创见的主张中亦多相对思想，不过不同于庄子的绝对的相对主义。侯外庐认为，非耦论虽在王夫之书中并不鲜见，但王夫之实立足于兼耦论。王夫之与庄子不同，庄子的非耦齐物之说，实际上放弃必然的把握，甚至连自由放任本身也要放弃，王夫之则不然，他把握必然来说自由，"因而通之"，对可知与不可知进行区分。可知者取诸理，不可知者取诸量。王夫之认为庄子是能辨至密之人，他把握庄子的认识论路径而证明了认识的媒介作用，修正了庄子的媒介无用论。王夫之的知识论是唯物主义的，以之批评庄子的唯心主义，颇得要领。

侯外庐揭示王夫之在密辨论与自然法则论对老庄知识论与天道观的吸收和改造。侯外庐认为王夫之知识论在大辨中体其至密，在于把握至密的对象性，大辨代表区分性、对立性，至密代表统一性、整体性。儒家思想的方法论本有不至密的来源，王夫之会通老庄思想，加以改造，以发展其儒家君子之道。王夫之的自然法则论在形式上吸收了道家的自然天道观，与欧陆启蒙思想的人法自然之绝对理想相似。

侯外庐指出王夫之老庄研究的批判性与发展性。侯外庐认为，王夫之批判地研究老庄，与前人的牵强附会、杂糅缀合不同，也与宋明学者笼统抹杀老庄者迥异，他善于分析老庄的缺点，同时揭示其优点，取其精华，去其糟粕。王夫之不仅对老子"反者道之动"进行了注释，而且在其著作中反复加以阐说，如其《周易外传》将天道之流行不息命名为生化之理。

侯外庐揭示王夫之在认识论上对法相宗的吸收、会通与修正，坚持了唯物论的立场。侯外庐认为，王夫之虽常以异端痛斥佛道，对禅宗抨击甚烈，但他对思维过程的分析较之前人有所推进，正依赖于他对法相宗的"因而通之"，王夫之的《相宗络索》相当于法相宗的入门参考。认识论中关于主客的分析，倘若能把法相宗之对象的认识与认识的对象予以纠正，便是思想史的发展，在明末清初以前还不能在此之外寻求更完善的"大辨体其至密"的方法。王夫之以志来代替第七识，以量来代替第八识，二者都是判断以后的认识过程。王夫之对志、量严加区分，但志和量都是实在的。王夫之肯定了思维的实在性，而在法相宗则是否定的。侯外庐认为，王夫之的批判方法将佛教的名理予以匡正，并吸收其中的合理成分，对思维与存在问题进行了唯物的解答。王夫之站在唯物论的立场，批判佛道的唯心主义，他采用佛教的"能""所"观念，对其含义进行了新的规定。认为"能"是主观的认识能力，"所"是客观的认识对象，将思维和存在联系到人类的实践功用上进行阐释，是富有价值的卓见。

侯外庐指出王夫之与宋明理学对佛道思想扬弃上的根本差异。他指出，宋明理学虽然反对佛道的方法论，但吸收了佛道的世界观，而王夫之则否定了佛道的世界观，吸收了佛道的方法论。王夫之认为佛道不穷物理或轻视物理，而受佛道影响的宋明理学家却在绝物窒欲上用工夫，这受到王夫之的猛烈抨击。王夫之重视过去、现在、未来三际，博求事物，会通得失，尽其条理，求圣功之巧。

2. 王夫之与王充

侯外庐对王充与王夫之的思想关联进行了开拓性阐释。侯外庐认为，王充对王夫之的思想影响深远，较之张载，有更多思想脉络可寻。王夫之是东汉唯物主义者的继承者。他对孟子以来的思想家颇多批判，对于王充则以"知言得理"许之，可见二者之间有思想上的联系。

侯外庐揭示王夫之对王充科学批判与证验效实精神的继承。侯外庐认为，王充《论衡》富于批判精神，敢于提出问题，且能诉诸理性认识，他反对武断、盲从，对邹衍的五行灾异说和汉儒的谶纬三统论予以抨击。王夫之与王充同其精神，均反对星命方术、玄谈图纬，对于不符合理性的穿凿附会，以之为邪妄，王充反对空说虚言、计度臆测，强调证验以效实，是唯物主义的论断，富于理论批判性。王夫之亦然，他运用近代的历算天文学反对日食灾变之说，且吸收了王充的诸多论断，强调"征之以可闻之实"，继承了王充的证验效实的精神。王夫之不仅在主张闻见之征方面受到王充的思想熏染，而且对古史知识予以发展，初步形成了对于古代史学的科学研究，当然王夫之的某些论断如以轩辕太昊是野蛮夷狄以及论文明起源时的缺点，但这是历史的局限使然，不可横加非难。王夫之言必征实、义必切理，不喜高谈性命。这是王充思想的复活与发展。此外，王夫之《思问录》体裁上效法王充《论衡》的《问孔》《刺孟》等篇，颇多新颖之见。

侯外庐揭示了王夫之对王充知识论的吸收与发展。他认为，王充与王夫之在知识论上有诸多相似点，王充的观点是王夫之学思论的理论来源。王夫之继承了王充否定生知、先知的观点。王夫之虽然把不可知与可知分别开来，以幽、明称之，前者为理，后者为量，但发展了王充的理论，认为不可知与可知并非绝对，可以由可知渐达于不可知。王夫之认为多闻博学是工夫，工夫所至，自然接近于一贯，反对以先觉讲一贯的唯心主义，强调了后天努力的重要性。

侯外庐揭示王夫之在人性论、历史观、天道观等方面对王充的继承与发展。他对王充与王夫之的人性论进行比较，指出王充的人性论富有创见，而王夫之的"继善成性论""性日生日新论"更富卓见。王充"文质异世"的看法影响了王夫之的古今因变说，王充的自然天道观影响了王夫之的絪缊生化论。王充具有丰富的唯物主义思想，而王夫之更发挥了唯物主义的诸多范畴。王夫之在自然哲学上明确提出王充的某些命题的合理性。

侯外庐揭示了明清之际学者在哲学原则上的唯物性以及王夫之的特出之处。侯外庐认为，明清之际的大学者在哲学原则上有了唯物主义的进步内容，像洛克一样，为知识和思想起源于感觉世界的原则提供了正确的依据，除此之外，王夫之的哲学更具形式的真理性。

三　揭示王夫之自然哲学的唯物性质及其重要范畴

侯外庐将王夫之的自然哲学概括为絪缊生化论，认为是一种自然唯物论哲学。侯外庐认为，絪缊来自张载《正蒙》，王夫之在注释之时附加了新的含义，近于哲学上的物质范畴。

侯外庐揭示了王夫之絪缊生化论的物质实在性及其思想渊源，认为是对王充思想的发展与对宋明理学的否定，并对老庄方法论进行了批判吸收。侯外庐认为，王夫之的絪缊具有实在性，认为有质料而后才有生理，是对王充《物势篇》与《自然篇》相关思想的发展。王夫之把宋明理学的理气还原为生化，理成为生化之理，气成为生化之气，有质料始有生理，因此他比王充更进一步来阐说生化之运动。王夫之反对张载《正蒙》"易所谓絪缊，庄生所谓生物以息相吹"之说，强调物质自身的运动。王夫之强调物质絪缊的实在性，生而日生，流行不息，气、神都是生化不息的范畴。王夫之把宋明理学予以否定，建立了生化史观。王夫之批判吸收了老庄的方法论，吸收了王充自然史的唯物观点，并对王充的学说加以充实。王夫之的来往生化论虽有循环论的色彩，但重在变化，其内容含有辩证法的要素，与宋明理学的绝对主义、老庄的绝对的相对主义相反。王夫之认为善动是生化之同者这种必然合法则的运动范畴，认为静也是一种动，与宋明理学相反。王夫之对生化之异者的阐释是庄子"万物以不同形相禅"之说的对立面，王夫之肯定物质的形式内容，肯定类与新类的存在性与相续性，因此说物不齐，在观念和命题上都颇为新颖。

侯外庐指出王夫之本体论的唯物性，与老子、程朱理学的天道观迥然有别。侯外庐认为，王夫之讲的都是实实在在的理，反对高谈性命，抨击朱熹对圣意的曲解，认为张载《正蒙》揭示了真实存在的奥秘。王夫之肯定自然物质的存在，他所谓的道其实就是存在。即物所众著而共由的概念，虚、实分别是指物质形式和物质内容，形、象分别是指物质的特定现象和物质的高级现象。王夫之认为不存在离开形式和内容的道，道不离器，没有离开器的虚悬之道。王夫之又从功效方面说明物质的存在，器物与文明都是实在的。道存在于实在的器物与文明之中，离开器物和文明无所谓道。在具体的对象中才有概念，由于天地万物都在变化日新之中，因此人类的认识也随之革新，概念也在日新变化中。王夫之认为从功效上可见实在之有，体用是交互合一的。孤悬的理，则理死而器亦死，是日新富有、不断发展的自然生化史所不容许的。王夫之的这种观点对老子（无）和程朱理学（无积）的天道观进行了否定。王夫之认为存在的实有皆是实际，杂多之物相依联结、富有日新，若成立一成不易之型来包括万变，则会千篇一律。理论范畴是从特殊性、具体性出发，不断达到近似的物自身。

侯外庐揭示王夫之物质概念的唯物性，并运用中西比较视域，揭示其杰出贡献与历史局限。侯外庐认为，王夫之的物质概念是唯物论的进步思想，因为他不但看出了物质的丰富性、多样性和发展性，而且还揭示出物的依存性和联系性，他的动而依物起的命题是其絪缊生化论最具特色的观点，这是对王充"万物相用亦相害"理论的发展。絪缊生化论正是建立在客观存在的物质依存性上，这和老子的绝欲、宋明理学的灭欲论旨相反。欧洲启蒙学者多建立自然法的前提，由自然法的健顺常性，推证理想的人类社会。这样的思维，在明清之际的中国哲学中也有，而王夫之是其中最为杰出的代表。王夫之的自然法理论，比满德威尔的蜜蜂寓言更有严密的体系，在某些方面近似于费尔巴哈。王夫之的生化论将宋明理学视为普遍意志的天理还原为日生日新的贞常性，蕴含于人类的实际生活之中。从而将自然法则延伸到人类社会。这一进化论的原则也如启蒙学者那样在自然法上取得依据，由此产生富有日新的社会哲学。侯外庐认为王夫之的自然史哲学吐露了许多天才的思想，发表了许多精彩的预见，但也有不少迂腐之言和主观臆断。王夫之的天才思想是和虚构概念糅杂在一起的。

侯外庐揭示王夫之运动、变化范畴的唯物意涵及其历史局限。

侯外庐认为王夫之对运动范畴作出了唯物主义的阐释，承认运动的根本性与绝对性。侯外庐认为，运动范畴在王夫之的哲学中其重要性仅次于物质范畴。王夫之认为自然是多样的，变化的，在运动中的，运动与物质实有及生化范畴是同时具有的，在自然如此，人类也是如此。侯外庐认为，虽然老子也有运动的观念，但他认为动是相对的，王夫之"因而通之"，认为动是绝对的，一切都在运动发展之中。王夫之认为运动是万物的始源，他以动来阐发太虚、太极的概念。王夫之关于运动的说明，虽然沿袭了一些旧的名词，但基本上做出了新的唯物主义的解释。

侯外庐揭示了王夫之变化范畴的真理粒子及其反封建意义。侯外庐认为，王夫之对变化范畴有着更精彩地阐说，他把"天下亦变"的命题按照多种含义来加以说明。变化是相对的、连续的，因为变化中并无绝对的死概念。王夫之把尊卑、进退、存亡、是非、善恶都看成相对的，其含义具有不确定性，这在封建社会开始解体之时，就其形式而言实为大胆，这与

"天不变，道亦不变"的封建理论相对立。他认为邵雍等宋儒固守绝对之义，不知大化之神。王夫之与庄子的绝对的相对主义并不相同，他对邵雍固守绝对的义以及庄子固守抽象的道均加以反对。王夫之认为，只有于实在的才情变化穷其理，才能知道时、位、几、事的确定含义，只有通过形、象才能把握真实的道理，因为变化由于于时、位、几、事而有其规律性、秩序性。侯外庐认为，庄子的齐物论无法处理特殊的合法则性，放弃了过程中各依其类的把握，割裂了一般性与特殊性，继而否定特殊性，得出无法用事物验证的诡辩，而王夫之对此进行了有力地批判。王夫之认为万物的秩序具有层级性，由一般到特殊。在时变的条件之下，知道其特殊性，可以"德至而道凝"。而特殊性与一般性又具有统一性，即"道定而德著"。王夫之十分强调具体的真理，反对宋儒的抽象空理，反对二元论，具有真理的粒子。王夫之的变化范畴具富有日新的意义，由故推新，日生日成，日新其性，在现象的运行中已经蕴含有质的变化。在这方面他对张载的相关理论持批判修正的态度。

四 揭示王夫之道器论的特殊意蕴与思想意义

侯外庐认为，王夫之在道器论的形式下表现出丰富的思想内容。不仅在于他肯定器对于道的优先性，更在于他把人类对于自然的创造活动提高到适当的地位，得出创器即所以创道的结论。他和主观唯心论者相反，而是依据对象的合法则性来说明人类认识所反映的客观法则，他主张存在决定意识。侯外庐指出王夫之道器论的特殊含义及其与理气论的区别。他认为，不可将王夫之的道器论与理气论混为一谈，器是其哲学的特别术语。王夫之所言的器与气不同，气是指宇宙絪缊的大量，器是指宇宙絪缊大量的实在秩序或客观规律。象是气的表现形态，器是现象形态的本质，它们都是随时代而变化的。器是由复杂多变的现象而来，且随时代而改变。器是秩序、制度、定律，是象之本质。器不但在道（总括之理）之先，而且道器是统一的，是一体两面，知器可以知道。器之必然即是道，尽道所以审器。但尽器是一个充满挑战的过程，因为必然之把握，要靠历史实践，而不能预设定理来臆测。王夫之的尽器则道在器中、尽器则道无不贯是光辉的命题。他在《读四书大全说》中说明多学与一贯的统一其实相当于尽器贯道的另一表述，因此器相对于道具有优先性，对器的体察实践越深入，则对道的认识越清晰透彻，因此不能悬道于器外。王夫之就《周易》的系辞传形上为道、形下为器论，发挥其精辟的道器观。他认为形而上、形而下并无确定的界限，只是拟议之词。天下皆是器，认识和造就器可以对道有正确的把握。对道不了解的人对器也不无法真正认识，器相对于道具有优先性和根源性，因此人类的认识必须依据客观之器的秩序条理。若器不存在，就不可能反映客观的道理。侯外庐揭示王夫之道器论的历史维度，对其卓拔的古史观予以肯定。他认为，王夫之从社会史上举例说明当前无未来之道。王夫之的道器论立足于言之可证，言可证者则有历史存在，他对古史往往得出突破前人的著名论断，与朱熹否认历史发展的观点迥然有别。王夫之认为野蛮和文明均有其特定的器，我们不能由文明退回到野蛮状态以复合所谓的道，且其《思问录外篇》对质文演化之理势颇有说明。

侯外庐认为，王夫之对庄子的相对理论"因而通之"，对道家和宋明理学均有批判。王夫之以质与文都是时代之器，器道均在必征，有征则意味着复古是失道。道有其时代性，过去的时代依其器而有过去之道，若欲复古道，而昧于今之器，则为无法把握现实的世界。若对现实世界把握有得，则道在其中。王夫之不仅在理论形式上具有进步性，而且在历史事例的论证上也有历史发展的眼光，他将文明和野蛮的历史基本上阐述清楚了。

侯外庐认为王夫之的道器论触及真理的具体性。他认为，"勇于德则道凝，勇于道则道为天下病"是王夫之的另一新见，这一命题是精辟深刻的。王夫之已经认识到真理是具体的，治器而得道，离器则道毁，器之先并无抽象的大共名，否则名既然不实，道也会孤悬虚寂。

侯外庐揭示王夫之道器论的人文主义本质与辩证发展观。侯外庐认为，王夫之关于治器、作器、述器的观点更具特色，他论生化史，推本于生，得出备于大繁的结论，因此复古者所宣扬的简陋之朴自然不能尽生化之理了。王夫之对老子的批评，具有近代人文主义的本质特征，他强调成乎用，这是和玄奥之理相反的。泥古非今则不能成用，因为他们缺乏对器的认识和把握，自然无以成用，此处王夫之触及人类认识的主观能动性。人的创造活动有其客观条件作依据，如果不根据一定的时序而肆意妄为，则必然失败。王夫之所言的器不仅指具体的物件，也包括制度法律。王夫之阐述了人对自然的生产的科学，但人与自然的关系不限于此，自然的生化秩序是发展，而人生化自身的性质也是发展的。自然赋予人的以及人对自然所利用的也相互生化、相互因依和变更的关系。王夫之认为没有一成不变的东西，人也在日生日成。由此推出其成器论的哲学，主客交互的生化史论。

五　揭示王夫之继善成性论的革命性

侯外庐揭示王夫之继善成性论的唯物性与创新性。侯外庐认为，应该用社会的尺度来研究和评估王夫之的继善成性论。王夫之的继善成性触及"历史是人类创造的"这一唯物主义命题，并将人的理性活动放在合适的位置。侯外庐指出王夫之继善成性论与生物进化论的区别。他认为，王夫之的继善成性论与生物进化论并不相干，只有人能成器，进行创造活动，而其他生物不能成器，只能备器，只有生化的适应性而没有创造的能动性。王夫之的观点与富兰克林相似。王夫之在《张子正蒙注》中对生物进化有详细地阐说，除了时代局限导致的个别失当外，其他的均值得参证。王夫之认为，动物有其性，植物有质而无性，人最得天之灵秀，能知天之序与物之秩，这是其继善成性论的物质根源。侯外庐揭示王夫之继善成性论的特殊意涵及其认识论意义。侯外庐认为，王夫之的继善成性论虽是对《周易》相关言论的演绎，保留了古典的思想形式，但对其内容进行了改造革新。王夫之所言的道是形式和内容的统一，本质与现象的统一。王夫之所言的善是物之德，即事物之品别条理，也就是器之所以为器者。性是生之理，是人类的潜在发展的能力，不是绝对的类概念。它与自然具有交互性，没有自然万物的复杂变化，也就没有人性的日生日成，尽性是指保持此性而把握自然的必然。继是王夫之高度重视的术语，相当于认识论上的实践。王夫之的观点不完全地说明了黑格尔媒介性（认识）被扬弃以实现其现实性的观点，之所以是不完全，因为他与黑格尔形式地把握真理的方法路径相似，而且更具形式性。成是道德的评价或效果的检证，包括认识和实践二者的创造活动。客观对象与主观认识之间是以秩序条理而关联的，凭借对客观事物秩序条理的把握，才能言道。这是王夫之的思想要旨，他的思想中依然有不可知论的残余。对象的认识只有从客观事物的秩序条理说起，那么道的去与存并无多大区别。善为对象的实在现实性，对象各具其性而发展相继，自在与自为的相继转化，只有通过认识，才能于事物而显现为统一，因此也可以说善是器的抽象名词。自然是联结的，因而认识相应地也是联结的，对象的关系环节只有真实地反映于认识当中，才能将自在与自为统一起来。因而在人类实践关系中，时间、地点和条件是继善的关键所在，离开这些，单纯把握对象的全体，则必然失败。王夫之"成器在心而据之谓德"的观点涉及认识与占有对象的媒介理论。对象显示出变化性，人类认识承续其实在的联结而不断发展，将万物的内在秩序揭示出来，媒介出其真理的实在性。在此，认识即学思，推陈出新，通过现象认识本质。德就是认识的占有和内化。王夫之认为，过去并没有礼制，也没有礼制的名称，在人类的认识和实践能力不断发展的情况下，礼制随着相应的时代环境而发展起来，这和黑格尔法律论以法制为历史的产物的观点相似。认识在一定的历史条件和技术条件下，才能彰显自然法则。当条件不具备时，自然法则发生作用。实践总在认识之前，认识在实践与自然互动联结之前是自在的，经过实践，认识变成自为的。继是指认识通过实践的联结，认识对于实在的媒介作用在于其绍述天人交互之际，发挥认识的主观能动性。述器就是尽人道，也即继的内容，将对象的联结性表征出来，成为可知的真理，同时依据实践改变认识的性能。王夫之批判那些冥想求道者，若不重视言语认识，则不能继善成性。继有功于天人，实际上涉及认识与对象的媒介性理论，王夫之已经在形式上对这一理论有了一般的了解。性和善都是在主客观的联结中渗透反映出来的，善和性都是新旧相资，日新日成的。王夫之认为善是性之所资，即必然是认识能力的凭借，从而对孟子以来的唯心主义予以反拨。王夫之的子孙祖考之例说明认识是一个历史过程，既有继承，也有批判。异端和叛徒所拥有的革命精神，就在于既是某一认识时期的子孙，又是前一时期的逆子。王夫之虽然在形式上不忘旧的传统，但在内容上具有反叛的创新精神，他在已成可革方面，具有革命性。

侯外庐揭示了王夫之性理观的本体论依据及其历史意义。侯外庐认为，王夫之从经典形式中解放出来，使其服从自己的理论内容。他否定了绝对的天命，主张日新富有的新命；他否定了绝对的人性类概念，主张日生日成的人性生化论；他否定了绝对的理概念，认为理在现实实践中日新而富有。理不仅因客观存在的内容而发展，而且以主观认识官能日新而日渐丰富完善。未成可成、已成可革的性理说是王夫之自然生化论的合乎逻辑的发展，在对宋明理学的批判中，王夫之的性理观具有划时代的崭新意义。王夫之肯定实在而日生的气，又肯定由气不断充实的质，这种质就是因实践改变了人类官能而生化的质，性在气质中也日新富有，并非初生命定的。性之体日受其生，性之用日至其善。

侯外庐揭示了王夫之人性论的卓越性与历史相符性。他认为，王夫之的人性论超过前人，而且他释性为日生，在语源学上符合历史。他与宋明理学的高谈性命不同，而是重新规定了鲜活充实的发展内容，进而说明未成可成、已成可革，天下无一成不变的理。

侯外庐指出王夫之人性论的杰出贡献及其局限。他认为，王夫之的人性论具有特识，在中国思想史上关于人性论的阐说中最为杰出。王夫之认为性日生日成，在变化之中尽其绍天之力，王夫之把人性和实践行为统一起来，对孔子的"习相远"之说独加推许。人性在实践中验证了善之可继，不仅有所继承，且不断革新，从而更新了认识的媒介。人性新故相推，人类日受新命，可革可成。在继善之处，人性与物性有其近似之处，但人性是不断发展的，并不能用概念化的教条来统摄、规定和限制，认识具有能动性，人类在历史活动中，通过相继相授、存性成善，实现万物与我共命之可能，达到自由的王国。王夫之的成性说强调了历史的过程性，含有否定之否定，近似于黑格尔的观点，而超出了费尔巴哈的人性概念说，是17世纪的革命性理论。当然，王夫之的理论是从个人出发，以成圣为目的。他虽然具有辩证法的某些观点，也有实践检验的主张，但他的思想多从进化观点出发，缺乏阶级意识的历史革命实践，导致他的形式理论成了抽象语言。

六　揭示王夫之理欲合性论的思想进步性与历史局限性

侯外庐揭示了王夫之理欲合性论的唯物性与人文主义本质。侯外庐认为，王夫之的理欲合性论（理欲皆自然以及理欲相变、有欲斯有理、理欲同行异情、理寓于欲中等）是对宋明理学存天理灭人欲的反拨，本质上是近代市民阶级人文主义的自觉。王夫之不仅指出理欲都是人性，而且认为是非理欲具有相对性。侯外庐认为王夫之的理欲论属于心理学的研究，而非历史学的研究，但他阐明了天理即在人欲之中，是进步的理论。宋明理学将理欲对立，是唯心主义的理欲二元论，王夫之将天理统一于人欲之中，是唯物主义的理欲一元论。王夫之反对灭欲之说，认为若能真正疏导欲望（即真正的纵欲，而非世俗的纵欲），则欲望可以变为理。王夫之认为惩忿窒欲只是反映封建自然经济的意识，违背了人性，也妨碍了人性的个性发展。但纵其血气以用物的人，并非真正能纵欲的人。王夫之认为理欲皆性，同行而异情。理欲同源于形色对象，性日生日成、日新而富有，那么理欲也会发生变化，甚至会相互转化，今日之欲或即他日之理，今日之理或即他日之欲。王夫之主张养其生理自然之文，修饰以成用，将欲望进行疏导，使之由不合理趋于合理。王夫之认为，天下万事万物都是变化的，人性也是动态发展的。宋明理学从天地不动出发，反映为贱形自足的中古思想。王夫之认为贱形、损欲是衰世的征兆，性日益而生，才情也效动，为成器而动，并非绝物而始静。

侯外庐揭示王夫之基于平均主义原则的理欲论的进步性与政治诉求的理想性。侯外庐认为，王夫之又从义利角度研究理欲，认为看得权利轻，则看得义务也轻。侯外庐认为这种关系与自由论的群己权界，倘若人人追求自己的利益，就成了社会公益。欲望需要满足，如何统一竞争的矛盾，王夫之认为欲望之所以能为大家满足，主要基于平均主义的原则。王夫之认为要做到天下之理得，只有整齐好恶、均平专一。这一理想的社会似乎自私心是人的天性，而人权也可能是平等的。侯外庐认为平均主义在明清之际是进步思想，王夫之的这一思想与其要求廉价政治的政治思想是相呼应的，因此他有礼乐为本，衣食为末的观点。就人性而言，他强调离欲而别无理，就政治制度而言，他认为不可离礼乐而专求衣食，二者不可混为一谈。王夫之强调礼乐，正是基于平均主义而憧憬一个开明专制的社会。侯外庐认为，王夫之的观点含有近代的法权思想，从平均主义到形式的平等主义，与卢梭的天赋人权说不同。王夫之强调政治上的调解，肯定了道德伦理的节制。他的廉耻论与顾炎武等人相似，是对封建掠夺的抗议。值得注意的是，王夫之所讲的道德，并非宋儒的空洞教条，而与现实生活、社会实践密切相关。王夫之在教育意义上强调习，他把《论语》的主旨归结为"习"，即基于此。王夫之从理欲合一的人性论出发，道出了平均主义思想，又有道德廉耻和礼乐政治的诉求，设计出理想的政治制度，这只是一种幻想。

七　对王夫之理气论的认识论解读

侯外庐将王夫之的理气论创造性的解读为思维与存在的关系论，对其进行认识论的诠释。侯外庐认为，理气论是宋明理学的中心论点。明清之际学者对宋明理学的唯心论大都加以批判。王夫之认为理在气中，肯定气的基础性、根本性，以理为附属性、依存性的。侯外庐认为王夫之这种关于思维与存在关系的理论是其学说中最光辉的方面。王夫之认为理依存于气，即思维依存于存在。理在气中，说明思维不能离开存在而独立。王夫之这种认识论是基于"空无非气"的唯物主义宇宙论，王夫之对气外求理的唯心认识论予以批判。气是可变的，因而理也是可变的，理并非绝对不变。王夫之认为理是反映客观存在发展的思维活动，有其必然倾向。思维的形成受生理、物理的决定，理气、质性是统一的。王夫之认为，理因气而生，有何气生何理，气是运动着的物质，人类自身与客观对象都是气，气质之性涵理，理性不在气质之外。气（物质细缊）是第一性的，理（思维）为第二性的。王夫之所说的事物之理是自然法则，而不是超现实的理念。万物的运动有其客观法则，由客观的合法则运动反应为思维认识的法则，因此理是可持循之道。认识是以对象为媒介的思维能力，是以心循客观之理，而不是以心立理。

侯外庐揭示了王夫之理气论的自然科学成分与即事穷理论的近代性。侯外庐认为，王夫之所处的时代，西洋历法已经输入中国，他借助自然科学来说明理因气而生，并指出历法是一个认识的过程，体现了思维与客观存在的发展关系。运而错行与合而相撢是合法则的天体运动，但古人不知其理，却主观臆断之。今人认识到近而相似的概念，得合而相撢之理，因此王夫之强调即事穷理，反对立理限事。唯物主义认识论与自然科学的发展有关联，王夫之"有即事以穷理，无立理以限事"的观点符合近代的思维方式。

侯外庐指出王夫之气质关系论体现了思维过程的真理性。侯外庐认为，王夫之对气与质进行区分，认识到思维过程由量变到质变的真理，错误也是认识真理的一个阶段。若无在实际中检证错误的认识活动，则难以获得真理。这一见解异常高明。侯外庐揭示王夫之理气论的创造性及其认识论意义。他认为，王夫之的理气论是宋明理学以来的批判发展，追求实践性，摆脱了循环论证，达到了很高的理论水平，在自孔子以至明末的思想哲学中最为深刻。思维是存在的反映，经由实践的检验，由于万物是日新变化的，因此认识的对象可以变革，人类的认识也可以发展。人性由于实践而日新其质，通过实践可以让人性更加丰富，也可以改造人类的认识器官。量到质的发展不但表现为向上的发展，也可表现为向下的变化。"气以理纪质"具有多方面的意义，量充而发展得理之正，量之不充，得理之反，得理与失理都是理。在侯外庐看来，王夫之关于思维与存在的哲学可以与黑格尔的认识论相对峙。

八 揭示王夫之认识论的唯物性

侯外庐揭示王夫之认识论的唯物性，认识到物象与道理的实在性。侯外庐认为，王夫之提出"性命之理显于事"，"物有其理，循理而应乎事物"，如果将其古典形式撇开，其本质是唯物主义的。认识不仅反映自然，而且能掌握自然规律改造世界以及自己的气质。王夫之对经验论和唯心论均予以批判。但王夫之以经验论虽不得性之用，未知其所以然，但经验积累的常识尚可以指导日常生活，唯心论者则沉迷于概念之中，对客观存在予以怀疑，这对真理的认识是有害的。王夫之从理象关系、道象关系说明象的实在性，认为道和理是由象所提取的，象具有第一性，道和理具有第二性。王夫之以各种理都是因对象而综合摄取的表象或抽象的概念，理即条理，道是把概念总括起来，在变化发展中取得的理论概念或动的总理，近似于今之哲学，因为物象是实在的，理也是实在的。

侯外庐揭示王夫之知识论对理性主义、经验主义的批判与超越。侯外庐认为，王夫之基本上持唯物的知识论，比接近经验论的顾炎武更高明。王夫之对唯理论和经验论均有批判。认为经验论者知实而不知名，而唯理论者知名而不知实。王夫之对二者加以区别对待，有轻重的分辨，他认为经验毕竟从物质出发，较接近实在，并不和悟性绝离。王夫之认为实际经验所得到的感性认识虽不完全真实，但若反复探求，最终可以获得真理。民众在日常生活中的知能有其真理价值，而唯心论虚设主观世界，忽视客观实在，反而陷入歧途。

侯外庐揭示王夫之对主观唯心主义的批判，强调客观实在性，注意在感觉的基础上进行理性思考。侯外庐认为，王夫之的知识论在某些论断上与黑格尔相似，他对主观唯心主义进行严厉抨击。宋明理学的空明澄澈并非理性本身，只是一种幻觉，所谓冥解妙悟实与中古佛道二教相关。王夫之对迷信加以指斥，其思想具有启蒙因素，对中古不求征知的虚幻烦琐哲学予以贬斥。王夫之反对邵雍的虚玄之学，强调征之以见闻，求之于感性的认识。同时，王夫之也强调理性认识的重要性。他认为经验论虽知实而不知名，但通过探求最终可获得真理，因为感性认识可以发展为理性认识。侯外庐认为王夫之的这些认识深具特识。王夫之认为对象是实在的，强调即物而穷理，不可立理以限事。他在思维过程的论说中，重视感觉的实在性，以对象为客形。客形是运动中相对的静止状态，为认识所凭借。人对于客形的物感或交感，首先是以感觉为基础的。感觉是认识的第一层，不与客形对象发生接触，就不会产生感觉，而判断和推理也就无法产生。王夫之肯定客感的实在性，不仅视觉是实在的，其他感觉也是实在的。感性是天性的认识，从形色出发，最终达到理性认识，不能超出感觉而孤立地设置概念。当然，感觉有其局限性，不能专门依赖感觉，同时也要在感觉的基础上进行理性思考。

侯外庐认为，王夫之在形式的知识论上已经触及真理论。王夫之根据物的依存性反对绝物的思想，因为自由只有在必然的把握上取得，离开必然的把握，而空想自由，最终不过是自困而已。

侯外庐对王夫之的认识过程理论进行分析，揭示其唯物主义性质与唯心主义残余。侯外庐认为，从感性认识推进到理性认识，是一个发展过程，并非与感性认识分离。万事万物都在运动变化之中，人类的认识也在不断更新之中。王夫之认为从感性认识到理性认识的过程中，要依赖存性善养。王夫之把知识看作一个过程,以儿童的成长比喻人类的知识过程。王夫之认为人类的知识是不断累积的,是历史发展的过程,因此在知识发达之后,感性认识依然有其重要价值。王夫之认为,客感为人心所先得,但不能专门依赖它作为理性认识,因为理性知识是日新而受命的,积累古今知识于个人生活的时代,要经过反复的错误修正才能成为知识洪流。因此并非不可空恃前人积累的知识,就脱离感性认识去空想冥悟,重要的还在于求助于感性认识,来更新丰富理性认识。王夫之在思维过程论中,提出"志"这一特别术语,相当于法相宗的"第七识"(意识)。王夫之以"志"来说明思维过程的判断,他把法相宗的前五识叫作"小体之官",即感觉,第六识叫作虑,似乎指具体的直观,而"志"则是人类独有的性能,是理性认识的重要过程。王夫之把第八识叫作"量",量有现量、比量、非量之分,而重在拟议,在王夫之的知识论中量是指综合分析到推论的总性能。王夫之非常重视思维过程中的分析与综合性能。对象纷繁多变、分合不断,必须加以综合和分析,并通过已然来推测未然,因此王夫之要人存其量。王夫之以存其量来阐释孔子的仁,与对象的丰富相适应、感通,以之为理性的最高活动,这和黑格尔的理念自身运动论大体相似。王夫之对佛教的名理进行逆转,并运用其名理达到了通过分析而综合的任务。就整个体系而言,王夫之的知识论是唯物主义的,但也有唯心主义的残余,这从他强调理性认识,把孔子的仁学予以知识论的解释来看,可以体现出来。他重视庄子和法相宗的名理,和欧洲启蒙思想家对亚里士多德的逻辑学予以复兴颇为相似。

侯外庐指出王夫之实践基础上的重智主义倾向,揭示其与形式主义演绎法的区别。侯外庐认为,王夫之虽然强调实践,而重智主义在其哲学中占有重要位置。王夫之推崇孔子的正名,以为人道之始,批评佛教的废名,有昧于人道。可见,名以存象于心为根据,据之而得判断,以揭示器数之法象,这是思维过程的一个步骤,是述器明器的必经过程。但名还停留于概念层面,必须通过事物而得出意义,由命题推论而走向高一级的阶段。辞即是命题，由辞可以想其象而得其实。推论在于明晰对象的条理，由名、辞起，但并不限于名、辞，可以推出形色以外的事物的本质联系，并非对名、辞的否定，而是基于名、辞的思维活动。一切推论的前提在于肯定名是实在的反映。王夫之论推是根据客观的实在，而并非依据预先设定之理。推的功能在于推导出对象关系的必然，推出对象向对立面的转化。这样王夫之与形式逻辑不同，他反对演绎法的绝对推理，反对执一驭万的立理限事。王夫之认为是非是相对的，天地、存亡、是非、纲常之义在他看来，并非永恒不变。

侯外庐对王夫之的知识类型论进行分析，揭示其思想意涵及其价值得失。并与宋明理学加以区分，与黑格尔进行比较分析。侯外庐认为，王夫之将知识分为见闻之知和德性之知，前者执于成见而囿于一偏，后者能张大其志而通于万变。合故相知是就现象或个体而言，其合之故是对于事物的联结性而言。王夫之认为囿于成见者不能通乎万变。可见，那些形式概念的知识，往往徇同毁异，流于绝对僵化的认识论或形式逻辑，而通变的认识论与逻辑，是以对象为媒介的认识，日新不已，而渐渐近乎真知。依据见闻而产生的认识并非真知，恒而不可成。后者注意通变而可成。由于物无定情且无定状，同中有异，变化迁移，并无一定之法则，若仅仅用一个模型来括拟其发展，则根本无法达到真知。思维既不能限于一般抽象性，也不能执着于个体的特殊性，对于万事万物尽义类之推，要从一般的合特殊的法则来统一认识。"以知知义"是指用一般性的原理来指导特殊性，"以义行知"是指用特殊事物来检证一般性，将二者统一起来，存之于心而推行于物。"存"就是发展充实，推行就是具体地在事物实际中加以验证，王夫之将存于心之德，称之为仁或存。王夫之不仅把事物作为过渡的或向其转化的对象，而且认为认识随对象的推移而发展，认识本身具有过程性。这就是"存"在认识中的价值。"存"在王夫之的分析中，虽有唯心主义色彩，但其中依然闪耀许多真理的光辉，特别是其中的有条件的裁塑理论。列宁评说黑格尔的观点也与王夫之存于心而推行于物以及裁因时而不逆的命题颇为相似。王夫之以存而推之的知为德性之知。王夫之虽然重视德性之知，但认为德性之知与见闻之知可以统一，并非不可逾越。王夫之推崇德性之知，将其与天、神相并列，其实并无神秘论的色彩，因其将天神还原为自然的新生，把性还原为生命力的跃动，而德性之知也指向存在与思维的统一性。王夫之的穷理尽性论，经常将圣人与常人进行区分，认为圣人洞悉本质的奥妙，常人了解现象的显现，不无唯心主义的色彩，但王夫之在人性论上否定天生的圣性（反对朱熹的圣人天生说），也对天生的常性加以否定。可见，德性之知，即王夫之所言的真见，是指日存其性而能适应万变的认识。这和宋明理学的真际之知毫不相同。

侯外庐认识到王夫之知识论的实践性及其时代意义。侯外庐认为，以实践行为作为真理标准是王夫之知识论中最具特色的部分。王夫之的作器论以实践为标准，认为知识存于心而推行于物，且合于理。若不能推行于物或不能行之的知识则不符合真理的标准。他反对离行以为知，认为知行有并进之功。王夫之注意理论与实践的统一，但实践具有决定意义。王夫之强烈反对空洞概念，这种概念是离行之知，流于玩物或绝物。因此，王夫之对经验论和唯理论均进行了批判。王夫之反对宋明理学家的知行观，强调人伦和物理的认识应当以实践行动检验为准则。王夫之认为理论是在实践锻炼中加以证实的，宋明理学家拘泥于先后之序，常否定实践力行对于理论的主导性与优先性。陆王心学的知行合一论本质上导向了失知废行的谬误，王夫之主张力行以求知，具有真理性的价值。侯外庐揭示了王夫之实践标准理论的历史局限。他认为，王夫之以实践为真理标准之说并不完善，因其所说的实践还只是个人的行为特别是圣贤的行为，并没有生产生活实践与社会革命实践的内容。

侯外庐揭示了王夫之知识论的社会化、平民性及其反封建意义。侯外庐认为，王夫之将秘密传道视为邪说，因此王夫之认识到知识为众人之工具，因此具有相当的反封建意义。王阳明四句教的心传是中古佛教的唯心说教。明末的学者对这样的心传已有不满的抗议，王夫之则更有力地加以辩驳。王夫之知识修养论的三句名言（学易而好难，行易而力难，耻易而知难）具有对前贤时人的知行观批判的意味。王夫之的知识论认为知识为众人存心推行的述器作器之工具，从而把知识从封建贵族享用的奢侈品转化为社会民众的日常工具。更值得注意的是，王夫之对封建唯心主义进行了系统地批判，其进步思想在 17 世纪学者中出类拔萃。王夫之在知识论和逻辑学颇有建树，这是一笔宝贵的历史遗产，其中的唯物论和辩证法因素更是值得肯定。他依据唯物辩证法对唯心主义进行了有力地批判。

侯外庐揭示王夫之认识论与人性论的关联，强调理性认识的积累性。侯外庐认为，王夫之反对机械僵化的形式概念，以理性认识非固有，这与黑格尔的观点相似。王夫之以自然朴素的观点看待人类知识，他以理性认识为知识思维的历史积累，不学则相当于以野人自限。王夫之关于存性的知识论、日新认识的网之联结点等观点是极为精彩的卓见。他的认识论和人性论是紧密结合的。

第十一章 民国中后期学者对船山哲学的创造性转化

民国中后期（1927—1949）是中国哲学的体系化创构时期。熊十力的新唯识学、冯友兰的新理学、贺麟的新心学、张岱年的新气学、毛泽东的实践哲学，以及金岳霖在道论、知识论与逻辑学上的系统建构，堪称代表。其中熊十力、张岱年、毛泽东与船山哲学的关联尤为密切。

第一节 王夫之与熊十力的新唯识学

熊十力是现代新儒家的开山人物，其哲学虽颇受王阳明的影响，对王夫之也异常关注："船山本晚明大思想家，吾平生服膺甚至。"① 熊十力对王夫之的思想学术有非常深刻的认识与把握，并将其作为自己的思想基石，加以吸收融化、转换创造，林安梧认为，熊十力的基本哲学思想与王夫之是一种承继关系。② 寻绎其思想，可以发现其宇宙本体论、认识论、人生论、哲学精神等诸方面都打上了船山思想的深刻烙印，值得重视。

---

① 熊十力：《读经示要》，上海书店2009年版，第186页。
② 林安梧：《我的学思历程：中国哲学研究方法的一些反省与思考》，《学术界》2014年第7期，第195页。

一　熊十力宇宙本体论对王夫之思想的吸纳

1. 彰有破空与体用不二

王夫之强调实有，认为太虚一实，依有生常，反对虚无："物情非妄，皆以生征。"①"夫可依者有也，至常者生也，皆无妄而不可谓之妄也。"②熊十力亦对王夫之的实有主张有充分的认识，以为可以挽救末流耽空之弊："船山以为宇宙皆实也，皆有也。不可说空说无。其于佛老空无二词之本义，虽不免误会，然以救末流耽空之弊，则为功不浅。船山曾研佛家有宗，盖亦融有义以言《易》。"③熊十力亦强调有，反对虚空，认为佛教以刹那为无常，最终流于反人生，而道家归本自然，而废人能，都有失偏颇，而非正道。④

"体用不二"是熊十力宇宙本体论的根本主张："研宇宙论者，体用不二义须认定。"⑤他认为不可在功效流行之外寻求实体，可见实体与功效是统一的、交融的，而非割裂的："本论以体用不二立宗。学者不可向大用流行之外，别求实体。"⑥所谓"体用不二"是指实体发生变动而产生效用，就好比海水涌动而形成的水泡、浮沫。海水即是本体，产生水泡浮沫即是功效，因此本体和功效之间不可区分。⑦体用是相对待的名词，若有体而无用，则体亦空洞虚无，则体名不立，若有用而无体，则用为凭空突现，如无源之水、无本之木，亦不可能。因此体用表面可分，而实则一体共存，缺一不可。⑧现象与功用名称虽异而实质相同。⑨功用皆以实

---

① 王夫之：《周易外传》卷二，中华书局1977年版，第63页。
② 同上书，第62页。
③ 熊十力：《读经示要》，上海书店2009年版，第211页。
④ 熊十力：《体用论》，上海书店2009年版，第25页。
⑤ 同上书，第72页。
⑥ 同上书，第27页。
⑦ 同上书，第27—28页。
⑧ 同上书，第70页。
⑨ 同上书，第72页。

体为其自身，就相当于众沤以海水为其自身，功用即是实体，实体即有功用。①

程颐在《程氏易传》中提出了"体用一源"的理论，其云："至微者理也，至著者象也；体用一源，显微无间。"但在其自身的哲学体系中，其重理轻象、重体轻用的倾向十分明显，实际上割裂了体用的辩证关系。王阳明的体用论，更走向了心灵主义、道德主义的迷沼。

传统的体用观在王夫之手里得到系统地总结与完善。他提出了"体用胥有"的命题，认为功能效应（用）是客观存在的（有），通过功能效应的客观存在，可以推知其本体的客观存在，使用存在的事物则成为功效，以存在的事物为本体、主体则可以凸显其性情，本体和功用在存在上得到统一，而且相互依赖，交相为功，成为现实的存在。② 王夫之又提出了"体用相函"的命题，王夫之认为，本体和功效是一种交融互含的关系。本体都有其功用；功效有利于本体的不断完善与提升。车辆是用来乘坐的，容器是用来储藏的，所以本体都有其功能、效应；不能储藏的就不是容器，不能乘坐的就不是车辆，因此功用也是本体存在的标志，而且可以不断地完善本体。③

王夫之对体用关系有着更深刻的表述，他认为，体用是不可强行区分离析的，体存则用现，所用无非体，因为功用即是本体的功用，④ 体用初非二致，有体必有用，有用必有体，言体而用在，言用而体在。⑤ 另外，王夫之在《庄子解》中亦强调"即显即微，即体即用"，并认为"捐体而狥用，则于用皆忘；立体以废用，则其体不全；析体用而二之，则不知用者即用其体；概体用而一之，则不知体固有待而用始行"。⑥ 指出体用的共

---

① 熊十力：《体用论》，上海书店2009年版，第71页。
② 王夫之：《周易外传》卷二，中华书局1977年版，第37页。
③ 王夫之：《周易外传》卷五，中华书局1977年版，第198页。
④ 王夫之：《读四书大全说》卷八，中华书局1975年版，第503页。
⑤ 王夫之：《读四书大全说》卷七，中华书局1975年版，第473页。
⑥ 王夫之：《庄子解》卷三十三，中华书局2009年版，第353—354页。

融关联性与有机统一性，既反对体用的割裂，也反对体用的混同。这其实正是熊十力所言的"体用不二"。正如林安梧所言熊十力的体用哲学实是船山思想的承接与转化："总的来讲，在《新唯识论》里面，基本上是通过了他对于有宗唯识学、空宗般若学这空、有二宗的批判，建构了他自己一套崭新的体用哲学。这套哲学与中国传统中庸、易传是有密切血缘关系的。像他常提的'即用显体，承体达用''即用而言，体在用；即体而言，用在体。'"其实在王夫之哲学里已经说过了。"①

值得注意的是，熊十力的体用论对王夫之的翕辟论、乾坤论、体用论进行了嫁接。熊十力认为，体即本体，用即功用，功用有翕辟两个方面："体者，宇宙本体之省称。（本体，亦云实体。）用者，则是实体变成功用。（实体是变动不居，生生不竭，即从其变动与生生，而说为实体之功用。）功用则有翕辟两方面，变化无穷，而恒率循相反相成之法则，是名功用。（亦省称用。）"② 用即变化，心物是用的两方面，不是两体，心物两方面都生生不已、变动不已："夫用者，变化之称。变无独起，决定有对，故说大用流行，法尔有心物两方面。世之谈唯心者，毕竟无可否认物，只欲将物质说为心之副产物耳。世之谈唯物者，毕竟无可否认心，只欲将精神说为物之副产物耳。余宗《大易》乾坤之义，说心物是大用之两方面，不是两体。此两方面元是生生不已、变动无竭之大流。"③ 功用变动不居，一切功用自身即是实体，心物只是功用的两方面，不可强分为二："《易》曰变动不居，通心物两方而言也。心是实体之功用，是变动不居；物，亦是实体之功用，是变动不居。心物只是功用之两方面，不可破析为二。功用之变动不居，时时舍故趋新无有穷竭者，则以一切功用之自身即是实体故耳。"④

---

① 林安梧：《我的学思历程：中国哲学研究方法的一些反省与思考》，《学术界》2014年第7期。
② 熊十力：《体用论》，上海书店2009年版，第27页。
③ 同上书，第71页。
④ 同上书，第71页。

2. 乾坤互含与翕辟成变

熊十力既强调乾坤的并存性，同时也强调了二者的互含性："余持全体分化之论，实宗主《大易》，非余一己之臆说也。《易》明乾元，分化为乾坤。乾坤虽分，而实互相含。（乾卦中有坤象，明乾阳主动以运乎坤，是阳含阴也。《坤卦》中有乾象，明坤阴承乾而动，是阴含阳也。）乾坤不可剖作两体，更不可于此两方面任意而取其一。"① 其实这正是对王夫之乾坤互含、阴阳互含思想的吸收，王夫之认为："是故乾纯阳而非无阴，乾有太极也；坤纯阴而非无阳，坤有太极也。"② "阳含静德，故方动而静。阴储动能，故方静而动。"③

"翕辟成变"是熊十力哲学关于宇宙创生的一大创获。翕、辟是本体变化中两种性质不同的能量类型与势用趋向。翕是一种收摄、凝聚性的势能，辟是一种刚健、开拓性的势能。熊十力认为："此种刚健而不物化的势用，即名之为辟。"④ 翕辟是同时成对出现，它们的相互作用构成了宇宙万物的变化。"才有翕，便有辟。唯其有对，所以成变。"⑤ "故翕势方起，即有辟势同时俱起。"⑥ 辟具有精神性，翕具物质性，因此翕可以对应坤，辟对应乾，两者相反相成，缺一不可："乾阳即精神之称。精神遍在散殊的一切物质中为其统御，犹心为吾身五官百体之统御者也。精神与物质本非两体，不可剖析。实体变成功用，即此功用之内部起分化，而为翕辟两方面。辟为精神。翕为物质。质则散殊，精乃大一。翕辟以相反而归统一，完成全体之发展。《易大传》所以有德盛之叹也。"⑦ 翕辟是大用的两方面，相反相成。辟是健动开发之势，浑一遍运，即所谓精神；翕是凝敛

---

① 熊十力：《体用论》，上海书店2009年版，第80—81页。
② 王夫之：《周易外传》卷五，中华书局1977年版，第199页。
③ 王夫之：《思问录外篇》，中华书局2009年版，第35页。
④ 熊十力：《体用论》，上海书店2009年版，第13页。
⑤ 同上。
⑥ 同上。
⑦ 同上书，第80页。

摄聚之势，分化万殊，即所谓物质。"辟，是健动、升进、开发之势，所谓精神是也。翕，是凝敛、摄聚，而有趋于固闭之势，所谓物质是也。翕便分化，物成万殊。辟则浑一，遍运乎一切物质中，无定在而无不在。大用有此两方面，所以相反相成，此乃法尔道德理也。"① 翕、辟是两种相反的功能、效应，同时存在，无先后之次序。翕凝敛而成物，可称之为物；辟开发而不失本体之健，可称之为心。翕辟恒转，而心物同体："原体显用，用则一翕一辟，以其相反而成变化。故翕辟恒俱转，无有一先一后之次第也。翕即凝敛而成物，故于翕直名为物。辟恒开发而不失其本体之健，故于辟直名以心。夫心辨物而不蔽，通物而无碍，宰物而其功不息。正是健以开发之势，故知心即辟也。心物同体，无先后可分。理实如是，何用狐疑？子以为宇宙本际，唯有物而无心，此肤见也。如无本心，而后忽发现心灵，是从无生有，断无是理。"② 可见，翕辟二词虽然来自《易传》，但熊十力的翕辟成变论，也受到了王夫之阖辟论的直接影响，只不过将"阖"换成了"翕"。

王夫之认为阳辟阴函，动静互涵，一阖一辟而为道。③ 阖有辟，辟有阖，往来不穷，异情相敌，而交相为功，以阖故辟，以辟故阖，无阖则无辟，无辟亦无阖。④ 阖之象收敛以成体，辟之象荡开以发用，且阖辟同时存在，阖则必辟，辟则必阖。⑤ 阖户以坤之德顺，受施而纳之，处静藏动；辟户以乾之德健，施无所吝，动无不达，阖辟体用互涵，相反相成。⑥ 值得注意的是，熊十力明确指出辟即乾，坤即翕："辟有刚健、开发、升进、炤明等等德性，《易》之所谓乾也……翕有固闭和下坠等性，《易》之所谓

---

① 熊十力：《体用论》，上海书店 2009 年版，第 73 页。
② 同上书，第 15 页。
③ 王夫之：《张子正蒙注》卷七，中华书局 1975 年版，第 272 页。
④ 王夫之：《周易外传》卷七，中华书局 1977 年版，第 256 页。
⑤ 王夫之：《周易内传》卷五，《船山全书》（第 1 册），岳麓书社 2011 年版，第 560 页。
⑥ 王夫之：《张子正蒙注》卷七，中华书局 1975 年版，第 271 页。

坤也。"① 因此就其精神实质，熊十力的"翕辟成变"其实就是王夫之的"乾坤并建"②。

二 熊十力人生论对王夫之思想的融汇

1. 尊生率性

受王夫之性者生理、性日生日成的影响，熊十力认为生生之谓道，宇宙生生不息，吾人秉此生生不息之意以为真性。③ 熊十力强调生命的不断创造、生生不息，认为有生之日皆创新之日，不可守故休歇。④ 吾之生与宇宙同其新新，无故可守，王夫之为其思想先导："吾人初生之顷资生于宇宙之大生命力，既生以后，迄于未尽之期，犹息息资生于宇宙之大生命力，吾生与宇宙始终非二体。故吾之生也，息息与宇宙同其新新，而无故故之可守。命之不穷，化之不息也如是。斯理也，船山王子，盖先我发之矣。"⑤ 熊十力强调健为生德、仁亦生德，健、仁二者异名同实，重生之意昭然可见。⑥

王夫之认为太虚一实、天地本动，强调珍生务义、尽性立命，反对佛教和老庄的虚无。熊十力亦然。他认为理学和佛教都流于虚静之枯寂，⑦儒学以健为静君、仁为寂主，可以继天德、立人极，而佛教则以性体为寂静，导群生以寂灭，是反人生的，极不可取，⑧ 熊十力重视人生，强调入世，注重生活向度的展开。⑨认为佛教虽对性体寂静领会极深，但导致人生

---

① 熊十力：《体用论》，上海书店2009年版，第121页。
② 王夫之：《周易外传》卷七，中华书局1977年版，第267页。
③ 熊十力：《读经示要》，上海书店2009年版，第177页。
④ 熊十力：《新唯识论》（文言文本），《熊十力全集》第2卷，湖北教育出版社2001年版，第87页。
⑤ 同上书，第85页。
⑥ 熊十力：《体用论》，上海书店2009年版，第36—37页。
⑦ 同上。
⑧ 同上书，第37页。
⑨ 熊十力：《读经示要》，上海书店2009年版，第183页。

流于枯寂，扼杀了生意真机。① 他对佛教的空幻十分不满，认为于人生不利："说空、说幻，毕竟毁尽生生种子。"② 熊十力对王夫之健动以起颓废，以救宋明理学枯寂之弊，深表赞赏："主动，以起颓废。此则救宋明儒末流之弊，与习斋同一用意，但习斋理解远不逮船山。"③ 对王夫之率性而不绝欲的主张也颇为推服："船山不主张绝欲或遏欲，而主张以性率情，使情从性，则欲无邪妄。而情欲与性为一矣。此与程朱本旨并不背，可惜戴震不识性，而妄奖欲。"④

2. 性修不二

熊十力认为，性是本然自足的，习是后天的训练培养和努力造就的。习中显性，积极作为、认真修养，有为而无为，由必然而自然，乃达到与天德合一的境地："无事于性，有事于习。增养净习，始显性能，极有为乃见无为，尽人事乃合天德。习之为功大矣哉！"⑤ 性为天，习为人，天为人所因，天因人而成，天性为修习提供前提基础，而修习为天性的显现提供了可能，因此性修不二，天人合德："天人合德，性修不二故，学之所以成也。"《易》曰："继之者善，成之者性。"全性起修名继，全修在性名成。本来性习为天，后起净习为人。故曰："人不天不因；天不人不成。"⑥ 成能才能成性，天性需要后天的修习造就，所谓天性本质上是人后天创造出来的："若如我说，成能才是成性，这成的意义就是创。而所谓天性者，恰是由人创出来。"⑦ 因此，学首先要树立志向，以

---

① 熊十力：《读经示要》，上海书店2009年版，第37—38页。
② 同上书，第38页。
③ 同上书，第211页。
④ 同上。
⑤ 熊十力：《新唯识论》（文言文本），《熊十力全集》（第2卷），湖北教育出版社2001年版，第67页。
⑥ 同上书，第144页。
⑦ 熊十力：《十力语要》卷四，《熊十力全集》（第4卷），湖北教育出版社2001年版，第492页。

铸就素养和能力为旨归。① 熊十力认为，立志对于学问和事功的成就甚为关键。② 这其实是对王夫之继善成性、尽性立命、立志思诚思想的继承与发展。

王夫之重人文，反对朴，强调后天的学习和修为，熊十力对此深表认同："老聃尚朴，任自然，自然之说行，必有贱检约，而放荡无所不至者。朴之说行，必将反文明，而安偷惰，至以任情为率真，而实行不肯修，实学不肯讲者。其流弊可畏也。"③熊十力认为，朴与自然之说流行，就会导致任情放纵，不事修习，最终走向反文明。可见，熊十力对后天的作为、对修的重视，从而在精神旨趣上与王夫之高度一致。

因此，性修不二体现了熊十力对王阳明和王船山思想的融摄，体现了阳明学复性理论与王夫之成性思想的辩证统一。而就其重心而言，实侧重于修，因此本质上更接近船山学轨辙。

熊十力以《周易外传》《周易内传》为基础，概括出船山哲学的基本思想与根本精神，即"尊生以箴寂灭，明有以反空无，主动以起颓废，率性以一情欲"，认为王夫之骨子里为宋学精神，亦可与西方思想相通。④ 熊十力认为自己的哲学思想与王夫之的基本观念大体相似："若夫生与有等四大基本观念，余与船山未尝异也。"⑤ 而他的代表作《新唯识论》的中心思想在于尊生彰有、健动率性，正是对王夫之《周易外传》思想宗旨的提炼与继承："吾平生之学，穷探大乘，而通之于《易》。尊生而不可溺寂，彰有而不可耽空，健动而不可颓废，率性而无事绝欲。此《新唯识论》所以有作，而实根柢《大易》以出也。（上来所述，尊生、彰有、

---

① 熊十力：《新唯识论》（文言文本），《熊十力全集》（第 2 卷），湖北教育出版社 2001 年版，第 145 页。
② 熊十力：《十力语要》卷一，《熊十力全集》（第 4 卷），湖北教育出版社 2001 年版，第 133 页。
③ 熊十力：《读经示要》，上海书店 2009 年版，第 170 页。
④ 熊十力：《十力语要》，上海书店 2007 年版，第 83—84 页。
⑤ 熊十力：《读经示要》，上海书店 2009 年版，第 212 页。

健动、率性,此四义者,于中西哲学思想,无不包通,非独矫佛氏之偏失而已。王船山《周易外传》颇得此旨,然其言散见,学者或不知综其纲要。)"其1932年出版的《新唯识论》(文言文本)对王夫之的气化论亦有吸收:"人性具生命力,圆成而实,本无衰灭,生命力固包宇宙,挟万有,而息息周流,不以形气隔也。吾之生也,息息与宇宙同其新新,而无故故之可守。命之不穷,化之不息也如是。斯理也,船山王子,盖先我发之矣。"①

王夫之与熊十力的哲学根基都是建立在《易传》的基础上。王夫之有《周易外传》《周易内传》《周易稗疏》《周易大象解》等著作。更关键的是,王夫之吸收了《易传》生生不息的精神观念,构建了自己的动态创变哲学。熊十力也是如此,林安梧认为,熊十力继承的是《易》《庸》的传统,通过唯识学的概念加以转换和创造:"毕竟熊十力,他还是《中庸》《易传》的传统,他通过《中庸》《易传》的思考,进到整个唯识学里面,透过唯识学的一些基本概念,做了一种转化跟创造。"②

熊十力认为《易》为五经之源,易学堪称真正的生命哲学,博大精深,非柏格森等西洋生命哲学所可比拟,③ 他的体用哲学即归宗大易:"余于佛法所专力者,即在大乘空、有二宗。然余于佛家心物之争,并不甚注意。余所强探力索者,独在其性相之论。(佛氏谈性相,犹余云体用。)余之宇宙论主体用不二,盖由不敢苟同于佛法,乃返而远取诸物、近取诸身,积渐启悟,遂归宗乎《大易》也。"④ 具体而言他吸收了《易传》的生生精神、翕辟观念以及藏仁显性等思想。他认为汉以来儒者由于不通《春秋》之义,导致民族思想衰微,宋儒持《春秋》以复仇,只是一种

---

① 熊十力:《新唯识论》,上海书店2008年版,第66页。
② 林安梧:《我的学思历程:中国哲学研究方法的一些反省与思考》,《学术界》2014年第7期。
③ 熊十力:《读经示要》,上海书店2009年版,第211页。
④ 熊十力:《体用论》,上海书店2009年版,第26页。

家天下思想，与民族思想无关，真正知道民族思想的可贵、对民族有悲怀哀感是王夫之。并表达了在当今民族危亡之际，对《春秋》之义的恪守。①

熊十力认为阳明学立本明体有余，而达末致用不足。② 如前所述，熊十力认为，体若无用，体名亦废，用若无体，用亦无源，其对体用兼该的诉求其实与王夫之"体以致用、用以备体"的精神是一致的。他认为《易传》为哲学思想的轴心典籍，而《春秋》则为社会政治伦理思想的根本原典："孔家经籍研究底程序，在哲学或元学思想方面，《大易》为根本巨典，诚不宜忽。《论语》、三礼、《诗》《书》《孟子》，俱当参互以求。《老》《庄》则《易》之别派，并宜搜讨。至于社会政治伦理等思想方面，《春秋》为根本巨典。《论语》《易》、三礼、《诗》《书》《孟子》，均当参互以求。《庄子》《荀卿》皆《春秋》之支流，亦须并观。"③ 可以看出熊十力与王夫之一样，秉持《易传》为体、《春秋》为用的思想格局。

第二节　王夫之与张岱年的新唯物论

张岱年有着弘扬船山哲学的自觉意识，他说："在《中国哲学大纲》中，我提出今后应该继承发扬王船山的哲学"④ 他在《哲学上一个可能的综合》（1936）一文中也认为惠施、《易传》、张载、王夫之是中国哲学中辩证唯物主义（对理唯物论）的传统。明末清初以来，中国哲学的趋向是偏于唯物，而王夫之、颜元、戴震是近三百年中最伟大的思想家，他们在宇宙论（唯气或唯器）、知识论与方法论（重经验及知识之物）、人生论

---

① 熊十力：《十力语要》，上海书店2007年版，第16页。
② 同上书，第177页。
③ 同上书，第66页。
④ 张岱年：《张岱年全集》（第8卷），河北人民出版社1996年版，第444页。

（践形，有为，注重动、生、人本）方面均带有唯物主义倾向，三百年来的哲学思想以唯物为主潮。现代中国哲学应该沿着王夫之、颜元、戴震等人的道路继续前进、开拓创新。①

张岱年认为中国近三百年中有创造贡献的哲学家都是倾向唯物的，而王船山是"这三百年中最伟大的思想家"。② 并认为王夫之等代表着今后中国新哲学的发展方向，③ 实际上张岱年的哲学思想虽融汇了马克思主义、新实在论等西方思想，与王夫之颇多相通之处，其形上哲学、知识哲学、人生哲学、文化思想以及哲学史研究都打上了船山思想的鲜明烙印，值得注意。

一　张岱年本体论对王夫之思想的吸收

"物统事理""一本多级"是张岱年哲学的中心观念，张岱年自己认为这是他将中国传统与辩证唯物主义相结合的产物："关于哲学理论问题，我不自量力，试图将马克思主义哲学唯物论与中国哲学的优秀传统结合起来，提出了一些管窥之见，其中比较重要的一条是物统事理、一本多级。"④

1. 物原心流，一本多级

所谓物原心流，是指"宇宙演化是由物质（一般物质）而生物（有生命的物质）而有心物（有心知的有生物质）。物为基本，生命心知为物质演化而有之较高层级的形态。物为本原，心乃物质演化而有，为支流，物原而心流。物为一本，生命与心知以物为基础，一本而多级。"⑤ 关于"一本多极"，即"物有不同层次，最基本的是无生命的物质，无生命的物质

---

① 张岱年：《张岱年全集》（第1卷），河北人民出版社1996年版，第272—273页。
② 同上书，第273页。
③ 同上。
④ 张岱年：《张岱年全集》（第8卷），河北人民出版社1996年版，第525页。
⑤ 同上书，第600页。

是基本粒子构成的，物质变化产生了有生命的物质，有生命的物质演化而产生了有心知的有生命物质，物质是一本，生命与心知是较高的层级所具有的特性，是谓一本多级"。① "物有不同层次，最基本的是无生命的物质，无生命的物质是基本粒子所构成的。物质演变而产生了有生命的物质，有生命的物质演化而产生了有思维的人类。物质是一本，生命与思维是较高的层次所具有的特性。故云一本多级，这是我的中心观点。"② 而一本多级，则深受张载、王夫之气本论的影响。张岱年强调物质的基础本源性与王夫之以气作为宇宙的本源相似。张岱年认为物质演变而产生了有生命的物质和有思维的人类，这与王夫之所谓的阴阳二气的变合而产生人类和万物一致。按照王夫之的观点，形色为气，性为理，也是气之理，盈天地间与人身内外皆为气。③

2. 物统事理、理在事中

所谓物统事理，是指物的存在具有过程的变化性（事）和内在的规律性（理）："物的存在都是过程，就过程的变化而言，谓之事；就其变化中的恒常而言，谓之理；凡物都是事事相续而具有一定之理的过程，可以说是物统事理。"④ "管见以为，物的存在都是过程，就过程的变化而言，谓之事。就变化的恒常而言，谓之理。凡物都是事事相续而具有一定之理的过程。故云物统事理。"⑤ "凡物皆历程，指其历程中之变化而言谓之事；指其变化中之规律而言谓之理。物统事理。事为实有，理亦实有，统含事理之物亦实有。"⑥

张岱年的"物统事理"，吸收了张载的"心统性情"的逻辑结构，进行创造性的转化，有王夫之道器论和理气论、道物论、理事论的影响，尤

---

① 张岱年：《张岱年学述》，浙江人民出版社1999年版，第4页。
② 张岱年：《张岱年全集》（第8卷），河北人民出版社1996年版，第525页。
③ 王夫之：《读四书大全说》卷七，中华书局1975年版，第465页。
④ 张岱年：《张岱年学述》，浙江人民出版社1999年版，第4页。
⑤ 张岱年：《张岱年全集》（第8卷），河北人民出版社1996年版，第525页。
⑥ 同上书，第600页。

其与王夫之"道在器中"的思想极为相契，张岱年所谓的"物"其实相当于王夫之所言之"器"。在王夫之看来，器有成毁，因此器有过程性，而张岱年认为物是一个过程。器有其内在的运行机制或秩序条理，即所谓道，具有一定的稳定性、恒常性，这正是张岱年所谓的理。器表现在人际即为事，即现实与历史活动的展开。王夫之的道器论、理气论具有逻辑的一贯性。因此，"物统事理"实际上是王夫之"道在器中""理在气中"的发展。另外，王夫之认为："道者，物所众著而共由者也。物之所著，惟其有可见之实也。物之所由，惟其有可循之恒也。既盈两间而无不可见，盈两间而无不可循，故盈两间皆道也。"①

张岱年在30年代还对事理关系进行了探讨，接受了王夫之道在器中、李塨理在事中的观点。② 实际上王夫之反对立理限事，还提出了"因物事而得理"的论断，均堪称张岱年"理在事中"思想的先声。

3. 永恒两一、和为存基

所谓永恒两一，是指"一切事物皆在变化迁流之中，一切对立莫不有其统一"。③ 这是对王夫之"两不立而一不可见""两端一致"思想的发挥。张岱年以矛盾为变化之源，以和谐为存在之基，深受王夫之的影响。王夫之强调动乃道之枢，以两端一致作为宇宙人生的法则："以气化言之，阴阳各成其相，则为对，刚柔、寒温、生杀必相反而相为仇。乃其究也，互以相成，无终相敌对之理，而解散仍归于返于太虚。"（《张子正蒙注》卷一）"一气之中，两端既肇，摩之荡之，而变化无穷。"（《张子正蒙注》卷一）"雷风不相薄，水火不相射，男女不相配，自有天地以来，未有能为尔者也。"（《周易外传》卷五）"易者，互相推移以摩荡之谓……纯乾纯坤未有易也。而相峙以并立，则易之道也。"（《周易内传》卷一）可见，王夫之非常注意万事万物的矛盾对立性。王

---

① 王夫之：《周易外传》卷五，中华书局1977年版，第178页。
② 张岱年：《张岱年全集》（第8卷），河北人民出版社1996年版，第512页。
③ 同上书，第600页。

夫之也注意对立双方的相通性与统一性："杂因纯起，即杂以成纯；变合常全，奉常以处变；则相反而固会其通。"(《周易外传》杂卦传）同时王夫之也强调和顺的重要："穷理而失其和顺，则贼道而有余。"① "天地以和顺而为命，万物以和顺而为性。继之者善，和顺故善也。成之者性，和顺斯成矣。"② "是故《易》以阴阳为卦之仪，而观变者周流而不可为典要；以刚柔为爻之撰，而发挥者相杂而于以成文；皆和顺之谓也。和顺者性命也，性命者道德也。以道德徙义而义非介然，以道德体理而理非执一。大哉，和顺之用乎！"③

4. 大化三级、胜乖兼和

所谓大化三级，是指"宇宙大化有三极，一元极，二理极，三至极。元极是最根本的物质存在。理极是最根本的原理即最普遍的规律。至极是最高的价值准则。最高的价值准则是兼赅众异而得其平衡，可称为兼和"。④ 元极、理极、至极分别是对王夫之气—理—道的继承与发展。而这种兼和所表现出来的差异化、多元化的动态平衡统一与王夫之思想更是同条共贯。

关于兼和为上，"我以为中庸不如兼和，兼是兼容歧异，和是保持一定的平衡。在一定条件下，可以容许过之。我认为，矛盾是变化的根源，而和谐是物体存在的基础。和实生物，新事物的产生实由于一定的和谐。故曰兼和为上。"⑤ 这与王夫之的思想更是血脉相通，王夫之强调分殊性、差异性，同时也注意整体性。王夫之对理一而分殊的新阐释就体现了这一点。他对事物对立双方矛盾的认识，以及相反相成相通的阐释，最终归结于一种动态的和谐。这正是张岱年兼和为上的思想意蕴。

---

① 王夫之：《周易外传》卷七，中华书局1975年版，第250页。
② 同上书，第248页。
③ 同上书，第249页。
④ 张岱年：《张岱年全集》（第8卷），河北人民出版社1996年版，第600页。
⑤ 张岱年：《张岱年学述》，浙江人民出版社1999年版，第5页。

关于胜乖以达和，就是"要克服生活中的种种矛盾以达到和谐"①这与王夫之的思想非常一致。王夫之认为："相反而固会其通。"（《周易外传》杂卦传）"君子乐观其反。"（《周易外传》杂卦传）"君子善其交而不畏其争。"（《周易外传》未济）"以在人之性情言之，已成形则与物为对，而利于物者损于己，利于己者损于物，必相反而相仇，然终不能不取物以自益也，和而解矣。"（《张子正蒙注》卷一）

二 张岱年知识论对王夫之思想的融汇

在知识论方面，张岱年的思想也与王夫之颇多相似相通之处。如在知识的来源问题上，张岱年认为："知不能离物，而受物之决定。非存在即受知，而是知觉基于存在。"② 与王夫之一样均肯定外物的客观存在性，强调知觉与外物的触发才产生认识。在知行观方面，张岱年强调知与行的两一，认为"行是知之基，亦是知之成。知原于行而成于行"。③ 这与王夫之是一致的。在知识的性质方面，张岱年强调知之群性，强调感与思的两一，注重知识的社会性、感性认识和理性认识的辩证统一，与王夫之思想若合符节。在真知方面，强调真知之变与常，也与王夫之大体相似，因王夫之一方面认识到道是器（物事与时代）的运行规律和秩序条理，因而具有相对的稳定性、恒常性，从宏观而言，"道随器变"，"道因时而万殊"，"据器而道存，离器而道毁"，实际上认识到了道的历史性与相对性。

1. 知通内外

所谓"知通内外"，是指"心为内，物为外，知乃所以通内外。有外物然后有感觉，感觉为知识之开端。人之知识又依凭于实践"。④ 这与王夫

---

① 张岱年：《张岱年全集》（第 8 卷），河北人民出版社 1996 年版，第 513 页。
② 张岱年：《张岱年全集》（第 1 卷），河北人民出版社 1996 年版，第 275 页。
③ 同上。
④ 张岱年：《张岱年全集》（第 8 卷），河北人民出版社 1996 年版，第 600 页。

之《张子正蒙注》所言相一致："内心合外物以启，觉心乃生焉。"(《乾称篇下》)"虽圣人不能舍此而生其知觉，但即此而得其理尔。此内外之合，圣之同于庸也。"(《乾称篇下》)"形也，神也，物也，三相遇而知觉乃发。"(《太和篇》) 可见王夫之、张岱年均强调认识是内在主体性与外在客观性统一。

2. 真知三表

所谓真知三表，是指"真知有三个标准，一曰自语贯通，即非自语相违；二曰与感觉经验之内容相应，即欲感觉经验相符合；三曰依之实践，结果如所预期。真知在于认识、经验、实践三者之一致。"① 张岱年认为真知在于认识、经验、实践三者的一致，与王夫之思想未尝不一致，王夫之对陆王心学、佛老的抨击以及对程朱理学的批评往往体现出对第一个标准的重视。而真知的第二个标准与感觉经验之内容相符，即王夫之所言的名实相符的标准。王夫之认为："无实不能有名。"(《张子正蒙注》卷七)"名非天造，必从其实。"(《思问录外篇》)"信者不爽也，名实不爽，先后不爽之谓也。"(《读四书大全说》卷一) 尤其是真知的第三个标准，是王夫之"行焉可以得知之功效"(《四书训义》卷九)、"知者非真知也，力行而后知之真"(《四书训义》卷十三)、"且夫知也者，固以行为功者也"(《尚书引义》卷三)、"知之尽，则实践之而已。"(《张子正蒙注》) 思想的继承与发展。

三 张岱年人生论对王夫之思想的弘扬

1. 天人本至、义命合一

所谓天人本至，即"天为人之所本，人为天之所至。本者，本根，至者最高成就"。② 这与王夫之思想一脉相承。王夫之认为："言道者必以天

---

① 张岱年：《张岱年全集》（第8卷），河北人民出版社1996年版，第600页。
② 同上书，第599页。

为宗，必以人为其归。"① 王夫之强调天生人成，他一方面重视天对于人的本源性："天之所用为化者，气也；其化成乎道者，理也。天以其理授气于人，谓之命；人以其气受理于天，谓之性。"（《读四书大全说》卷十四）"是人道者，即天分其一真实无妄之天道，以授人，而成乎所生之性者也。天命之谓性也。"（《四书训义》卷二）另一方面又强调人的主体能动性与自觉创造性："未继以前为天道，既成以后为人道。天道无择而人道有辨。"（《周易内传》卷五）"圣人赖天地以大，天地赖圣人以贞。……人存而天地存，性存而位存。"（《周易外传》卷五）"天用其化以与人，则固谓之命矣。已生以后，人既有权矣，能自取而自用也。"（《尚书引义》卷三）"可竭者天也，竭之者人也。人有可竭之成能，故天之所死，犹将生之；天之所愚，犹将哲之；天之所无，犹将有之；天之所乱，犹将治之。"（《续春秋左氏传博议》卷下）

"分别本至"意味着张岱年强调将世界的本源与人生的最高准则予以区分，在世界的本源上坚持物质本源，而在人生的最高准则注意道德。这其实与王夫之也颇为相似，王夫之在世界本源上强调气的本源性。而在人生的最高准则方面则在于继善成性。不过与张岱年不同，王夫之的世界本源与人生最高准则之间依然有一定的关联，因王夫之的气不仅是一种物质力量，也是一种精神力量。气既是弥漫于天地，而且也充斥于人体。气中有理，理善故气亦善。张岱年的物质性原则是更为彻底的唯物论。因而需要将其进行更为明显的区分，否则将会将人文理想完全斫丧，人将为沦为机器，被物所异化。从而实现了自然性与主体性的统一。

关于义命合一，张岱年认为："义就是应当，命即是自然的限制；义是理想的当然，命是现实的必然。这两种是对立的，然而有其统一。……义是人事方面的，命是环境方面的。……以此，理想要适应现实，又须克

---

① 王夫之：《尚书引义》卷五，中华书局1962年版，第124页。

服现实；义须顺应命，又要改变命。"① "如果想得到圆满的生活，必须一方面要认识自然的限制，一方面力践所认为应当的。义须顺应命：完全不可能的事情，便根本不必去想。但命也不是绝对不可以改变的，自然的限制也可以打破。世界没有一成不易的事物，命也常只是相对的。人不当因现实之一时的限制，就放弃当然的努力。不要因命忘义，而当以义易命；务使命之所归，即是义之所宜。这就是义命合一。"② 这其实是王夫之"珍生务义""尽性至命""相天造命"思想的综合发展。

2. 与群为一、群己一体

关于与群为一，张岱年认为："与群为一，便是与社会国家为一体，即觉得群己合为一体，社会、国家与个人融合无间，群即是我，我即是群。群的利益即是我的利益；群的生命即是我的生命。把整个的精神心思都注入于群，为群而工作，为群而努力。这样，一方面也是无我，不自觉有与群对立的小我；一方也是扩大其我，以群为我。在此种生活境界，也可得到最大的快乐，也可以消弭一切烦恼。"③ "与群为一本是为了修正与天为一的思想而提出的。孟子讲'万物皆备于我'，庄子讲'天地与我并生，万物与我为一'。程颢宣扬'与万物为一体'，我以为这些都未免失之玄远，只是精神上的自我陶醉。最高的道德境界应该是爱国家、爱人民、公而忘私，与社会国家合为一体。是谓与群为一。与群为一即是集体主义。"④ 这其实也与王夫之精神大体一致，王夫之有非常强烈的社会责任感和现实关怀，对民族与民生均有深切的情意，倡导"以身任天下"的豪杰精神，反对流俗。与张岱年的"与群为一"的大旨基本一致。所谓"群己一体"是指"个人不能脱离社会而生活，群与己之关系乃系全与分的关

---

① 张岱年：《张岱年全集》（第1卷），河北人民出版社1996年版，第286页。
② 同上书，第287页。
③ 同上书，第284页。
④ 张岱年：《张岱年学述》，浙江人民出版社1999年版，第4页。

系。群之利害即己之利害，正如一身之利害即四肢之利害"。① 这与王夫之强调的"物不可绝""珍生务义""以身任天下"的精神一致。王夫之强调救人道于乱世、扶长中夏，推崇以身任天下的豪杰精神，正是基于这种社会关怀以及对国家民族的群体诉求："只是尽天下之人，尽天下之物，尽天下之事，要担当便与担当，要宰制便与宰制；险者使之易，阻者使之简，无有畏难而葸怯者。……言乎其体，而无理不可胜者；言乎其用，而无事不可任矣。"（《读四书大全说》卷八）

3. 人群三事、拟议新德

所谓"人群三事"，是指"今亦言三事：一御天，二革制，三化性。御天即改变自然，革制即改造社会，化性即改变人的本性"。② 也与王夫之思想一致，"御天"即王夫之所言的化"天之天"为"人之天"，"革制"即王夫之的"以义行知""推行于物"（《张子正蒙注》卷二），"化性"即王夫之所言的继善成性、已成可革。

所谓"拟议新德"，是指"道德随时代之不同而变迁，随社会生活之改易而转移。故当审时代之需要而建立新道德。道德之根本惟一，曰公而已矣。旧德之中亦有不可辄废者，亦可借用旧名赋予新义。今提出六达德六基德。达德：一公忠，二任恤，三信诚，四谦让，五廉立，六勇敢。基德：一孝亲，二慈幼，三勤劳，四节俭，五爱护公物，六知耻"。③ 张岱年道德随时代而变迁的观念与王夫之道因时而万殊有相契之处，而张岱年所提出的公忠、信诚、勇敢、孝亲、知耻都是王夫之最为强调的，任恤在王夫之的民生意识中多有体现。谦让、廉立、慈幼、勤俭也为王夫之所肯定。爱护公物则是张岱年在新时代的产物，但王夫之亦强调公意、大公、物物相依。

---

① 张岱年：《张岱年全集》（第8卷），河北人民出版社1996年版，第601页。
② 同上。
③ 同上。

4. 充生达理、理生合一

关于"充生以达理",即是强调生命活力与道德修养的并重。"充生以达理的实际内容即是增健而为公。生之本性为健,人生至德曰公。健者胜物而不屈于物,公者爱己而更爱群。"① 这与王夫之的思想更是一脉相承,深受王夫之珍生务义、厚生正德、达情养性、理欲合一、反对惩忿窒欲思想的影响。

关于理生合一,张岱年认为:"所谓生,即是生命、生活,所谓理,即是当然的准则,或道德的规律。"② "其实生与理两者,是应该并重的,不但是应该并重,而且两者是离不开的。理只是生之理,离开了生,就无所谓理;生也必须受到理的裁制,好的生活即是合理的生活。理离开生,便是空洞的;生离开理,必至于卤莽灭裂。③" 要之,生与理是不可相离的。只注重理不注重生,结果必至违反了理;只注重生不注重理,结果必至于毁坏了生。我们一方面要培养生命力,发展生命力,充实生活,扩大生活;另一方面要实践理义,以理裁制生活,使生活遵循理。而这两方面只是一件事,不过为方便而分开来说而已。生的圆满,即是理的实现;理的实现,就是生的圆满。生活之最高境界,是与理为一;与理为一的生活,也便是达到了生之谐和的生活。④ 这其实是王夫之性者生理、理欲合一思想的发展。

5. 动的天人合一

关于"动的天人合一",张岱年认为:"所谓动的天人合一,对静的天人合一而言。……静的天人合一是在内心的修养上达到与天为一的境界;动的天人合一则是以行动实践来改造天然,使天成为适合于人的,而同时人亦适应天然,不失掉天然的乐趣。静的天人合一是个人的,是由精神的

---

① 张岱年:《张岱年全集》(第8卷),河北人民出版社1996年版,第513页。
② 张岱年:《张岱年全集》(第1卷),河北人民出版社1996年版,第280页。
③ 同上书,第281页。
④ 同上书,第283页。

修养而达到一种神秘的宁静的谐和；动的天人合一则是社会的，是由物质的改造而达到一种实际的活动的协调。"①"动的天人合一，即是以实践行动，克服天与人之矛盾冲突，使天人相互适合，这是勘天与乐天之统一。"② 这其实是王夫之性日生日成、继善成性、君子日动、天人合一思想的发展，王夫之认为："圣人尽人道而合天德。合天德者，健以存生之理。尽人道者，动以顺生之几"。③"甚哉，继之为功于天人乎！天以此显其成能，人以此绍其生理者也。性则因乎成矣，成则因乎继矣。不成未有性，不继不能成。天人相绍之际，存乎天者莫妙乎继，然则人以达天之几，存乎人者亦孰有要于继乎！"④"继之则善矣，不继则不善矣。天无所不继，故善不穷。人有所不继，则恶兴焉。"⑤ 可见王夫之反对自然原始的天人合一，而强调通过后天的努力修为而达到的天人合一，且这一过程是动态发展的，实际上正是张岱年所讲的"动的天人合一"。

第三节　王夫之与毛泽东的实践哲学

民国中期，毛泽东融汇中国传统与马克思主义，建立起实践哲学的思想体系。认真寻绎其思想，可以发现船山思想的深刻印记。或直接吸收借鉴，或创造性转化，或批判性超越。可以说，王夫之不仅是毛泽东早期思想的重要泉源，也堪称毛泽东后来接受马克思主义的思想前提与历史纽带。冯契认为："经过近代哲学一百多年的发展，当毛泽东运用马克思主义哲学来对历史观和认识论中的心物之辩作总结的时候，仿佛是在向荀

---

① 张岱年：《张岱年全集》（第1卷），河北人民出版社1996年版，第287—288页。
② 同上书，第289页。
③ 王夫之：《周易外传》卷二，中华书局1977年版，第65页。
④ 王夫之：《周易外传》卷五，中华书局1977年版，第182页。
⑤ 同上。

子、王夫之复归。因为能动的革命的反映论的思想，可以说，已经潜在地包含在荀子、王夫之的理论中。"① 冯友兰也认为："我近来又有一个想法，也可以说是非常开怪之论，就是毛泽东的哲学实际上也是按着中国古典哲学讲的。"② "从孔子到王船山，中国哲学有个基本问题，就是一般和特殊的问题，到了王船山，给了一个解决。解决的方法是理在事中。《矛盾论》《实践论》讲矛盾的普遍性即寓于特殊性之中，其思想归结起来是一般寓于特殊之中，这个寓字从前人不常用，而这个思想也就是理在事中。所谓实事求是，就是在事上求理。"③ "这么一来，毛泽东的哲学和中国古代哲学讨论的问题就接上了。"④

一 毛泽东认识论对王夫之行可兼知思想的吸收

毛泽东1937年撰写的《实践论：论认识和实践的关系——知和行的关系》一文对认识论进行了系统地探讨，观其标题可知，在毛泽东看来，认识和实践的关系就是传统的知行关系。因此毛泽东的认识论实际上是传统知行观与马克思主义的有机结合，而且这种注重实践的认识论，不但是马克思主义的中国化，甚至堪称马克思主义的船山化，更何况毛泽东在写作此文时确实参考了《船山遗书》。毛泽东强调行，是为政治革命与社会改造提供理论依据，以应对当前严峻的国内外局势、党内外局势，反拨党内军中的教条主义、本本主义之风。而其注重经验而又超出经验，强调理性认识，这是对党内流于感性经验的片面主义错误的一种修正。

1. 知识的来源

毛泽东认为实践经验与知觉见闻是知识的来源，⑤ 这与王夫之"知见

---

① 冯契：《中国经典哲学的革命进程》，华东师范大学出版社2015年版，第621页。
② 参见陈来《现代中国哲学的追寻》，生活·读书·新知三联书店2010年版，第436页。
③ 陈来：《现代中国哲学的追寻》，生活·读书·新知三联书店2010年版，第436页。
④ 同上。
⑤ 毛泽东：《伦理学原理批注》，《毛泽东早期文稿》，湖南出版社1990年版，第221页。

资于见闻"的思想一致。

　　毛泽东认为感觉经验是认识的最初阶段，认识开始于经验。① 知识的获取来自于现实的实践活动，② 这与王夫之的相关思想也颇为一致："圣人不任心以求天下，而以天下固然之理顺之以为政，此以理而裁心界也。故仰观天文，俯察地理，察迩言以执两端而用其中，岂有闭门造车、出而合辙之自用者哉！"③ 真知是从直接经验发源的，虽然大多数知识就我们而言是间接经验的东西，但又是他人或古人直接经验的东西。因此就知识的总体而言，知识离不开直接经验。④ 知识来源于感官知觉、直接经验、现实的实践，认识不可能离开实践。⑤ 其实这与王夫之的感物说、行可兼知的观点十分相似。王夫之认为，要认识事物，只有接触该事物，生活于、实践于该事物的环境中才有可能，没有社会实践和科学实验的切实体验，任何天才都无法成功。⑥ 真正亲知的人是实践的人，秀才所知的天下事其实是依赖文字和技术的传达间接得到实践者所获得的真知。⑦ 知识问题是一个科学问题，只有亲身参加实践才能有效认识和理解事物。⑧ 王夫之亦然，他认为"行可兼知，而知不可兼行。下学而上达，岂达焉而始学乎？君子之学，未尝离行以为知也必矣"。⑨ "以知为行，则以不行为行，而人之伦、物之理，若或见之，不以身心尝试焉。"⑩ "耳苟未闻，目苟未见，心苟未虑，皆将捐之，谓天下之固无此乎？越有山，而我未至越，不可谓越无山，则不可谓我之至越者为越之山也。"⑪ 认识的过程是先经由接触外物的

---

① 毛泽东：《实践论》，《毛泽东选集》，人民出版社1991年版，第290页。
② 同上书，第287—288页。
③ 王夫之：《读四书大全说》卷九，中华书局1975年版，第596页。
④ 毛泽东：《实践论》，《毛泽东选集》，人民出版社1991年版，第288页。
⑤ 同上。
⑥ 同上书，第287页。
⑦ 同上。
⑧ 同上。
⑨ 王夫之：《尚书引义》卷三，中华书局1962年版，第68页。
⑩ 同上书，第66页。
⑪ 同上书，第122页。

感觉阶段到综合整理加工感觉资料的概念、判断、推理的阶段，只有感觉材料的丰富和切实，才能在此基础上产生正确的概念和逻辑。① 毛泽东认为理性的可靠源于感性，否则理性则无源无本，流于主观臆断。② 这与王夫之所言的"非致知，则物无所裁而玩物以丧志；非格物，则知非所用而荡智以入邪。二者相济，则不容不各致焉"相一致。③毛泽东强调实践体验，主张从社会万物中学习，反对闭门造车。④ 王夫之也是如此："内心合外物以启，觉心乃生焉。……故人于所未见未闻者不能生其心。"⑤

2. 认识的类型与阶段

王夫之将认识分为格物和致知两种类型和阶段。一方面强调应以实践经验为基础，另一方面，认识到闻见之知的局限性和偏蔽性，强调心官之思的重要性。

毛泽东认为认识的任务在于经过感觉达到思维，把握客观对象的矛盾、规律与逻辑。⑥ 理性认识克服了感性认识的片面性、现象性、外在联系性，走向了全体性、本质性、内在联系性，是认识的一大推进。⑦ 理性认识（理解）较之感性认识（感觉）能更深刻地认识客观对象的本质。⑧ 而王夫之认为："若耳目之官，视尽于色，无色即无所视；听尽于声，无声则无所听；聪明尽于闻见之中，所闻所见之外便无聪明。"⑨ "体道之无涯，以耳目心知测度之，终不能究其所至，故虽曰明，雷霆之声，为耳目所可视听睹，而无能穷其高远；太虚寥廓，分明可见，而心知固不能度，况其变化难知者乎？"⑩ "流俗之徇欲者以见闻域其所知也；释氏之邪妄者，

---

① 毛泽东：《实践论》，《毛泽东选集》，人民出版社1991年版，第290页。
② 同上。
③ 王夫之：《尚书引义》卷三，中华书局1962年版，第66页。
④ 毛泽东：《讲堂录》，《毛泽东早期文稿》，湖南出版社1990年版，第587页。
⑤ 王夫之：《张子正蒙注》卷九，中华书局1975年版，第326页。
⑥ 毛泽东：《实践论》，《毛泽东选集》，人民出版社1991年版，第286页。
⑦ 同上。
⑧ 同上。
⑨ 王夫之：《读四书大全说》卷十，中华书局1975年版，第706页。
⑩ 王夫之：《张子正蒙注》卷四，中华书局1975年版，第124页。

据见闻之所穷而遂谓无也。致知之道，惟在远此二愚，大其心以体物体身而已。"①

毛泽东强调实践和认识的循环往复、螺旋上升，从实践到认识再到实践，从感性认识发展到理性认识再指导现实实践以改造主客观世界。② 这种知行统一观与王夫之所言的"行可兼知，知不可兼行""知行相资以为用"的观点也有一致之处。毛泽东认为认识应当由感性阶段发展、深化到理性阶段是认识论的辩证法，如果只停留在感性认识阶段，就只能得到片面和表面的东西，犯了历史上的经验论的错误。③ 只有理性认识才能反映事物的全面性、本质性、内部规律性，停留在感性认识阶段的经验主义者往往无法有效指导实践，必然走向失败。④ 这与船山思想非常相似，王夫之也认识到了耳目见闻的感性认识之局限，强调了心官之思的重要性："见闻所得者象也，知其器，知其数，知其名尔，若吾心所以制之义，岂彼之所能昭著乎？"⑤ "今夫小体之灵，惟耳目为最……然而蔽于物矣。色之固然者见之，其所以然者不能见之；声之已然者闻之，其所以然者不能闻也。"⑥ "盖形而上之道，无可见，无可闻，则唯思为独效；形而下之有声有色者，本耳目之所司，心即阑入而终非其本职。"⑦

毛泽东认为认识的辩证性在于理性认识源于感性认识，而感性认识应发展到理性认识，唯理论和经验论不懂得认识的辩证性，都流于片面。⑧ 这与王夫之认识类型与阶段理论非常相似："夫知之方有二，二者相济也，而抑各有所从。博取之象数，远证之古今，以求尽乎理，所谓格物也。虚以生其明，思以劳其隐，所谓致知也。非致知，则物无所裁而玩物以丧

---

① 王夫之：《张子正蒙注》卷四，中华书局1975年版，第132页。
② 毛泽东：《实践论》，《毛泽东选集》，人民出版社1991年版，第296—297页。
③ 毛泽东：《实践论》，《毛泽东选集》，人民出版社1991年版，第291页。
④ 同上。
⑤ 王夫之：《张子正蒙注》卷四，中华书局1975年版，第123页。
⑥ 王夫之：《四书训义》卷三十五，《船山全书》（第8册），岳麓书社2011年版，第739页。
⑦ 王夫之：《读四书大全说》卷十，中华书局1975年版，第701页。
⑧ 毛泽东：《实践论》，《毛泽东选集》，人民出版社1991年版，第291—292页。

志；非格物，则知非所用而荡智以入邪。二者相济，则不容不各致焉。"① "若夫心涵万物而具其理，受声色而昭其辨，其为大体明矣，然必资耳而始闻，资目而始见，则亦与耳目而分其所司焉。"② "大抵格物之功，心官与耳目均用，学问为主，而思辨辅之，所思所辨者，皆其所学问之事。致知之功，则唯在心官，思辨为主，而学问辅之，所学问者乃以决其思辨之疑。致知在格物，以耳目资心之用，而使有所循也。非耳目全操心之权，而心可废也。"③ 毛泽东认为认识从实践开始，还须回到实践中去。认识的能动作用既体现在感性认识向理性认识的飞跃，更体现在从理性认识到革命实践的飞跃。④ 王夫之一方面强调知见资于见闻，致知建立在格物的基础上，另一方面强调实践是认识的目的："知之尽，则实践之而已。实践之，乃心所素知，行焉皆顺，皆乐莫大焉。"⑤ 与毛泽东的认识过程理论是非常相似的。

3. 知识的标准与效应

王夫之认为"行可以知知之效""知之尽，实践之而已"。实际上强调了以实践作为检验知识和真理的标准。

毛泽东认为，理性认识是否符合客观真理性的问题，只有回到社会实践中去应用、检验才能解决。⑥ 只有客观的社会实践才是认识和检验真理的标准尺度："只有人们的实践，才是人们对于外界认识的真理性的标准。"⑦ "真理的标准只能是社会的实践。"⑧ "实践是真理的标准。"⑨ "我们民族的灾难深重极了，惟有科学的态度和负责的精神，才能引导我们民

---

① 王夫之：《尚书引义》卷三，中华书局1962年版，第66页。
② 王夫之：《四书训义》卷三十五，《船山全书》（第8册），岳麓书社2011年版，第739页。
③ 王夫之：《读四书大全说》卷一，中华书局1975年版，第12页。
④ 毛泽东：《实践论》，《毛泽东选集》，人民出版社1991年版，第292页。
⑤ 王夫之：《张子正蒙注》卷五，中华书局1975年版，第173页。
⑥ 毛泽东：《实践论》，《毛泽东选集》，人民出版社1991年版，第292页。
⑦ 同上书，第284页。
⑧ 同上。
⑨ 同上书，第293页。

族到解放之路。真理只有一个，而究竟谁发现了真理，不依靠主观的夸张，而依靠客观的实践。只有千百万人民的革命实践，才是检验真理的尺度。"① 这是对王夫之所言"身试其中，而后得失判矣。"(《四书训义》卷二)"知者非真知也，力行而后知之真也。"(《四书训义》卷十三)"行焉，可以得知之效也。"② 等相关思想的现代发展。

4. 认识的目的

毛泽东认为认识的目的不仅在于解释世界，而且在于改造世界。注重理论在于它能指导行动。有了正确的理论应当应用于实践，而不宜空谈或悬置。这其实与王夫之所言"以知知义，以义行知，存于心而推行于物，神化之事也"。③ "知至于尽器；能至于践形，德盛矣哉！"④ "知虽良而能不逮，犹之乎弗知"。⑤ "知能同功而成德业。先知而后能，先能而后知，又何足以窥道阃乎？"⑥ 也颇为相近。王夫之认为知与行二者有时是对等的概念，有时是不对等的概念，知有时未能行，而行则必统知："凡知者或未能行，而行者则无不知。且知行二义，有时相为对待，有时不相为对待。如明明德者，行之极也，而其功以格物、致知为先焉。是故知有不统行，而行必统知也。"⑦毛泽东认为真理不仅在其创立的时候，而且更在于其被科学实验和社会实践所证实的时候。认识运动随着矛盾和斗争而不断向前推移和发展。如果认识不能随社会情势而及时变化，革命就无法走向胜利。由于认识受到社会条件的限制，思想有时会落后于实际，如革命中出现的右倾机会主义离开了社会实践，企图开倒车。思想有时会超出实际，离开社会现实性，可能会犯左翼空谈主义和左倾冒险主义的错误。主

---

① 毛泽东：《新民主主义论》，《毛泽东选集》，人民出版社1991年版，第663页。
② 王夫之：《尚书引义》卷三，中华书局1962年版，第67页。
③ 王夫之：《张子正蒙注》卷二，中华书局1975年版，第64页。
④ 王夫之：《思问录内篇》，中华书局2009年版，第31页。
⑤ 王夫之：《张子正蒙注》卷三，中华书局1975年版，第101页。
⑥ 王夫之：《周易外传》卷五，中华书局1977年版，第164页。
⑦ 王夫之：《读四书大全说》卷六，中华书局1975年版，第423页。

客分裂、认识与实践脱离会导致唯心论、机械唯物论、机会主义和冒险主义等错误。各个具体的认识只具有相对的真理性，无数相对真理之总和才是绝对的真理。王夫之也认识到了真理的阶段性和相对性，认为事有其是，执是则非。毛泽东认为认识运动与客观事物一样都充满着矛盾和斗争，不断发展变化，认识永远没有完结之时。马克思列宁主义并没有终结真理，而是在实践中开辟认识真理的道路。毛泽东强调主观和客观、理论和实践、知与行的具体的历史的统一。王夫之的知行观非常强调行的首要性，认为"行可兼知""知不可兼行。"认为实践是认识的目的，"知之尽，则实践之而已。实践之，乃心所素知，行焉皆顺，故乐莫大焉"。① 强调认识与行动的统一、思想观念转化为现实实践："以知知义，以义行知，存于心而推行于物，神化之事也。"②

5. 致知的方法与途径

王夫之强调行可兼知，而知不可兼行，强调即事明理、即用得体、即器明道，反对"立理以限事""执一而贼道"。毛泽东在1930年所作《反对本本主义》一文强调调查的重要性，反对本本主义和主观臆断。他认为调查是解决问题的基本前提与有效方法。不根据现实情况而盲目执行上级指示也是一种形式主义，反而背离了上级的精神。一种理论被认为正确，并非因为创立提出者是先哲，而是其理论在实践中得到检验，被证明为正确，即使马克思主义也不例外。既要学习马克思主义的理论学说，更要注意同中国的社会现实相结合，必须摆脱教条主义的盲从过信。只有通过实际调查才能洗刷唯心主义，防止机会主义、盲动主义的错误倾向。离开实际调查就会产生唯心主义，导致机会主义或盲动主义的错误。只有实际调查才能纠正盲从本本的教条主义。正确的策略只有在实践经验中才能产生，因此需要及时了解社会形势，进行实际调查。

---

① 王夫之：《张子正蒙注》卷五，中华书局1975年版，第173页。
② 王夫之：《张子正蒙注》卷二，中华书局1975年版，第64页。

革命的胜利需要对国情实际的真切了解。

王夫之非常强调具体问题具体分析，强调因时、因地、因情制宜："言各有所指，道各有所宜，不揆其地，不察其故，不审诸顺逆之大义，不度诸好恶之公心，则仁人君子之言，皆成乎蔽。"① "事固有因时因地而各宜，不能守一说以为独得者，然其大概，则亦有一定之得失焉。"② 王夫之认为，时势不同，则利害关系、价值地位等情况则可能大不相同："西域之在汉，为赘疣也，于唐，则指之护臂也，时势异而一概之论不可执，有如此夫！"③ 王夫之认为，因时势情况大不相同，立言者不可以一时之可否定千秋之是非。④ 须因时酌宜，推本得失，宁为无定之言，不敢奉为定论以贼道。⑤ 而取资前人和他人，应灵活变通。⑥ 利民之事，并无一定之法，贵在因时因地而制宜。与王夫之相似，毛泽东也强调具体问题具体分析，认为是列宁提出来的，是马克思主义活的灵魂。⑦ 后来毛泽东在《矛盾论》中又重申了列宁的这一思想："马克思主义最本质的东西，马克思主义的活的灵魂，就在于具体地分析具体的情况。"⑧ 其实，还不如说"具体问题具体分析"是中国思想传统与马克思主义相结合的产物。

二 毛泽东辩证法对王夫之两端一致思想的转化

王夫之是中国古代辩证法的最高峰，其"两端一致"的思维和论证方式颇具辩证性，得到张岱年、贺麟、侯外庐、唐君毅、萧萐父、林安梧等学者的高度肯定。毛泽东也十分重视辩证法。1937年8月其《矛盾论统一

---

① 王夫之：《读通鉴论》卷二十六，中华书局1975年版，第803页。
② 王夫之：《读通鉴论》卷十九，中华书局1975年版，第543页。
③ 王夫之：《读通鉴论》卷二十四，中华书局1975年版，第734页。
④ 同上书，第790页。
⑤ 王夫之：《读通鉴论》卷末，中华书局1975年版，第955页。
⑥ 同上书，第916页。
⑦ 列宁：《列宁选集》(4)，人民出版社1995年版，第213页。
⑧ 毛泽东：《矛盾论》，《毛泽东选集》，人民出版社1991年版，第312页。

法则》一文在延安油印发表，后修改更名为《矛盾论》，对辩证法进行探讨，认为对立统一规律是辩证法的实质和核心。他的辩证法思想应该说是王夫之等传统思想与马克思主义相结合的产物。

毛泽东认为，对立统一的矛盾法则是唯物辩证法的根本法则："事物的矛盾法则，即对立统一的法则，是唯物辩证法的最根本的法则。"① 王夫之亦认为："天下之变万，而要归于两端。"(《老子衍》)"合两端于一体，则无有不兼体者也。"② "物物有阴阳，事亦如之。"③ "一之体立，故两之用行。"④ "非有一，则无两也。"⑤ "由两而见一也。"⑥ "两立而一见，存顺没宁之道在矣。"⑦ "大同必有小异"⑧ "物无定情，无定状，相同而有必异。"⑨ "凡物，非相类则相反。"⑩ "万物之成，以错综而成用。"⑪ "故非异则不能同，而百虑归于一致；非同则不能异，而一理散为万事。"⑫ 毛泽东认为，哲学研究应以清除教条主义为主要目标。形而上学与庸俗进化论只是用孤立静止片面的观点看待世界，即使有变化也只是数量、场所等外在的变化，没有触及问题的实质。形而上学用静止的眼光看待问题，最多只承认数量的变更，因此不能解释质变与质的多样性。唯物辩证的宇宙观主张从联系发展的眼光看待问题，认为事物发展的根本原因在于事物的内部矛盾，从而有效地反对了机械唯物论和庸俗进化论的外因论或被动论。内因是事物和社会发展的关键所在。无论自然界还是社会，其变化

---

① 毛泽东：《矛盾论》，《毛泽东选集》，人民出版社1991年版，第299页。
② 王夫之：《张子正蒙注》卷一，中华书局1975年版，第22页。
③ 同上书，第88页。
④ 同上书，第20页。
⑤ 同上书，第21页。
⑥ 同上。
⑦ 同上书，第23页。
⑧ 同上书，第25页。
⑨ 同上书，第26页。
⑩ 王夫之：《张子正蒙注》卷三，中华书局1975年版，第87页。
⑪ 同上。
⑫ 同上书，第88页。

的主要原因在于内部矛盾的发展。内因是变化的根据，外因要通过内因才能起作用。

1. 矛盾的普遍性

王夫之认为："以气化言之，阴阳各成其象，则相为对，刚柔、寒温、生杀必相反而相为仇。"①"凡物，非相类则相反。"②"阴阳异撰，而其絪缊于太虚之中。"③"惟两端迭用，遂成对立之象，于是可知所动所静，所聚所散，为虚为实，为清为浊，皆取给于太和絪缊之实体。"④"一气之中，二端既肇，摩之荡之，而变化无穷。"⑤ 与王夫之两端兼体思想一致，毛泽东认为，矛盾的普遍性与绝对性有两方面含义，就总体而言，指一切事物的发展都存在矛盾；就个体而言，每一事物的发展都存在矛盾运动。矛盾是一切运动形式的基础，每个人思想概念的差异是客观矛盾的反映。不同思想的对立和斗争是社会阶级矛盾和新旧矛盾的反映，这种思想斗争贯穿事物发展的始终。矛盾具有普遍性，存在于一切运动形式、主客观现象之中，存在于一切过程之中。矛盾具有普遍性、绝对性，存在并贯穿于事物发展的过程中。矛盾是发展的，旧的对立统一让位于新的对立统一，新过程因而代替了旧过程，新过程又包含着新的矛盾。这与王夫之新故相资而新其故的思想也有相似之处。矛盾具有普遍性，它存在于一切事物的发展的过程中；矛盾又具有统一性，它贯穿于每一事物发展的始终。

2. 矛盾的特殊性

王夫之强调即物穷理，即器明道，反对立理限事、执一贼道，并认为"一切之法不可以齐天下"，正是认识到了矛盾的特殊性，因此要因时因地

---

① 王夫之：《张子正蒙注》卷一，中华书局1975年版，第25页。
② 王夫之：《张子正蒙注》卷三，中华书局1975年版，第87页。
③ 王夫之：《张子正蒙注》卷一，中华书局1975年版，第1页。
④ 同上书，第20页。
⑤ 同上书，第26页。

制宜。毛泽东亦认为，矛盾具有特殊性，各种物质运动形式中的矛盾都有其特点。对于物质的每一种运动形式，既要注意其与其他运动形式的共同点，更要注意它和其他运动形式的质的区别，即特殊性，才有可能区别事物。① 任何运动形式内部所包含的特殊矛盾构成这一事物的本质，这也是万事万物千差万别的内因和根据。每一物质的运动形式既相互依存，又相互区别。每一种物质运动形式、社会形式、思想形式都有其特殊的本质，而为其自身的特殊的矛盾所规定。科学对象所具有的特殊矛盾是科学研究区分的根据。矛盾的普遍性是事物运动发展的普遍原因和根据，矛盾的特殊性规定了每一事物的特殊本质，是事物运动发展的特殊原因和格局，也是辨别事物、区分科学研究领域的基础和前提。人类认识运动的秩序与过程是从特殊到一般，再由一般到特殊，循环往复进行的，每一次循环都使认识不断地提高和深化。教条主义之所以错误，一方面不懂得矛盾的特殊性，另一方面不懂得在把握了矛盾的一般性之后应继续研究尚未深入的事物和新出现的事物。教条主义者否认了人类认识的正常秩序，不懂得由特殊到一般，又由一般到特殊的认识过程的相互联结。不仅要研究每一大系统的物质运动形式的特殊矛盾，还要研究每一过程中的特殊矛盾。不同性质的矛盾，只有不同性质的方法才能解决。新矛盾发生，解决矛盾的方法也因之而不同。应用不同的方法解决不同的矛盾，不能千篇一律、生搬硬套。大的事物在发展过程中包含很多矛盾。不仅要从矛盾的一般性了解矛盾的特殊性，也要从矛盾的特殊性着手，了解矛盾的一般性。了解矛盾的各个方面是指了解矛盾各方面的特定地位、具体形式、相互关系以及斗争策略。研究问题应当客观、全面、深入，不能流于主观、片面、表面。片面地看问题即是不了解矛盾各方的特点，只见树木，不见森林，这样无法做好所任工作。表面性是指不去深入了解矛盾总体和各方的特点，仅仅粗枝大叶、浮光掠影地看到矛

---

① 毛泽东：《矛盾论》，《毛泽东选集》，人民出版社1991年版，第308页。

盾的形相，就想解决问题。教条主义和经验主义的失误在于用主观、片面、表面的方法看待事物。矛盾运动不仅在相互联结和各方情况上有其特点，而且各个阶段也有其特点，这都是需要注意的。要注意事物发展过程的阶段性，才能有效地处理矛盾。研究矛盾的特殊性，不仅要从联结性、总体性上看，而且还要注意各个阶段的各个方面。矛盾的普遍性与特殊性的关系是相对的，随着场合视域的变化，可以相互转化。事物是普遍联结的，每一事物既包含了矛盾的特殊性，也包含了矛盾的普遍性，普遍性存在于特殊性之中。① 这其实与王夫之物不可绝、物物相依道在气中、反对立理限事的观点是一致的。矛盾的普遍性与特殊性的关系即矛盾的共性和个性的关系，共性具有绝对性，个性具有相对性，这也受王夫之"器有成毁而道无成毁"思想的影响。共性绝对、个性相对是事物矛盾问题的精髓，只有懂得它，才懂得辩证法。复杂事物的诸多矛盾之中，有一主要矛盾影响或规定其他矛盾的存在与发展。事物发展过程的各个阶段中，只有一种主要矛盾起主导作用。任何过程的诸多矛盾中必有一种主要矛盾在起主导决定作用，若能把握这个主要矛盾，问题就能迎刃而解。② 矛盾的诸方面发展并不平衡，必有主要方面起着主导作用，事物的性质往往由取得支配地位的矛盾的主要方面所规定。矛盾的主要方面和次要方面的互相转化会导致事物性质的变化。③ 新陈代谢是世界的总的规律和趋势。新陈代谢是普遍规律，其过程是依事物的性质和条件，经过不同的转换形式，一事物转化为另一事物。取得支配地位的矛盾的主要方面决定着事物的性质，前者发生变化，后者也会随之变化。就总的历史而言，是物质决定精神，社会存在决定社会意识，但同时必须承认精神具有反作用力，这样才是辩证的唯物论。矛盾的力量发展不平衡，有其差别性和特殊性，因此必须反对平衡论、均衡论，对矛盾的不平衡情况

---

① 毛泽东：《矛盾论》，《毛泽东选集》，人民出版社1991年版，第318页。
② 同上书，第322页。
③ 同上书，第322—323页。

的研究，如主要矛盾与次要矛盾，矛盾的主要方面与次要方面，是重要的战略战术方法。

3. 矛盾的同一性

毛泽东认为，矛盾的同一性是指矛盾双方的共生互存性以及相互转化性。这与王夫之合两端于一体、由两而见一、"一之体立，故两之用行"（《周易外传》卷五）思想相一致。各种矛盾以及矛盾的各方面普遍存在于一切事物的过程中和人们的思想观念里，并推动事物的运动与发展。矛盾的各方面既对立斗争，又相互依存。矛盾的同一性一方面是指矛盾双方的相互联结、相互渗透与相互依存另一方面是指矛盾的对立双方在一定条件下可以相互转化。矛盾诸方面的同一性是动态的、相对的，可依一定条件向其反面转化。形而上学将对立的事物看成凝固的东西，以达成继续其统治的目的。矛盾是现实具体的，矛盾的相互转化也是现实具体的。矛盾的同一性是建立在一定的必要条件之上，缺乏这一基础，即无同一性可言。

4. 矛盾的转化

毛泽东认为，事物中矛盾相互依存又相互转化，否则一切都不可能。过程的常住性是相对的，它最终会转化为其对立物，这种转化的变动性则是绝对的。事物的运动有相对的静止和显著的运动两种状态，前者的矛盾因素只有数量的变化，后者的矛盾发生了性质的变化，这其实与王夫之"动为道之枢"，静动非不动，以及静之动与动之动的区分观点相似。与王夫之强调矛盾的统一性不同，毛泽东强调矛盾的斗争性，认为矛盾的统一性是相对的、暂时的，而矛盾的斗争性是绝对的。

5. 矛盾的对立统一

毛泽东认为，矛盾的同一性是有条件的、相对的，矛盾的斗争性是无条件的、绝对的。矛盾的同一性与矛盾的斗争性相结合构成了事物的矛盾运动。矛盾的斗争性寓于矛盾的同一性之中，没有斗争性就没有同一性。同一性中存在着斗争性，特殊性中存在着普遍性，个性中存在着共性。矛盾斗争的方式多样，对抗只是其中的一种形式。矛盾斗争具有普遍性、绝对性，但解决矛盾的方法因矛盾的性质不同也因而不同。对立统一的矛盾法则是自然、社会、思维的根本法则，它与形而上学相反，是人类认识史的革命。矛盾存在于一切客观事物和主观思维中，也贯穿于一切过程的始终，而且矛盾的斗争不断，这是矛盾的普遍性和绝对性；矛盾的事物及其各个方面各有其特点，依照一定的条件可以同一共存和相互转化，这就是矛盾的特殊性和相对性。研究矛盾的特殊性和相对性时要注意主次矛盾和矛盾的主次方面，研究矛盾的普遍性和斗争性要注意不同矛盾的斗争形式的区别。这与王夫之"两端迭用，遂成对立之象""物物有阴阳，事亦如之""一之体立，故两之用行""动静互涵，以为万变之宗""推故而别致其新"等思想大体一致。不过王夫之更注重对立中的统一性，而毛泽东更强调矛盾中的斗争性。

第十二章 晚清民国船山哲学传播接受的基本特征与价值得失

第一节 晚清民国船山哲学传播接受的基本特征

　　晚清船山哲学接受采用的是汉宋视域，将张载与程朱理学视为一体，着力建构王夫之与程朱理学的正统性关联，将王夫之与陆王心学作冲突性、对峙性的理解。采用的具体研究方法为评点法、比较分析法、定位分析法、文献考证法，其中道咸时期邓显鹤对船山思想进行的比较分析法和定位分析法在晚清具有支配性的地位，而且在民国乃至当今依然有其烙印。而同光时期的郭嵩焘对船山思想的定位分析和比较分析具有前瞻性和引领性，为船山哲学的近代过渡与现代建构创造了条件。民国时期船山哲学的接受视域有以下几种类型：其一，传统理学视域，多沿袭清人论调，将其视为张载、程朱理学的继承人或附庸；其二，中国思想史视域，注意到王夫之与先秦思想、宋明理学、明末清代思想的联系，揭示其相似性和差异性；其三，中西比较视域，注意将王夫之与欧陆哲学、英美哲学以及马克思主义哲学进行比较分析，揭示其相似性，凸显王夫之思想的现代性、前瞻性；或者是上述两者或三者视域的结合。除了少数学者和著作沿袭清人的观点，将王夫之与程朱理学进行捆绑，大多数民国学者均能认识到王夫之与程朱理学的差异性，逐渐将张载之学与程朱理学进行区分，而且有相当多的学者认识到王夫之与陆王心学表面对立下的局部或精神的一致性。即使肯定王夫之与张载的思想联系，但不再将王夫之仅仅视为张载思想的因袭者、继承者、阐释者，更强调其对于张载思想的偏离、创新与超越，采用的具体研究方法有范畴分析法、类型分析法、定位分析法、源流分析法、比较分析法、思想脉络分析法、社会历史分析法。其中范畴分析法、比较分析法、定位分析法的使用具有普遍性，张岱年的范畴分析法最具学理的规范性，钱穆、唐君毅、侯外庐的比较分析法细腻深入，李石岑、钱穆和唐君毅的思想脉络分析法有其独得之见，侯外庐、嵇文甫的社会历史分析法视域开阔。新中国成立以来的船山哲学研究大体不出此等范围。

船山哲学著作的关注方面，清代学者的主流看法是将《张子正蒙注》与《思问录》作为船山哲学的主要著作，从王敔到梁启超莫不如此。郭嵩焘首次突出《读四书大全说》《周易内传》的价值，这在现代新儒家得到了有效地认同。《俟解》从道咸时期到民国初期也备受重视，魏源、郭嵩焘、梁启超、胡适、钱穆等学者对其均有关注。民国时期，船山哲学著作虽然均受到关注，但依然有所侧重，现代唯物派与钱穆更为关注王夫之的《周易外传》《尚书引义》《读通鉴论》，而现代新儒家则更为看重王夫之的《读四书大全说》。

1. 从外缘性建构走向内质化建构

晚清民国船山学传播接受经历了社会化走向学术化的转变，从外缘影响到内在学理的转变，经历了理学（康雍）—经学（乾嘉）—政治学（光宣）—哲学（民初以降）四个轴心发展阶段。晚清士人在船山的文献整理、祭祀仪式、社会政治功用方面较为措意，偏于外缘性建构，而民国士人则更注重王夫之的学理阐发与思维脉络，更偏于内质性建构，体现出船山哲学研究由表层走向深入。

学术史的关注。梁启超《论中国学术思想变迁之大势》《清代学术概论》《中国近三百年学术史》、张岱年《中国哲学大纲》、钱穆《国学概论》《中国近三百年学术史》、杨东莼《中国学术史讲话》、李石岑《中国哲学十讲》、钟泰《中国哲学史》、冯友兰《中国哲学史》、蒋维乔《中国近三百年哲学史》、谭丕模《清代思想史纲》、李肖聃《湘学略》、钱基博《近百年湖南学风》等学术史著作对船山思想哲学予以或多或少的关注。

专题研究的出现。或出版研究专著，如嵇文甫《船山哲学》、王永祥《船山学谱》、张西堂《王船山学谱》、侯外庐《船山学案》，或发表专题研究论文，如徐炳昶《王船山的道德进化论》、钱穆《王船山学说》、贺麟《王船山的历史哲学》、萧厚德《王船山的思想》、嵇文甫《王船山的人道主义》《王船山的易学方法论》《王船山的学术渊源》、唐君毅《王船山之性与天道论通释》《王船山之文化论》《王船山之人道论通释》、张西堂《王船山的经世思想》。有些论文如钱穆《述清初诸儒之学》《晚明诸儒之学术及其精神》《清儒学案序目》《正蒙大义发微》、张岱年《秦以后哲学中的辩证法》《中国知论大要》《哲学上一个可能的综合》《关于新唯物论》等虽非专门研究船山，但对船山思想哲学颇有关注。梁启超、钱穆、贺麟、萧厚德、嵇文甫、侯外庐、唐君毅等学者在船山思想哲学的分析阐释中均运用了中西比较的视域。

2. 从正统性建构走向现代性建构

康雍、乾嘉、道咸、同光时期是船山学的正统性建构时期，或以汉学为正统，或以宋学为正统。在汉学正统视域下，极力强调船山在经学上的价值，船山的经学稗疏受到重视，被收录四库。在宋学正统视域下，主要指出船山是如何羽翼程朱理学的，《思问录》《张子正蒙注》《读四书大全说》受到关注。在汉宋合流的情境中，王夫之的《礼记章句》《周易内传》得到关注。光宣尤其是甲午海战之后，一直到民国（甚至当今）都是船山学的现代性建构时期。相对而言，维新派侧重于强调船山的民权主义与变革精神,革命派则侧重于弘扬船山的政治民族主义和文化民族主义,因此清末民初也堪称政治化的船山学时期,这一时期《黄书》《读通鉴论》等著作备受关注。新文化运动以后,船山学接受进入学术化时期,堪称学术化的船山学时期。有两种基本走向:一种以新文化派和现代唯物派为代表,致力于强调船山学相对于传统思想的变异性、创新性、背离性、科学性、民主性,可称之为现代化的船山学;另一种以传统人文学者与现代新儒家为代表,他们也认识到船山思想的科学性、民主性,但更注重船山学与传统思想的关联,尤其是与宋明理学的关联,他们采用的概念范畴也主要是中国传统的语汇,可称之为人文化的船山学。现代化的船山学其实是维新派与革命派的现代传承,而人文化的船山学可以说是道咸经世派和同光洋务派的现代衍化。对两种路线进行调和的是张岱年、王永祥,注意将西学(辩证唯物主义)本土化、民族化,即思维思想是西方现代的,但表达形式是东方古典的。人文化的船山学和现代化的船山学都是船山学的现代性建构的重要组成部分,二者具有共生性和互补性。人文化的船山学虽有一些传统的因素,但毕竟经过了新文化和西学的洗礼,因此其实与顽固的保守主义者有着根本的区别,他们只是在调和民族性与世界性、现代性与传统性的关系。

3. 从实学导向到科学导向

清代士人注意王夫之的实学导向,而民国士人强调王夫之的科学导向。康雍士人的实学侧重于针对陆王心学以及佛道的虚玄而言,乾嘉士人的实学则侧重于学有根柢的方面,针对的是所有的虚玄义理,道咸同与光宣士人的实学则侧重于经世济用,民国士人由于受到科学文化的洗礼,特别注意揭示王夫之的相关论断与研究方法的科学性。无论是梁启超,还是后来的新文化派、唯物派、现代新儒家以及其他人文学者,概莫能外。

第二节　晚清民国船山哲学传播接受的价值得失

一　晚清民国船山哲学传播接受的价值与贡献

晚清民国对船山的著述进行搜集、整理、校勘、刊印，奠定了船山学的文献基础。除了康雍时期的王敔、乾嘉时期的马倚元外，晚清民国时期的邓显鹤、欧阳兆熊、曾国藩、刘毓崧、刘人熙等居功至伟，尤其是金陵节署本《船山遗书》的整理刊刻，更是为船山思想的流行奠定了扎实的文献基础。同光时期的刘毓崧、王之春、罗正钧以及民国时期的王永祥、张西堂等学者均撰写了王夫之的年谱。康雍时期，有湘西草堂本《船山遗书》的刊刻，王敔、潘宗洛有王夫之的传状；乾嘉时期有马倚元的汇江书室本《船山遗书》的刊刻，余廷灿有王夫之的传记；道咸同时期有守遗经书屋本《船山遗书》和金陵节署本《船山遗书》的刊刻，邓显鹤有王夫之的传记，刘毓崧撰《王船山先生年谱》；光宣时期有《船山经世文钞》本与《王船山经史论八种》本等刊行，王之春撰《船山公年谱》；民国时期有太平洋书店本《船山遗书》的印行，张西堂、王永祥作年表、年谱。每一时期的士人均为王夫之的文献出版做出了贡献。

咸同时期，郭嵩焘建立船山祠。光宣时期，郭嵩焘创立思贤讲舍，张宪和、彭玉麟创建、改建船山书院，郭嵩焘、孔祥麟、赵启麟先后奏请，最终王夫之于光绪三十四年（1908）与顾炎武、黄宗羲一起从祀孔庙。民国时期，刘人熙创立船山学社和《船山学报》，从而让船山思想有了实践、研究、传播、推广的阵地空间与制度保障。

晚清民国士人除了为船山哲学的接受奠定了扎实的文献版本基础与制度阵地基础外，还有以下几方面的价值与贡献。

其一，开拓的全面性。晚清民国士人对王夫之的学术渊源、研究方法、基本观念、精神特质、宇宙本体论、知识论、人生论、辩证法，甚至历史哲学、文化哲学、美学（如宗白华）等进行广泛地开拓，基本涵盖了船山哲学的主要方面，奠定了新中国成立以来船山哲学研究的基础。

其二，研究的系统性。晚清民国士人如谭嗣同、钱穆、李石岑、张西堂、贺麟、唐君毅、王永祥、嵇文甫、侯外庐、张岱年等学者对王夫之哲学进行了系统的研究，注意运用范畴分析法进行分析阐释，并对王夫之的思想脉络进行寻绎，既在分析框架上体现出系统性，也善于揭示王夫之思想各部的内在关联。

其三，视域的开阔性。较之康雍和乾嘉士人，晚清民国士人的船山哲学研究视域比较开阔，善于运用比较视域对王夫之的思想哲学进行历时、共时乃至中外的审视。如侯外庐的船山哲学研究注意思想史与社会史相结合，注意将王夫之与佛道、王充、张载乃至黑格尔、费尔巴哈、洛克、马克思主义进行比较分析。唐君毅既注意在中国思想史的脉络中审视王夫之，揭示其与周张之学、程朱理学、陆王心学以及明末清初儒学之异同，还注意将其与先秦诸子、汉儒之学相比较，甚至将其与黑格尔相对照。

其四，阐释的深刻性。晚清民国士人对王夫之的思想哲学进行深刻的阐发。熊十力对船山哲学精神的把握，贺麟对王夫之思想的融通性理解，唐君毅对王夫之天道论与人道论的剖析寻绎，张西堂、王永祥对王夫之心性论、修为论的细致阐发，侯外庐、嵇文甫对王夫之与佛道、王充思想的关联性考察，张岱年对王夫之人生问题论的条分缕析，嵇文甫、贺麟、萧厚德对王夫之历史哲学的揭示，杨昌济、嵇文甫、张西堂、贺麟、唐君毅对王夫之与陆王心学关系的辩证理解，均具有相当的认识高度与思考深度。

其五，转化的创造性。晚清民国士人不仅对王夫之的思想哲学进行研究、推广、实践，而且还进行借鉴、吸收、转化。谭嗣同、毛泽东、张岱年、熊十力、贺麟、唐君毅等融汇船山思想，建立了自己的思想体系。

其六，意义的转折性。晚清民国士人在传播媒介、研究方法、思想视域、具体阐释等诸多方面均实现了船山学尤其是船山哲学接受从传统向现代的转型。从传统的日记、札记、序跋、传状到现代的期刊杂志、报纸、研究著作，从传统的评点、印象批评到现代的范畴分析、社会历史分析思想脉络分析，从传统的汉宋视域到现代的古今中西的比较视域，从理学的正统性建构，到哲学的现代性建构。谭嗣同实现了船山哲学接受的近代转型，杨昌济和梁启超利用现代学术语言对王夫之本体论、认识论、伦理学进行分析，开启了船山哲学的现代性建构。民国中后期，船山哲学的现代性建构呈现出人文主义与唯物主义双峰并峙的局面。

其七，典型的示范性。张岱年系统性地范畴研究奠定了船山哲学研究的经典范式，对当代张立文、蒙培元、陈来等人的船山哲学研究影响深远。侯外庐的社会历史分析与启蒙视角，影响了萧蓳父、许苏民等船山哲学研究家。熊十力对船山哲学的基本观念与精神特质有深入地把握，对张岱年与现代新儒家均有深远影响。贺麟最早认识到王夫之对周张、程朱理学、陆王心学的综合，其对王夫之历史哲学的精彩分析，对陈赟等人也产生了深远影响。唐君毅对船山哲学的研究不仅代表了现代新儒家船山哲学研究的高度，给予曾昭旭、林安梧等人以深刻的启发，几乎成为与侯外庐范式相抗衡的另一经典范式。

二　晚清民国船山哲学接受传播的历史局限

晚清民国船山哲学接受与传播亦存在一些不足。

其一，平台阵地建设依然不足。晚清民国船山哲学的研究与传播一直处于单打独斗的散兵游勇状态，主要依靠个人的思考与奋斗，缺乏团队的凝集与阵地的聚焦。尽管民国初年刘人熙创立了船山学社和《船山学报》，但船山学社以实践为主，而《船山学报》以船山资料的整理、船山思想的推广为主，均未产生具有深度和厚度的一流船山哲学研究成果，无法发挥其在船山学研究与推广尤其是船山哲学研究方面的引领作用。船山学社与《船山学报》全国性的号召力与辐射力的匮乏，导致晚清民国时期船山哲学接受与传播缺乏一个真正有厚度和力度的研究阵地与传播中心。

其二,对王夫之的美学、庄学、老学、佛学虽有所关注,但缺乏系统研究。虽然有王闿运、郭绍虞、朱东润、钱锺书等人对王夫之的诗学进行关注,但并未上升到美学的高度,宗白华对王夫之美学虽有所认识,但语焉不详,而朱光潜虽对王夫之美学多有吸收,但并未展开具体的研究。这就意味着,晚清民国船山哲学研究虽然总体上奠定了后世船山哲学的研究框架,甚至为后人所难以超越,但在美学层面依然充满很多遗憾,这有待80年代学者的耕耘和开拓。王夫之的庄学、老学、佛学方面虽然为王敔、郭嵩焘、苏舆、梁启超、嵇文甫、侯外庐、钱穆等学者所认识、引用、评论,但在晚清民国时期尚未形成系统的期刊论文和研究专著。

其三,船山思想哲学的研究一直受社会思潮与意识形态左右,缺乏更深切、更内在、更超越的研究。康雍时期的船山哲学研究受理学支配,王夫之尊朱辟王的"正学"形象被确立,其《张子正蒙注》《思问录》最受关注。乾嘉时期,汉学成为主流,学界对王夫之的诸经稗疏较为关注,对其义理则少有兴趣。道咸同时期,宋学复兴,汉学亦有相当的影响,理学经世派一方面建构王夫之与程朱理学的关联,另一方面将王夫之与顾炎武并称,也认识到其开清代朴学之先河的方面。《礼记章句》《读四书大全说》《周易内传》受到关注。光宣时期,宋学流行,而西学东渐,民族主义话语强势,王夫之成为"民族主义之师",其史学、政治学著作如《读通鉴论》《宋论》《黄书》《噩梦》备受青睐。民国前期,进化主义、实用主义、唯意志论、康德哲学、唯识学有相当的影响力,嵇文甫、徐炳昶从进化角度审视王夫之的伦理学,钱穆将王夫之与实用主义进行比较,胡适将王夫之比作尼采,梁启超将王夫之对知识论的开拓类比于康德对于西方哲学的转折意义。民国后期,马克思主义与黑格尔主义流行,李石岑、张岱年、嵇文甫、侯外庐等对船山哲学进行了唯物主义的审视,《周易外传》《尚书引义》最受关注;嵇文甫、贺麟、萧厚德、唐君毅则注意王夫之与黑格尔的比较或者运用黑格尔哲学对王夫之的思想哲学进行阐释;现代新儒家对《读四书大全说》《读通鉴论》《周易外传》比较关注。前述对王夫之的思想哲学阐释，虽然有一定的启发性，但都是片面的真理，带有先入之见或者以意识形态和流行思潮为归的情况，这就导致了王夫之的思想形象与哲学意蕴不断地发生裂变，但很难说是对王夫之思想哲学的本质揭示与深层探赜。

其四，船山思想哲学的研究偏于建构性，较少还原性。清代士人多偏于王夫之的正统性建构，将张载与程朱理学视为一体，力图构建王夫之与程朱理学的正向关联，而忽视王夫之与程朱理学的差异，，对王夫之与陆王心学的关系做简单化、表层化处理，只突出二者对峙的紧张性，而未能认识到二者之间的内在联系。民国士人则多偏于对王夫之的现代性建构，着意强调王夫之与程朱理学的差异，以及王夫之对张载的超越之处，并与西方思想相比附、映射，揭示其现代价值，而较少注意历史语境和文化脉络；或者对王夫之的思想进行切割，将其置于西方的学术体系下进行审视，对其思想的整体性把握不足，这在部分唯物派学者手里处理得相对极端，而贺麟、唐君毅、张西堂、嵇文甫等学者则相对客观，但也不无偏失。

参考文献

C

蔡仁厚：《中国哲学史大纲》，（台北）学生书局 1988 年版。

蔡仁厚：《王阳明哲学》，（台北）三民书局 1974 年版。

程颢、程颐：《二程集》，中华书局 2004 年版。

陈代湘：《现代新儒学与朱子学》，湖南人民出版社 2003 年版。

陈来：《诠释与重建——王船山的哲学精神》，生活·读书·新知三联书店 2010 年版。

陈来：《现代中国哲学的追寻》，生活·读书·新知三联书店 2010 年版。

陈来：《有无之境——王阳明哲学的精神》，生活·读书·新知三联书店 2010 年版。

陈来：《朱熹哲学研究》，生活·读书·新知三联书店 2010 年版。

陈荣捷：《中国哲学文献选编》，江苏教育出版社 2006 年版。

陈赟：《回归真实的存在——王船山哲学的阐释》，复旦大学出版社 2002 年版。

D

戴震：《孟子字义疏证》，中华书局 1982 年版。

邓显鹤：《南村草堂文钞》，岳麓书社 2008 年版。

邓显鹤：《南村草堂诗钞》，岳麓书社 2008 年版。

F

方红姣：《现代新儒学与船山学》，中国社会科学出版社 2015 年版。

方克立：《现代新儒学与中国现代化》，天津人民出版社 1997 年版。

方克立、李锦全：《现代新儒学论集》，中国社会科学出版社 1991 年版。

方克立、陈代湘：《湘学史》，湖南人民出版社 2008 年版。

冯契：《中国近代哲学的革命历程》，华东师范大学出版社 2016 年版。

冯友兰：《三松堂全集》，河南人民出版社 2001 年版。

G

高瑞泉：《中国近代社会思潮》，华东师范大学出版社 1996 年版。

高瑞泉：《中国现代精神传统》，上海古籍出版社 2005 年版。

葛兆光：《中国思想史》，复旦大学出版社 2007 年版。

郭齐勇：《熊十力哲学研究》，人民出版社 2011 年版。

郭嵩焘：《郭嵩焘日记》，湖南人民出版社 1982 年版。

郭嵩焘：《郭嵩焘诗文集》，岳麓书社 1984 年版。

郭嵩焘：《郭嵩焘奏稿》，岳麓书社 1983 年版。

H

贺麟：《文化与人生》，上海人民出版社 2011 年版。

贺麟：《五十年来的中国哲学》，上海人民出版社 2012 年版。

贺麟：《近代唯心论简释》，上海人民出版社 2009 年版。

侯外庐：《船山学案》，岳麓书社 1982 年版。

侯外庐：《中国思想通史》，人民出版社 1956 年版。

胡宏：《胡宏集》，中华书局 1987 年版。

胡适：《胡适全集》，安徽教育出版社 2003 年版。

J

嵇文甫：《嵇文甫文集》，河南人民出版社1985年版。

嵇文甫：《王船山学术论丛》，生活·读书·新知三联书店1962年版。

金岳霖：《金岳霖学术文化随笔》，中国青年出版社2000年版。

金岳霖：《论道》，商务印书馆2015年版。

金岳霖：《知识论》，商务印书馆2011年版。

K

康有为：《康有为全集》，中国人民大学出版社2007年版。

L

劳思光：《新编中国哲学史》，广西师范大学出版社2005年版。

黎靖德：《朱子语类》，中华书局1986年版。

李石岑：《中国哲学十讲》，中华书局2015年版。

李泽厚：《中国古代思想史论》，生活·读书·新知三联书店2008年版。

李泽厚：《中国近代思想史论》，生活·读书·新知三联书店2008年版。

梁启超：《论中国学术思想变迁之大势》，上海古籍出版社2006年版。

梁启超：《清代学术概论》，上海古籍出版社1998年版。

梁启超：《饮冰室合集》，中华书局1989年版。

梁启超：《中国近三百年学术史》，东方出版社1996年版。

列宁：《列宁选集》，人民出版社1995年版。

林安梧：《存有·意识与实践——熊十力的体用哲学的诠释与重建》，（台北）东大图书股份有限公司1993年版。

林安梧：《当代新儒家哲学史论》，（台北）明文书局1996年版。

林安梧：《儒学革命论——后新儒家哲学的问题向度》，（台北）学生书局 1998 年版。

林安梧：《王船山人性史哲学之研究》，（台北）东大图书股份有限公司 1991 年版。

林安梧：《现代儒学论衡》，（台北）业强出版社 1987 年版。

刘师培：《仪征刘申叔遗书》，广陵书社 2014 年版。

刘述先：《朱子哲学思想的发展与完成》，（台北）学生书局 1982 年版。

罗志田：《民族主义与近代中国思想》，（台北）东大图书股份有限公司 1998 年版。

M

毛泽东：《毛泽东选集》，人民出版社 1991 年版。

毛泽东：《毛泽东早期文稿》，湖南出版社 1990 年版。

牟宗三：《牟宗三先生全集》，（台北）联经出版事业公司 2003 年版。

《中国近代思想家文库》（牟宗三卷），中国人民大学出版社 2015 年版。

P

《中国近代思想家文库》（皮锡瑞卷），中国人民大学出版社 2013 年版。

Q

钱基博：《近百年湖南学风》，岳麓书社 1985 年版。

钱穆：《国史大纲》，商务印书馆 1996 年版。

钱穆：《钱宾四先生全集》，（台北）联经出版事业公司 1998 年版。

钱穆：《中国近三百年学术史》，商务印书馆 1997 年版。

秦家懿：《王阳明》，生活·读书·新知三联书店 2011 年版。

S

桑兵：《晚清民国的国学研究》，上海古籍出版社2001年版。

T

谭丕模：《中国文学思想史合璧》，北京师范大学出版社1994年版。

谭嗣同：《谭嗣同全集》，中华书局1981年版。

唐君毅：《唐君毅全集》，九州出版社2016年版。

唐君毅：《哲学概论》，中国社会科学出版社2005年版。

唐君毅：《中国哲学原论·原教篇》，中国社会科学出版社2006年版。

W

王夫之：《船山全书》，岳麓书社2011年版。

王夫之：《读四书大全说》，中华书局1975年版。

王夫之：《读通鉴论》，中华书局1975年版。

王夫之：《尚书引义》，中华书局1962年版。

王夫之：《诗广传》，中华书局1964年版。

王夫之：《思问录内外篇》，中华书局2009年版。

王夫之：《俟解》，中华书局2009年版。

王夫之：《宋论》，中华书局1964年版。

王夫之：《张子正蒙注》，中华书局1975年版。

王夫之：《周易外传》，中华书局1977年版。

王守仁：《王阳明全集》，上海古籍出版社1992年版。

王永祥：《船山学谱》，中华书局2014年版。

魏源：《魏源集》，中华书局2009年版。

X

萧公权:《近代中国与新世界——康有为变法与大同思想研究》,江苏人民出版社 2007 年版。

萧萐父、许苏民:《明清启蒙学术流变》,人民出版社 2013 年版。

萧萐父、许苏民:《王夫之评传》,南京大学出版社 2002 年版。

熊十力:《读经示要》,上海书店 2009 年版。

熊十力:《十力语要》,上海书店 2007 年版。

熊十力:《熊十力全集》,湖北教育出版社 2001 年版。

许纪霖:《二十世纪中国思想史论》,东方出版中心 2006 年版。

Y

颜元:《颜元集》,中华书局 1982 年版。

杨昌济:《杨昌济文集》,湖南教育出版社 1983 年版。

杨国荣:《善的历程——儒家价值体系研究》,华东师范大学出版社 2009 年版。

杨国荣:《王学通论——从王阳明到熊十力》,华东师范大学出版社 2003 年版。

杨国荣:《心学之思——王阳明哲学的阐释》,中国人民大学出版社 2009 年版。

余英时:《文史传统与文化重建》,生活·读书·新知三联书店 2012 年版。

余英时:《士与中国文化》,上海人民出版社 2003 年版。

余英时:《现代危机与思想人物》,生活·读书·新知三联书店 2012 年版。

Z

曾昭旭：《王船山哲学》，（台湾新北）远景出版事业公司1983年版。

章炳麟：《章太炎全集》，上海人民出版社2014年版。

章炳麟：《章太炎政论选集》，中华书局1977年版。

张岱年：《张岱年全集》，河北人民出版社1996年版。

张岱年：《中国哲学大纲——中国哲学问题史》，昆仑出版社2010年版。

张灏：《烈士精神与批判意识》，新星出版社2006年版。

张灏：《危机中的知识分子》，新星出版社2006年版。

张立文：《宋明理学研究》，人民出版社2002年版。

张立文：《正学与开新——王船山哲学思想》，人民出版社2001年版。

张世英：《天人之际：中西哲学的困惑与选择》，北京大学出版社2016年版。

张世英：《哲学导论》，北京大学出版社2016年版。

张西堂：《王船山学谱》，（台北）台湾商务印书馆1965年版。

张载：《张载集》，中华书局1978年版。

周敦颐：《周敦颐集》，中华书局2009年版。